骨董裏おもて

広田不孤斎

国書刊行会

骨董裏おもて＊目次

歩いた道

歩いた道

この商売

業者と客人

あの品この品

骨董裏おもて

歩いた道

歩いた道

業界第一歩

私は長谷川伸先生の御作で評判の「一本刀土俵入《いっぽんがたなどひょういり》」に出て参ります取手の宿我孫子屋の茶屋女お蔦の生れ故郷と同じ越中富山在のおわら節の本場八尾《やつお》町の生れでございます。私の父（佐平）は飛驒地方の桐材を扱い、下駄や簞笥を作る業者に卸していた商人で、私はその次男でしたが、九歳の時にはもう父と死別致しました。私の家は隣の酒屋から出火して全焼の憂き目にあい、他町へ移り落ちつく間もなく、半年もたたぬ間に運悪く又もや近所からの出火で類焼の厄を蒙《こうむ》り、全くの焼け出されの丸裸になりました。この重なる不幸が父に大きな打撃を与えたものか、洗うが如き貧乏のドン底で父は死にました。その後も貧乏暮しが続きましたので、早くから私が奉公に出るようになった次第です。そこで明治四十一年、未だ小学校の義務教育さえも終らない十二歳の十月に親戚の老人の世話で骨董商の、当時東京市日本橋区榑正《くれまさ》町十四番地（東仲通、現瀬津雅陶堂《せつがとうどう》の真前）の薫隆堂《くんりゆうどう》神通由太郎さん（静玩堂、古玩堂の長兄）へ奉公することになりました。その話のあった時、母のいうには二人兄弟の兄佐太郎（熙《ひろし》の父）は遠い朝鮮へ出稼ぎに行っておらず、とても自分の細腕では、上の学校へは入れる力がないから承知したのだと言っておりました。私は何しろ子供のことで、そうは言われたものの、骨董屋とは一体何をする所か、皆目判りませんでしたが、都会への憧れでただ嬉しく東京見物でもするくらいのつもりで出て来ました。さてその店に着いてあたりをキョロキョロ見廻せば、店内所狭きまで並べてあるものはすべて骨董品で、今から思えば中国や朝鮮、日本の新古道具が並べてあったわけです。これが私の人生スタートの振出し第一歩で、爾来《じらい》四十有余年これらの骨董品を日々鑑たり扱ったりしながら暮して来ましたが、思えば永い年月でございます。

私の奉公した時代の骨董屋は、古い業者や愛好家ならば御承知の方もあると思いますが、今の日本橋から京橋にかけて電車通りの東裏通り一帯の場所、いわゆる東仲通りという東京中で一番骨董屋の多い所でありました。大小の骨董屋は、横丁のシモタヤ構えまで入れると約四五十軒もありました。骨董屋と袋物屋と古着屋がほとんどでした。その当時でも抹茶器や煎茶器の店、中道具屋（蒔絵、家具類を扱う店）、外人向きの品物を扱う店、といったとりどりの骨董屋が軒を並べてまことに賑やかでした。店の大小で店員の数も違いますし、面白いのは、当時は大番頭は角帯に羽織姿で腰には煙草入れをぶら下げ、中番頭は羽織なしの角帯と前垂れ、小僧は筒袖角帯に前垂れと、店員の服装にも段に応じて区別がありました。当時の骨董屋はガッチリした土蔵造りの家に、各自屋号入りの紺暖簾を軒先にかけていました。その時分の小僧の仕事といえば、店番をしながら紫檀、天然木の台や棚を磨くことでした。そのため袖口がボロボロになるまでやらされたものです。今と違い昔は道路が鋪装してないので、雪降りや雨天の時には表の道路が田植えができるほどぬかり、そのため晴れ上りには家中の足駄のササクレをとるのと、洗って乾すのが一仕事でした。それがため冬の雪降りの後のぬかるみでよごれた足駄を水洗いするので、手にアカギレやヒビを切らしたり、梅雨時には毎日洗うその仕事だけでも相当に骨が折れました。四五月頃の風の多い時節には、表のぬかるみが乾いて塵埃が店内に一風毎に吹き込む。そして塗物の棚や道具が真白になる。それをハタキで掃除していると、一日中ハタキを持っていなければならないような始末でした。

奉公して間もないことですが、大阪の生島家の売立に交趾《こうち》大亀《おおがめ》の香合《こうごう》が出て、それを病中の藤田伝三郎翁が死ぬ間際に注文して入札で買った、この交趾大亀香合の、驚くなかれ九万円落札のことが当時評判になり、新聞社で号外まで出す騒ぎでした。それを号外で見て、私はなるほど骨董には大変に高いものがあるのだなあ、と子供心に脳裡に深く刻みこまれて、これは今後大いに一所懸命にやらなければならんわい、と深く肝に銘じました。

その時分の骨董屋の小僧の生活は軍隊生活と同じで、兄弟子の身の廻りの物の洗濯、履物の手入れ、化粧道具や煙草の買い走り、朝晩の蒲団の上げ下ろしなどやらされたものです。ある時夜中に便所に起きたら、隣に寝ていた兄弟子の蒲団がイヤにもち上っている、おかしいと思って見ると、座蒲団を二三枚まるく巻いて中へ突込んでふとんをかぶって寝てるように見せかけている、ところが翌《あく》る朝早く、表の戸を聞いたことのある声で「松どん、松どん」(私の本名は松繁)と呼ぶから、表を開けたら、兄弟子が帰って来たのでした。これは多分吉原か洲崎あたりの朝帰りだったのでしょう。この時ばかりは、いつもやかましい兄弟子も流石に幾らかやさしいようでした。当時は番頭の朝帰りは、それほど珍らしいものではなく、私が朝早く表を掃除しておりますと、あの通りの他の店の番頭さんが電柱を上り、庇《ひさし》に足をかけて二階の窓から忍び込んで行く姿を時々見受けました。中には庇の瓦を踏み割って下に落とした音のために、見つけられた番頭さんもおりました。その兄弟子が内証商いをして儲けた時など私共小僧の口止めのために、夜主人夫婦が寝てしまってから、近所の路地に出ていた屋台店の洋食屋へ連れて行ってトンカツやビフテキを食べさせてくれました。田舎から出て来て生れて初めて食べた洋食の味にびっくりして、こんなにおいしいものが世の中にあるものかと驚いたことは今でも忘れられません。

ある時客に見せるため、土蔵の中へ、染付《そめつけ》の十人揃の向付《むこうづけ》を取りに入り、出口で兄弟子の入って来るのと出合い頭に打当たり、思わず持っていた品物を落してメチャメチャに毀《こわ》してしまいました。主人にお目玉を頂戴して、イヤというほど打たれて、出て行けと言われはせぬかと思うと帰るにも家がなく、二三日は心配で御飯が喉につかえて通りませんでした。月給五十銭貰っている小僧が元価十五円の品物を毀したのですから大変なことです。それでも主人が、お前は平素よくまめに働くから、今度だけは勘弁してやる、と許してくれた時は心からホッと致しました。

商品のキズ調べ

主人は老眼のため、常に仕入れに行く時は私を連れて行き、買おうと思う品を前もって私に疵物《きずもの》や繕い物の調べを言いつけました。いつでも食器類を沢山買込むので、僅かの時間に二十人三十人揃いの茶碗の身と蓋や、向付や鉢皿等の数物《かずもの》を一々丹念に調べて報告せねばならず、それが買ってしまった後で、もし一つでも余分に疵物が出て来ようものなら、ビンタを喰って叱られるので、小僧の私にはいつも一苦労でした。こんなことは今なら人権蹂躙《じゅうりん》でしょうが、当時では極めて普通のことでした。ですから一所懸命で疵調べをしたものです。後年独立してから、これが非常に役に立ち、どんな小さな疵でも直ちに発見できて大層得をいたしました。思えば、これもまた辛い修業のお蔭でした。

品物の運搬

私の主人は中道具屋でしたので、店も広く、膳、椀、焼物の食器類の数物、蒔絵、雑木紫檀の棚、机、卓類、敷物、唐画の大物、衝立、屏風、中国美術等の大きなものが矢鱈《やたら》に好きで、支払いにいつでも困りながらもさかんに買込むので、中道具店の小僧は、他店の小僧よりは品物の運搬に一層忙しく骨が折れました。明治から大正十二年の大震災で焼失するまで、美術倶楽部は両国の東川岸にありました。その時分私共小僧は、入札会や交換会等の出品の届けや買入品の引き取りには、荷車を曳いて往復したものです。これは当時どこの小僧も一様にやらせられたものです。ところが、雨上りの仲通りから葭町《よしちょう》、人形町、矢の倉を通って浜町河岸まで出る道中は、ひどい泥濘や凸凹道で、重い物を積んで帰る時などは後押しをつけても車が動かず、油汗を絞ったもので、奉公の辛さに泣かされました。品物の多い時には、この道を三度も往復したことがあります。両国の橋詰の屋台店で一つ一銭で大きな大福を焼いて売っていたので、お腹の空いた時に大切な月給の中からこれを買って食べた味は今でも忘れられません。

主人が名古屋地方から関西方面に仕入れに行って帰京する時には、荷車を曳いて新橋の駅（今の汐留駅）へ品物を積みに行きました。また新潟、富山、金沢等の北陸方面に仕入れに出かけ、沢山の品物を持ち帰るのをその都度上野駅まで出迎えに行きましたが、朝の七時頃に列車が到着する時などは、女中さんが起きてくれぬので、五時頃に起きて冷飯に漬物で朝食をすませて、暗い中を車を曳いて上野駅に出かけたものです。これがまた暑い時や暖かい時はまだよいが、冬の寒中など、信越線は始終二時間や三時間は雪のために延着し、時には五時間十時間も延着して、夜になってから着いたこともあります。今日と違って、当時は延着する時間を知らしてくれぬために、いくら遅れても店に帰るわけにもゆかず、駅の横口に荷車を置いて、車を盗まれまいと車の上に腰をかけて、寒くても駅の構内に入るわけにもゆかず、チラチラと雪の降る寒い中に震えながら列車の到着するのを首を長くして待っている時など、つくづく小僧奉公の辛さが身にしみました。北国から着く列車は屋根の上に北国の雪を積んだまま上野に参ります。その雪をながめると望郷のやるせない心が湧き、この汽車に乗ればなつかしい故郷に帰れるのにと思い、幾度か逃げて帰ろうかと思いました。しかし母は私が奉公に出ると同時に家をたたみ、埼玉県のある製糸工場に働きに行っていて郷里にはおりません。その時もしも母が国にいて、奉公がそんなに辛ければ帰って来い、と温かい手を差しのべたとしたら、美術商としての今日の私はないわけです。恐らくそのまま郷里にいついたことでしょう。今思うと感慨無量なものがあります。夜遅く車を曳いて全身冷え込んで帰った時、奥さんが、「御苦労だったね、疲れたろう、さあ、さあ、早くあったまっておやすみ」と、ねぎらってくれる言葉より、主人が「ウドンでも取ってやれ」と言ってくれて、熱い一ぱいのウドンを吹きながら食べるのが、小僧にとってはどれほど有難いか知れませんでした。それでも、先輩の番頭さんはよく私共に、ガスや水道のなかった自分らの小僧時代の辛さを思えば、今のお前達はよっぽど楽だぞ、喜べ、といいました。鼻汁垂れ順譲りというのはこのことでしょうか。こういう経験がありますので、後年円タク氾濫時代に小僧時代のことを思い出して、僅かな運賃で荷物を運んでくれる自動車の有難味を、人一倍感じました。

荷物の運搬では今でも忘れられない思い出があります。何しろ、リヤカーはもちろん、ハイヤーもトラックもない時分ですから、品物を客先に届けるのも、小僧の仕事で、自分で荷車に積んで曳いて行ったものです。ある年の暮のこと、赤坂表町にお邸のあった高橋是清さんに――確か日銀総裁の頃だったかと思いますが――歳暮商いに品物を買って貰うために、時代屛風三双を明朝八時までに総裁の出勤前に高橋邸に届けるようにと主人から前日言い付かりました。翌朝六時には品物を積込み店を出ましたが、その日は忘れもしませんが雪降りで、赤坂見附まで来ると、それから先の坂道が、発育の悪い、非力の小僧には、いかに力んでも一寸も進まばこそ、後退《あとずさ》りするばかりで、押してくれる人はなし、時間は迫る、気が気でなく、寒いのに冷汗がダラダラ流れる始末でした。やっと通りがかりの立ちん坊に頼んで後押しして貰い、辛うじて表町の高橋邸に着きましたが、その時はもう十時過ぎでした。もちろん総裁はとっくに出勤した後で、肝心の商売はオジャンになりました。それで、大枚金一円也の月給（入店当時は五十銭）の中から、二十銭やったら小さい小僧と見てこれでは少ないとオドかされ、五十銭立ちん坊に取られました。さてそんな始末で、帰って主人から頂戴したのは大目玉だけで、こちらは叱られた上に五十銭の損で、実に割の合わない話でした。

支払いを受ける苦心

これは、戦前戦後も同様、昔も今も一向変わりませんが、お客さんには、金払いのキレイな方もあれば、わるい方もございます。

古い方は御承知かと思いますが、明治時代に世間を騒がせた、後藤新平伯も関係のある錦織剛清の相馬事件――この錦織剛清という人は号を華翁といって崋山の贋物を描いたことがあり、中には真物で世間に通ってる物も相当あるようで、その他彫刻や篆刻《てんこく》もうまかった人で、後年には罪亡ぼしに崋山の銅像を郷里田原にたてるといっているのをきいて、その坐像を輸出物の銅器を造っていた麻布の岩城という家へ見に行ったことがあります。この錦織さんは晩年よく主人の店に遊びに来られました。この相馬事件の審理に関係されたという当時有名な鬼検事といわれた山口興晴という方がありましたが、この方が非常な美術好きで、どこの骨董屋へでも行って、品物をよく買いました。ところが贅沢な暮しをしておりながらこの方がなかなか金払いのわるい方で、どこの店にも借金したまま一向払いません。頂きに行けば嚇《おど》かされていつも素手で帰って来るのが関の山、私の主人も御同様この山口検事には大分に貸しがあり、なかなか払ってくれないので困り切っていました。店の誰が行っても金をくれない、だから終《しま》いには行かずに行って来たような顔をする番頭も出てくる始末で、居留守を使うために誰も行かなくなりました。それで主人も考えて、幾らでもいいから取って来た者には懸賞金を出す、ということになりました。

何とかしてこの懸賞金を自分の手に入れたいと小僧ながら私もいろいろ工夫しまして、ある時弁当持ちで朝早くから出かけて、麻布市兵衛町の山口検事の邸の潜《くぐ》り戸をそっと開けて奥へ入りこみ、庭の石灯籠の蔭にかくれて、風呂敷を被って人の出入りを窺っていました。そのうち、ものの二三時間もすると、奥の方から庭へ出て来て、オホンオホンと咳ばらいする声が聞えました。それをきっかけに、御免下さい、といったら、オウッと返事がありました。流石の検事さんもこの不意討には面喰ったとみえて、お前は何だ、と言いました。そこで私は、骨董屋神通の店の小僧でございます、どうか今日はいかほどでも頂かれますればまことに結構でございますが、と三拝九拝しました。ところが検事さんは顔色を変えて、案内も乞わずに人の家に無断で入って来るとは何事だ、馬鹿野郎ッ、と怒鳴られました。私はまた、まことに相済みません、とお詫びしました。ところがそのうち検事さんは、お前はなかなか面白い所がある、それではマア今日は百円だけ持って行け、といって内金として渡してくれました。それを受け取るや否や、私は飛ぶように店に帰って、主人に事の次第を話して金を渡しました。この時ばかりは、大いに褒められました。お前はえらい、感心だ、と褒められて、褒美に十円貰いました。
後年名検事山口興晴さんが北品川の草屋に看護る人もなく独り淋しく逝かれた事を新聞紙上で見て、感慨無量な思いがいたしました。

仲通りへ来た客

当時仲通りへは井上侯、松方侯、田中光顕伯、渡辺千秋子、末松謙澄子、福岡孝悌《たかちか》子、三浦観樹（梧楼）将軍、実業家では安田善次郎、大倉喜八郎、浅野総一郎、村井吉兵衛、神谷伝兵衛、渋沢栄一、益田孝、根津嘉一郎、炭鉱王の麻生太吉、貝島太助などの方々が、馬車や人力車で来て素見して行かれたものです。その他松旭斎天勝の師匠の天一師も好きでした。新派の高田実丈や大山元帥もその一人でした。大山さんは特に中国の焼物がお好きでした。

芝の日蔭町に木村唯一さんという素人で事業家上りの骨董屋さんがおりまして、この時代にはお客さんの中でも自動車を持っている人のなかった時代なのに、自家用の三輪自動車に乗って客廻りをしたり、仲通りへ仕入れに来ました。この人は富士の裾野で頼朝以来の巻狩を催して評判になった豪傑でした。骨董屋にも当時はこんな愉快な人がおりました。店へ馬車で客が来ると、よい鴨が来たと主人は顔の色を変えて悦ぶが、私共小僧は途端に、客の帰った後で馬車馬の落して行った糞の後始末をせねばならないので、馬車の客が来るとガッカリしたものです。

欧米の骨董好きの外人は、東京に来たら一度は必ず仲通りへ顔を見せたものですが、土足で畳の上へ上がられるので閉口しました。もっとも向こうでは日本見物の案内書に美術街名所として出ていたそうです。それで思い出すのは、英国のキッチナー元帥も中国の古陶磁がお好きで、大戦前に日本に見えた時、やはり仲通りを一巡されました。その時煎茶商として有名な呦々堂小池平三郎さんの店へも元帥が寄られました。その家が又煎茶趣味の凝った家で天井が低いので、六尺有余の元帥は膝をついて靴のまま、四つん這いで奥の茶席まで入って行って、老人の出す品物を鑑賞し、買って帰られましたが、昔の偉い軍人には東西を問わずこんな骨董好きな方が見えたものです。

当時また越前福井の芸妓でおゆうさんという煎茶好きの人がいまして、相当よい煎茶器を苦しい金を工面して集めていました。有名な「万宝順記」という急須を愛玩していましたが、私の主人がそれを二万円で買取り、後に高田実丈に売りました。その頃煎茶が流行しましたので、私の郷里富山地方でも漁師が町に笊《ざる》をかついで鰯を売りに来て、帰りに道具屋へ寄り、売上げの中から掛軸を買って笊の中に入れて帰り、家の壁にかけて煎茶を喫んでいました。また坊さんで檀家からの帰りに煎茶碗がほしいので、御布施包をそのままこれを内金に入れとくから、一日だけこれを娯《たの》しませてくれ、と持ち帰った風流人もあったと、主人から聞いたことがあります。

仲通りの歳末風景

前にも申しましたように、明治末年から大正初年頃の東仲通りには骨董屋の数は非常に沢山ありました。それぞれ取扱う美術品を店頭に飾った家が軒を並べて、いずれも商売は繁昌しておりました。遠く北海道から、又、四国九州はもとより日本全国の各地から、業者が仕入れに参りました。また全国の蒐集家や趣味家がそれぞれ贔屓の道具屋へ馬車や人力車で品物をあさりに来ておられました。その中をまたヒヤカシ客が左右の店をのぞいて歩かれる姿はまことにのんびりとした風景でした。

日露戦争後から第一次欧州大戦までの間は物価も安く、至極平和な落ちついた時代でした。もっともこの期間は特別不況時代でもありましたから、金も儲からない代わりに、少し儲ければ生活も楽にできた時代でした。アクセクと働かなくともよく、従って商売も暇ですから、主人公は謡、義太夫、歌沢《うたざわ》、小唄等に凝り、中には手遊びをする者もあり、番頭までがそれに倣《なら》って道楽を始める始末でした。天狗連が寄合い貸席を借りて競技会などを催しておりました。

歳末ともなれば、議会中に上京しておられる貴族院議員（地方の多額納税議員）や知名人、財界の有名人も、自家用馬車やお抱え俥で、平素自分の店へ出入りする道具屋へ出かけて、お歳暮にお義理で何かと買って下さったものです。暮の二十日頃から大晦日まで、各商店が一斉に新しく買込んだ物やネキ物を金にするために全部土蔵から出して、家族の者や店員の寝る場所もないほど室中に並べ立て、正札売出しを始めます。店頭には立看板を出し、夜は屋号や定紋《じょうもん》入りの提灯を幾つも下げて景気をつけます。札値は平素より一二割、金まとめの見切品は三四割から半値近くまで値下げして、人気取りの客寄せをやります。これを買うために全国から業者も上京して、めぼしい物で値の合う安い物は我先きにと仕入れて行きます。追々大晦日に近くなるほど、趣味家の慾張り連中が現金や小切手を懐ろにしてヒヤカシに来ます。即金で買うからもっと負けろとか値引きせよと、正札値をまた何割か値切ったり、数まとめて買うから全部半額に負けろなどと、興味半分で無茶な値切り方をする客も出て来ます。歳末金まとめになるので、それで負ける業者もおります。正月床飾りの品、膳、椀などの食器を求める客もあり、雑多な客の中には掘出し目当ての人も交り、その人達が通りを横行し、その賑やかさは今日では見られない面白い情景でした。

私共小僧は売れた品物をそれぞれ毎日手分けをして荷車で配達いたします。それが大晦日の夜まで続き、除夜の鐘が鳴っているのに引続き客が絶えません。翌朝の三四時頃までも各商店が開いておりました。金屏風を大晦日に客が来て買ってくれ、正月に飾るのだからすぐ届けてくれといわれて、市ヶ谷見附まで届けて店に帰って来たら夜が白らじらと明け初め、それから店に飾ってある品物を土蔵に入れ、掃除してお正月の支度を終わり、去年の垢を朝湯に入って洗い流し、やれやれと思うと、主人夫婦が起きて来ます。女中さんが元旦のお祝いの支度をするので、あくびを押さえ緊張してお膳に向かい、主人夫婦の前に新年の御挨拶を述べ、お雑煮を頂いてから寝床に入ったことがありました。

今考えて辛いと思えば辛かったが、こんなことはその頃では世間一般の通例ですから、その時はなんとも思わず、又なんにも考えるヒマもなく、寝ずに祝うお屠蘇《とそ》やお雑煮も働いて食べると格別おいしい味が致しました。正月十五日とお盆の十五日と、年に二日しか休みのなかった時代ですから、お正月が待ち遠しく、苦労が多いほどまた一層正月が楽しく愉快でした。現在のように混濁した世相に比べてみれば、別に昔を礼讃するわけではありませんが、封建風が残っていたとはいえ、平和で静かな世の中でしたから、どこかすべてがノンビリとしておりました。小僧奉公の辛いことも苦にもならず辛抱ができ、何事も考えずに専心に主人に仕えることができました。正月は小僧共にとっては何よりの楽しみで、昼の羽子つき遊びの墨の塗合いや夜のカルタ遊びは、一年中心待ちにしていた唯一の娯楽でした。しかし正月でも遊んでばかりはいられません。主人が元旦からお得意さんや町内の年賀廻りに出かけるので、小僧共は仕着《しきせ》の裾をはしょって、首から紐で前へお年玉にくばる品物を吊下げて主人の後からついて歩くのも仕事の一つです。遊びたい盛りの小僧共が、せめて三ヶ日ぐらいはゆっくり遊びたいと思っても、次々用事を言いつけられて、そのうちに正月も終わります。またお盆の十五日まで休みなしで働かねばなりません。これが私共小僧時代の修業でした。

商売即ち娯楽

私が奉公していた小僧時代のことですが、東仲通りの道具屋の店先では、よく碁や将棋をやっておりました。主人が碁が好きだと碁を、将棋が好きだと将棋を、主人の好みを見習い、番頭や小僧までが自然それを覚えるようになります。時には主人から相手になれと言われて、小僧が前に坐って相手をしている姿を、あちらこちらで見受けました。私の主人も角力と株と将棋が飯よりも好きでした。角力好きの原因は、自分の郷里富山県から、梅ケ谷、太刀山《たちやま》、玉椿、緑島（今の立浪親方）、黒瀬川、寒玉子《かんたまご》等の力士が、当時沢山出ていたからです。商売も盛んな時でしたので、各力士を贔屓にしておりましたから、店へもよく遊びに来ました。本場所には桟敷を買切りで毎日出かけました。機嫌が良いと時たま連れて行ってくれました。お蔭で梅ケ谷、常陸山《ひたちやま》両横綱の四つに取組んだ豪華な角力や、豪力無双の太刀山が得意の猛烈な鉄砲で相手の力士を土俵の外に突出した角力も見せて貰いました。しかし太刀山の鉄砲は味のない角力でした。また小兵五尺三寸の名力士玉椿が、長身肥満の大力士駒ケ岳や西の海（二代目）と取組み、得意の左四ツに喰下がり、相手の左手を倦込み内がけに寄切った名角力も見ました。玉椿の左四ツでしぶとく喰下られては、流石名横綱の常陸山でも悩まされたものです。この小兵玉椿がヒョロ長い六尺有余の対馬洋《つしまなだ》を足取で倒した珍な角力も見ました。これは藪入り以外の主人の特別サービスでした。

また株では、無二の親友であった川部利吉さん（東京美術倶楽部社長）と二人で、株を買っては損ばかりして儲けたのを聞いたことがありません。毎日仲買人から相場を電話で知らせてくるのを聞くのと、時々株屋さんの店へ追敷《おいし》きの金を届けるのが、私の仕事でした。骨董商売を習いに来たのに、私にだけこんな用ばかり言付けるので、うんざりして泣きたくなりました。主人が将棋が好きだから、将棋好きな客や業者が遊びに来ます。番頭さんも主人や客の相手をしておりました。小僧の私はお茶を運んだりして傍で見ているうちに、見よう見真似で覚えました。そのうちに番頭さんより強くなって来ました。主人が一番小さい私に、「松ッ！　お前、おれの相手をしろ」と言われるようになりました。始めは負けてばかりおりましたが、幾ら小僧でも負けるのが口惜しいから一所懸命勉強しているうちに、時々主人に勝つようになって来ました。ところが、そのうちに私の方が勝越すようになりました。それからは主人や番頭さんにはもう負けなくなりました。主人と指すと、主人が負けてばかりいるので、面白くないから御機嫌がわるく、さりとてわざと主人に負けて御機嫌をとるような上手な真似もできねば智慧もありません。主人は自然私を相手にしなくなりました。

一方奥さんはお花を引くのが好きで、花好きな近所の婦人連中が遊びに来たり、番頭さんなども交って勝負をしています。私も傍で見ているうちに覚えました。人数の足りない時には私にも奥さんが、「小遣いをやるから入りなさい」といわれて、時々お相手をしておりましたが、やっているうちにこれも幾らかずつか上手になりました。好きこそ物の上手なれとかで、将棋もお花も後には相当上達致しました。

一応小僧時代の修業を終わり中僧になり大僧になると商売を覚え、追々間に合うようになると、自然主人も可愛がってくれます。多少儲けるお手伝いもできるようになると御褒美に時々芝居を見せてくれることもありました。主人は交際が広く派手で御夫婦共義太夫や芝居が好きでした。特に高島屋（左団次）一派の松蔦丈（先代）を贔屓にしておりましたので、よく遊びに来ました。いろいろの方面から連中切符を頼まれたり押付けられたりして、自分達が行けなかったり切符が余ると、何も分らぬ私達にもくれましたので、それを持って時々見物に行きました。お蔭で中車、仁左衛門（先々代）、幸四郎、梅幸、羽左衛門、歌右衛門（いずれも先代の壮年時代）、市村座時代の菊五郎、吉右衛門の青年歌舞伎や、新派の高田実の芝居も見ました。また豊竹越路太夫、豊竹呂昇の義太夫、桃中軒雲右衛門の浪曲なども聞きました。また松旭斎天一の奇術も見ました。それで芸事が好きになり、成年後も商売の忙しい時でも時々立見にも行きました。

野球も好きで、早稲田の谷口投手の変化のある絶妙の球捌きや、慶応の長身の小野投手のコントロールのある速球、明治の湯浅投手の超速球とドロップなども見て来ました。

在店十年私が二十一歳の春、主人が病気になり、半年ほどで亡くなりました。後は奥さんと子供だけですから、廃業して雇人はすべてお暇を貰うことになりました。私は繭山龍泉堂《まゆやまりゅうせんどう》へ入店することになり、繭山さんから店を全部任されましたから、これからは勝負事などはやってはいられない、それに繭山さんも勝負事には余り興味もないので、そこで私は考えました。薫隆堂の主人は永年の間多くの名士や財界の方々に沢山品物を売込んだり、業者との取引きも多く、盛んに商売をやって儲けた人ですが、せっかく儲けた金を、株が好きでほとんど株で損を致しました。それがために時には品物の仕入れができず、商売上まごついて困っておりました。それを私は永年目の前に見て来ました。薫隆堂の主人は不況のどん底で死にましたから、相当有名な店であったにも拘わらず、死後借金と財産を整理したところ、遺産としては大して残らず、あとあと奥さんと子供さんが食べて行くことも怪しい状態でした。私が十年近く勤めても、頂いた退店の手当が五十円でした。しかし奥さんや子供さんが、僅かな金を頼りに暮して行かねばならないことを思えば、別に何とも思いませんでした。主人の家にいてそんなことを見て身に沁みているので、龍泉堂へ入店したのを機会に、株は無論のこと、すべての勝負事は慎しまねばならぬと思いました。それよりも自分の商売に専念努力すべきだと思い、それから今日に至るまで三十五年の間、株というものは商売上のために三都と名古屋の美術倶楽部の株を持っていただけです。将棋は梅原龍三郎先生の所へ石原（龍一）さんと伺った時一二回指したのと、梅原先生、宮田重雄先生、益田義信先生、福島繁太郎先生などが将棋の競技会を壺中居《こちゆうきよ》の奥座敷で催された時「君が将棋をやるそうだね」と皆さんから勧められ、相手がなく盤を前に憩んでおられた梅原先生の御令息成四さんと一回指したくらいより記憶がありません。花札に至ってはこの間一回も手にしたことがありません。私が北京に出張して不在の時など、店員達が時々将棋を指していたようですが、最近まで私が将棋やお花を知らないと思っておりました。永いことやらないと、年をとるにつれて、将棋でもお花でも、勝負ごとには興味もなし、考える気力もなく、勧められてもやる気になりません。

　自分が謹厳かのように吹聴するようで恐縮ですが、私が薫隆堂に在店当時、やはり私と同じ富山県出身で同年の小僧が二人他の店におりました。一人は中村好古堂の太田清造君、今一人は吟松堂の和泉清一君でした。お互いの主人同志が商売の取引きもあり、交遊もあったので、従って三人の小僧同志もお互いに懇意になりました。正月やお盆の藪入りに一緒に遊びに行ったこともありました。お互いが徴兵の適齢になりましたので、検査を受けるため一緒に帰郷し、県会議事堂で検査を受けた結果、両君は均斉のとれた体であったので甲種合格となり、それに引きかえ私は全身発育が不良で第二乙種となりました。その年の暮、両君は富山六十九聯隊へ入営することになりました。その時私が感じたのは、軍隊生活はさぞ辛いことだろう、両君はお国のために入営するのに、自分は第二乙種ではねられたのが恥しいから、両君と同様に入営した気持で、両君に対する義理立ての意味で何かせねばならないと考えている時、思い付いたのは、当時好きで喫んでいた煙草と、少しばかり飲んでいた酒を、両君が入営の日から除隊までの二年間断然止めることに決心しました。まだ若いのでどちらも大して中毒しているわけでもないから、のまねば別にのみたくもありませんでした。両君が入隊してやがて二年の月日が経ちました。しかしこれからのみ出せばまた好きになって止められなくなると、体が余り丈夫でないから、我慢して引続きのまぬことに致しました。それ以来三十歳までは一滴の酒も飲みませんでした。煙草は二三年前まで喫みませんでしたが、近頃は喫んでみたり止めたりしております。しかし喫まない時の方が多く、いずれも中毒の心配はありません。

近頃麻雀が非常な勢いでさかんになって来ました。これは一つには社交のための娯楽の意味も多分にありましょう。私が北京へ永年往来しましたので、お客さんや友人からよく麻雀の相手をしないかといわれますが、知っていれば無論お相手をするのですが、前にも申しましたように、どんな勝負事も止めましたので、お相手がつとまりません。北京通いを始めてから短くて一ヶ月、永い時は半年近く滞在致しました時、下宿の左右の部屋では、同業者や宿泊の客人が毎晩のように花札遊びや麻雀をやっておりました。初めのうちは牌の音が煩くて寝られませんでしたが、追々耳に慣れて平気になりました。花札遊びをしている連中や、麻雀をやっている連中が、仲間に入れとよく勧めましたが、麻雀は皆目牌を持ったことがないから相手もできず、断ってきました。覚える気持がないから、幾らでも機会はありながら、到頭今日に至りました。壺中居の社員達が知っているのに、人様から中国通だといわれ、しかも麻雀牌の音で耳ダコが出来ているほどの私も手に牌を持ったことがないから、ツマむことさえ知りません。勝負事は別に嫌いな訳でもありませんが、この頃は頭を使う根気がなくなったのと、夜更しをして体が疲れることを思うと、他の娯楽よりは、私が買って来た品物や、社員諸君が仕入れて来た品物を、商売を離れて、毎日変わった品物を独り静かに鑑賞している方が何にもましての楽しみです。これは美術商の余徳とでもいうのでしょう。お蔭で早寝早起きができて、健康にも恵まれ、この楽しみが死ぬまで続くかと思うと、美術品に勝る娯楽はないと心から感謝しております。

龍泉堂時代

大正六年の八月、丁度私が二十一歳の時、主人薫隆堂神通由太郎さんが死去されました。後をとる子供が幼いので廃業することになり、先輩の番頭さん達はそれを機会にそれぞれ独立しましたが、私はまだ勉強も足らず、独立するには早いが、しかし一旦縁あって入ったこの道ゆえ、あくまで初志を貫ぬき、一生骨董商として身を立てたいと思っていたところ、当時一流の骨董商の清辰、本山、吉川、川部さん等私の主人の友人の方々が、皆さん親切に自分の店へ来てくれと申されましたが、私が骨董界入りするについてお世話になった、私には兄弟子であり又親戚にも当たる先代龍泉堂主繭山松太郎さんが、自分は多く北京に出張していて不在勝ちだから、店を一任したいからぜひ手伝ってほしい、とのお話でした。繭山さんは中国美術には優れた鑑識をもたれた方でしたから、私は勉強にもなるので、当時銀座一丁目にあった龍泉堂に入店することになりました。店主が北京に仕入れに出張中その留守を預って商売に当たることになりました。丁度第一次欧州大戦で成金の続出した好景気時代で、商売が繁昌して品物がよく売れましたので、大いに働き甲斐がありました。

龍泉堂に入ってから退くまで、その間店主は大抵北京に出張していて不在勝ちでしたので、自然私が多くのお客さん方に接する機会があり、何かと御愛顧を受け御贔屓にあずかりました。当時よく来店された方といえば、下村観山、竹内栖鳳、橋本関雪、松岡映丘、吉川霊華、小林古径、安田靫彦《ゆきひこ》、前田青邨、山村耕花、広島晃甫等の日本画の諸先生や、洋画では中村不折、藤島武二、岡田三郎助等の先生方、彫刻家の高村光雲先生、その他正木直彦、大村西崖、黒田多久馬、守屋孝蔵等の方々、尾崎洵盛男、横河民輔《よこがわたみすけ》博士、佐藤功一博士等の皆様方でした。青山二郎さんもその頃からよく見えました。今でも忘れませんが、私が龍泉堂に入店して間もなく、青山さんが店に来られ、店主が北京から送って来た疵物の宋均窯《そうきんよう》の水盤を買って行かれたのには驚きました。その頃青山さんは二十歳前でしたが既に当時から古陶磁に対して天才的な審美眼をもっておられました。

当時は私も若年でしたが、古径、靫彦、青邨先生等もお若うございました。今日でもなお何かとお世話になり、お引立てに与っていますが、思えば永いお付合いでございます。これら芸術家の方々の好みが追々に普及して、仏教美術、金石、漢六朝唐代の俑《よう》、宋元明の陶器類が多く入るようになりました。もっともその以前から早崎梗吉さん、高橋太華さん、勝山岳陽さんなども将来されておりまして、早崎さん将来の仏像は全部細川さんのコレクションに入っております。それで、以上の日本画洋画の芸術家や、その他少数の愛好家の出現が、大体今日の鑑賞美術の旺《さか》んになった源流になっていると思います。その後、白鶴の嘉納治兵衛氏や藤井善助、武藤山治、山口謙四郎、上野精一、藤木正一、井上庄七、笹川慎一、根津嘉一郎、長尾欽弥さん等の皆さんが蒐集され出してから、一層中国の仏教美術、金石、陶磁器類が旺んになりました。しかしこれには、山中商会の山中定次《さだじ》郎《ろう》翁が中国美術の名品の数々を輸入されて、上野の美術協会や、東京美術倶楽部、大阪美術倶楽部等で数回に亘って展覧会を催されたことが大きな力をなしていることは、忘れてはなりません。

かくて龍泉堂に在店すること五年、後から入店した店員諸君も成人されたのでお暇を頂き、同時に妻を迎えて独立しましたが、半歳ならずして関東大震災のため焼け出され丸裸になりました。

壺中居の始まり

大正十三年の五月に、盟友西山保君と、お互いに関東大震災で焼け出されの丸裸同志が助け合う意味で、共同して店を始めました。場所は、当時神田連雀町の青物市場の裏横の細い道路に、青物問屋の主人で江戸ッ子で通人の江沢菜魚さんの経営する、両側にバラック建築の床店風の喜雀苑という店舗——古い方は御承知でしょうが六尺九尺の三畳敷の部屋が並んでいましたが、私共より先にここへ骨董店を開いておられた有尾佐治さんの御紹介で一劃を借り受けまして、屋号を壺中居《こちゆうきよ》と付けました。壺中居と付けました意味は、壺中の天地、壺中日月長、という意味からと、お互いに陶磁器が専門で壺を扱い壺が好きなためと、将来壺を沢山並べてその中に坐っているように店が繁昌することを願うための意味で付けました。それで知らぬ人がよく待合と間違えて「つぼなかい」とか、つぼなか居《お》るさんと呼んだり、また時には中華料理屋とよく間違われたものです。

この壺中居創立に際しては、日頃御愛顧に与っていた井関双山先生（濱田庄司さんの御親戚で枇杷田検事の父上）から、今後両人共何時までも協同して有終の美をなすように、そしてたとえ両人の年齢に違いはあっても、兄たり難し、弟たり難し、の心意気でお互いの人格を尊重し合い、お互いに終世苦楽を共にして壺中居を守り立てて行くように、と両人のために誓約書を書いて下さいました。その意味で、井関先生は、私共にとって終生忘れることのできない大恩人であります。

さて、壺中居の看板の字は西山君が書き、これを私が彫刻して軒先に掲げました。店内の造作をするために、材料の材木を京橋の材木屋へ買いに行くのに、当時の運賃一円を倹約するために二十銭で車を借りて、私が前曳きし、西山君が後押しして運んだものです。壁紙も両人で糊を作って貼り付けました。こんなことも、金のない者同志の店ですから仕方がありません。家賃は二十円でした。さて開店はしたものの、お互いに焼け出されですから、着物もなければ品物もありません。翌日から、私が早朝から仕入れに出かけると、西山君が留守番、午後から西山君が仕入れに出かけると、今度は私が留守番。こんな風で雨が降っても、風が吹いても雪の日もお互いに毎日続けました。金がないから安物より買えないので、遠い場末の店を漁り歩いたり、二三流の店からしかも安物を譲ってもらったりしました。昼食は、昌平橋ガード下の労働者や、ルンペンが行く簡易食堂に代わり合って食べに行きました。大きな丼に白い御飯が山盛りにあって、お煮〆や焼魚が添えてありました。一人前十銭でしたが、これで私共には腹一杯になりました。余り儲けにはならないとみえて、お茶は出さずに白湯を出していました。当時西山君は京橋の下駄屋の二階に一ト間（四畳）月五円で間借りしていたので、そこから神田の店まで朝晩往復九銭の電車賃を倹約するために、毎日歩いて通っていました。お互いに、毎日仕入れに行くと、安物を何か買ってきたものです。

震災後は何か美しいものを求める気持が人々の心に起こってきたせいか、私共の小さい店へも相当お客さんが見えました。当時の買入れ値段を申しますと、李朝染付の大壺でも十円まで、辰砂《しんしゃ》の面取《めんとり》や丸壺、鉄砂《てつしゃ》の壺も同値、飛切り優れた辰砂、鉄砂でも五十円まででで買えたものです。高麗物はその当時でも少なかったが、今から思うと安いもので、釉上り上等の高麗青磁《こうらいせいじ》象嵌花《ぞうがんか》文瓜形《もんうりがた》の承盤《しょうばん》付き水注を百二十円で買ったがなかなか売れません。品物を一年以上も持っていて、当時の鐘紡重役の福原八郎さんに頼んで二十円損の百円で買って頂き、大助かりしたことがあります。今の織部屋中西さんの兄さんが、朝鮮から李朝の焼物と木工品を仕入れて、貨車に一杯持って来ました。それを四谷の貸席で競買したことがあります。李朝の白無地、染付、辰砂、鉄砂の壺、鉢、台鉢、皿、水滴、膳、盆、脇息、青貝の文庫、計五十余点を八百円で買いました。水滴も二十個近くありましたが、最高五円で、安いのは五十銭でした。今から考えると嘘のようですが、実際にあった話です。本郷のある店で李朝染付の山水の扁壺《へんこ》の無疵なのを三円五十銭で買って、井関双山先生に十円でお願いしたことがあります。先生はそれにスカリを付けて、友人に飲ませるのだと、酒を入れて担いで持って歩かれました。井関さんの歿後、今その品を九段上の筆匠平安堂の御主人が愛玩しておられます。

日本物では、瀬戸の油皿、石皿（煮〆皿）、馬の目皿を買集めに、東海道の静岡、浜松、豊橋、名古屋から伊勢路、北陸方面まで出かけたこともあります。これを最初の頃は最高三円、最低二十銭で買求めました。そして柳宗悦、河井寛次郎、濱田庄司、北大路魯卿等の先生方にお願いしたものです。こんな民芸品を旅で買うと大変な苦労で、それを両手で下げると寒中でも汗をかきました。駅でも一個五銭の赤帽賃が惜しいので、汗水を流して汽車に持ちこんだものです。民芸品も柳先生の民芸運動で追々値が出て来ましたが、高くなったといっても知れたもので、油皿、石皿が十円程度になったに過ぎません。この当時やはり柳先生の発見推賞によって、木食《もくじき》上人の彫刻が評判になりました。七八円から二十円までで四五体買ったことを覚えております。

それでもこんな狭い所へ、細川さん、横河さん、芸術家の新海竹太郎、安田靫彦、吉川霊華、岸田劉生、中川一政、宮田重雄、山口蓬春、山村耕花、広島晃甫等の先生方が遊びに見えました。当時新海先生から、漢六朝唐の俑の馬を買う時には、胴の長い形のを鑑て買って来い、と彫刻的な見方を教えられました。

ある時、有尾さんの店に南宋官窯《かんよう》の手付の盃が陳列窓に飾ってありましたが定価十五円と付けてあった品が金がなくて買えませんでした。これを後年あるお客さんから五百円で買い求めました。

お客さんの来ないヒマな時に、西山君は俳画を描いたり俳句を作ったりしていたものですが、西山君は俳号を南天子とつけていました。

雨の日雪の日など、つれづれに作ったものの中に次のようなのがあります。

短日や妻子なきとて今日二食

霙れても時雨ても壺を売るたつき

この喜雀苑で、有尾さんや石原龍一さんと一緒に、最低値付入札を数回催したこともあります。有尾さんの店へ、青山二郎さんが骨董屋に成りたいから店員に置いてくれと、一週間ほど通って店番をしていたこともあります。

苑内に骨董屋の名物男で、芸術家のお客さん方から平《へい》ちゃんと愛称された平爺《へいや》こと片岡平兵衛が、表に「買い度し売り度し儲けたし」と看板を掲げて、天神髯を生やし（この髯が又珍無類で鼻の下を一寸ほど剃り落してその両脇から、はやした髯です）店に坐っていたのも名物の一つで、前の茶店に渋皮の剥げた一寸イキなおせきさんと言う女がおりましたが、これに一丈五尺の恋文を書いて渡しました。酒に酔って、例の珍髯の先へゴム風船をつけ、至極真面目な顔で苑内を踊り歩いて、書いた手紙が一丈と五尺、柳に南瓜《かぼちゃ》でフーラフラ、達平源平二人の子供は伊達には持たぬ、チャーチャーチャッポコ、チャッポコポ、と手をたたいて踊り歩きました。翌日風船のため髯の根元を真赤に腫らして昨夜のことを忘れ、平気な顔で店に坐っておりました。これが、ほんとの平気な平ちゃんだと思わず吹き出しました。また俳人の小泉迂外さんが寿司屋の店を出しておられたので、通人達が時々食べに寄られました。この頃の喜雀苑は、東京の一種の名物となっておりました。

槙町時代

思い出多い喜雀苑も追々手狭になってきましたので、大正十四年の暮に京橋千疋屋横の南槙町に引越すことになりました。

この時代から三四年すると、鑑賞陶器も追々さかんになってきましたので、小野賢一郎、中尾万三、奥田誠一の諸先生に西山君と私も加わり、何か気楽に読める趣味雑誌を出そうではないかと話がまとまり、秦秀雄さんの茜屋から、親しみのある名前がよろしかろうというので出したのが雑誌「茶わん」でした。それで経費の足しにしたいから、創刊号から表紙裏に壺中居の広告（月十五円）を出してくれと、小野さんに頼まれ二三年も続けました。さて創刊号を出すことになりましたが、記事がないので、西山君が彼方此方に記事取りに歩くやら、原稿集めに東奔西走し、自分でも原稿から挿絵、カットもかき、質疑応答やら贋物物語などを書いたもので、私も蔭から材料を提供したものです。この雑誌を売るために、北陸、東海道、関西方面に仕入れに行く時、一緒に持ち歩いて売り廻ったものです。北京に出張する時には、この雑誌を持って下関に下車して業者に頼み、釜山、京城、奉天、北京と行く先々の業者やお客さんに頼んで買ってもらったものです。「茶わん」誌が大陸に渡ったのはこれが皮切りです。その後幾変遷を経て「茶わん」誌も発行部数も増し、鑑賞陶器の愛好家も増して、今日の隆盛を見るようになりましたのは悦ばしいことですが、今日この雑誌が久しく休刊しているのは淋しいことです。

この時代に、彫刻家新海竹太郎先生の歿後、その遺愛品の処分を遺族の方から依頼されまして、店の階上階下に並べて売立をしましたが、芸術家の蒐集品とて余り高価な品もありませんでしたが、どこか芸術的な美しさがあるので愛好家に悦ばれ、ほとんど売れました。これなどが鑑賞陶器蒐集家の売立の第一回になるでしょう。

それから、この時代前後が、古九谷《こくたに》物の底値をついた時でした。呉須赤絵《ごすあかえ》も安く、古九谷の俗に青手《あおて》という塗り溜の手などは、ごく上りのいい尤品《ゆうひん》でも百円を越すものはなく、呉須赤絵の金彩極上大皿でも百円から最高二百円までが止まりでした。図柄の面白い上等物が百円以下、花鳥や龍の普通の図なら二三十円、印《いん》判手《ばんて》に至っては五円から十円までで、これは望み手はありませんでした。天啓《てんけい》赤絵は、大中小の皿が、性のいい物でも、いずれも後絵《あとえ》と見て百円を越す物がなく、値段がメチャメチャでした。

呉須赤絵は、茶に使える香合、鉢類は当時でも数千円乃至万を越す物もありましたので、小資本の私共には、茶で使えない呉須赤絵の安物を集めるのが一番都合がよいと思い、西山君と二人で東海道、京阪、北陸、四国、九州方面まで漁り歩き、私は昔からの料理の関係上最も多く散在する北陸方面に出かけましたが、富山、高岡、加賀の金沢、小松、大聖寺の業者の家に行きますと、ある店など安物なので持出すのが手数なため土蔵で見てくれといわれて、永年売れないので土蔵に箱が沢山積重ねてあるのを、その中から無疵物で上りのよい、図柄のよいのを撰び出して、一度には運びきれないのでボツボツ運んで来てはお客さんに、安いから今の中に買っておいて下さいとお勧めして、いろんな方に売込んだものです。

ある時、越後の売立に出た三十枚近くの大小の呉須赤絵皿を全部買占めても、なんとその総額が千円に満たないものでした。この中には金彩入の大皿も一二枚ありました。佐渡の両津から相川まで行きましたが、どこに行っても無疵で図柄のいい皿があったものです。青九谷の鉢や大皿等も買求めました。富山で台鉢の尤品を、八十円で高いが我慢して買ってきて、お客さんに百円でお進めしておきましたところ、終戦後その品が交換会に出て五万円で売れました。始めの頃は見向きもせぬ印判手も後には売れるようになり、二三年後に北陸に行って尋ねると、土蔵には呉須赤絵はもう一枚もありません、あなたの方にあれば売ってくれということでした。今では、呉須赤絵にも万以上の品もあり、塗り溜九谷にも五万十万の品は幾らもあります。天啓赤絵の鑑識も進歩して、元来の赤絵と後年の後絵付を見分ける人が多くなり、自然ウブな天啓赤絵は非常な値上りを見るようになりました。

当時、西山君と箱根に遊びに行った時、関西の業者が数十人乗込んだ自動車と私共両人が道ですれ違った際に、自動車の中から声がして、私共の名前が思い出せぬのか、あの赤絵物を高く買い集める人だよ、というのを耳にして思わず両人顔を見合せて微苦笑したことがありましたが、いずれにしても初めて道を切り拓くことは、苦労も多いがまた楽しみなものです。

昭和三年夏まで槙町で営業しておりましたが、日本橋通三丁目東仲通りの街角に店舗を新築して引越しました。看板を秋艸道人《しゅうそうどうじん》会津八一先生に揮毫《きごう》して頂き、店頭に掲げました。これを坪内逍遙先生に褒められたことを覚えております。

こうして、西山君と共に楽しく商売に励んでおりましたところ、西山君は昭和八年春のふとした風邪引きがもとで追々病いが重なり、帝大病院に入院して療養に努めましたが、その甲斐もなく、とうとうその年の十月七日に亡くなりました。死期を悟るや幼き二児のことを私に頼み、壺中居の後をも私に託しました。

スランプ時代

盟友西山君の存命中は、私は一年のうち半年以上は仕入れのため中国に出張して、内地を留守にしておりました。従って内地で販売の方を受持っていた西山君は、父は幸野楳嶺《こうのばいれい》門下の画家で、その血筋とでもいうのですか、感覚もよく、品物の観察力にも長けて、審美眼も鋭い、頭の良い人でした。当時店に来るお客に品物を出して見せるのに、そのお客の好みをよく見抜いて、あの人にはこれが向く、この人にはこれがよいとよく心得てお願いしたもので、その点天才的なものがありました。あるお客さんが、西山君は私の好みをよく知っている、その上に自分の懐中まで見抜き、それに適当な品物を渡してくれる、といわれました。いわば、骨董屋になるべく生れて来たような人でした。

さて私共両人が協力して営業してきました壺中居も、有能な西山君の死後は私が全部営業の任に当たることになりました。何分永年仕入れにのみ廻っていた私が、売りに廻ることになり、両人で担いで来た壺中居も、荷が急に重くなりましたので、西山君が目をかけてくれました甥の熙《ひろし》と店員の助力によって、引き続き西山君の在世当時と同様に御贔屓の皆様のお蔭で恙《つつが》なく営業を続けて参りました。

ところが追々に時勢も変わり、お客の好みも変わり、物の見方にも進歩をするようになりました。西山君のように天才でもない私には、世の移り替りも洞察できず、依然として昔と同じような、新味のない営業を続けておりました。小僧の時からの修業は万事商売が目的で、すべて売れる売れないの利害勘定から品物を見る癖があって、それだけに西山君の死は一層打撃で、それかといって今さら急に品物の見方を新しくするということもできず、又そんな能力も私にはありませんでした。

当時一種の流行でもあったと思いますが、美術学校や大学を出た方々、音楽家、文士等のインテリの愛好家が殖えた所へ、学校で美術や文学をやった方や、画家だった方などがわれわれ業界にも入ってきましたので、自然こういう方々とも交渉を持つようになりましたが、私共の店のお客の中にも、こういう方々のそういう物の見方とでもいいますか、文学的の術語や科学的術語を振り廻すハイカラな陶器通の方も出て来るような空気になって来ました。芸術的な美が稀薄だとか、この品物には詩がない、夢がない、味がない、感じが固いとか冷めたいとか、形にボリュームが足りない、ポーズがなってない、線に動きが欲しい、形や模様にゆとりが欲しい、静けさや侘び寂びに乏しい、この釉薬《ゆうやく》は鉄だ、銅だ、錫《すず》だ、マンガンだ、これは還元炎だ酸化炎だとかいうようになって参りました。品物を見るのに、幾分知識や理論で見るようになってきました。若い愛好家や店員も、それに幾分共鳴するようになり、引きずられもしました。私も今から思えばまだ若かったので、そういう見方なり鑑賞があるものかと、懐疑にとらわれて、真剣に考えるようになりました。

文学にも、科学にも、何らの教養を持たない私には、永の年月の間に品物を数取扱った実地の経験のみが唯一の頼りです。理屈はどうでも、物を見てそれが自分の心に美しく感ずる物であればよいと思いますが、このグループの方々には、そんなことは月並の説明としか思って頂けません。世間は一般に、愛好家でも業者でも、物の真贋の結論を出し、美の有無の理論を付ける方を、目利きであり、審美眼のある偉い人だと思う嫌いがありますが、私はなかなかそう簡単に結論の出るものではないと思います。

学問や科学の力も偉大なものです。われわれも大いに教えられ参考になります。それによって真贋を鑑別し美を見ることは、大切なことだと思います。しかしそれだけから結論を出されると、文献のみによってそれを芸術価値と混同して贋物を買ったり、作家の場合には、技術の面だけから見て真贋を謬《あや》まったりする場合がないとはいえず、また往々間違いもあるように思います。そういう方々の買われた物にも、そんな業者の納めた物にも、贋物がある例をしばしば見ております。

いずれにしても、小僧上がりの石頭ではむつかしい説明もできず、ただ品物が良いからとの説明では、新しい時代の方にはついて行けませんので、時代にとり残され遅れた心地で、見方にも商売にも自信が持てなくなり、懐疑に陥りました。これでは後から新しく芽生え進んで来る若い者の上に石頭の私がいては、生長の妨げになると思い、私は今一度勉強を仕直さねばならないと感じました。幸い西山君が薫陶してくれた甥の熙も成人しましたので、壺中居を譲る気持になり、西山君と共に育てた二人の店員も共に店に残し、昭和十三年天長節の佳き日に全部譲り渡し、私はすっかり身を退きました。そしてあらためて芝公園五号地の日本赤十字本社横に住居を移しました。

その当時、私がスランプに陥ったために新居に移って離れたことを、お客様や業者の方々はもとより身内の者さえも、私の本心を察することなく、四十歳前後で隠居するとは少し早過ぎる、それにしても若いのに早く儲けたものだ、などと痛くない腹を探られました。私としてみれば、そんなノンキな気持どころか、いかにしたらこのスランプから一日も早く脱け出すことができようか、と焦る心で一パイでした。

さて、今までは壺中居の広田も、元の店をそのままにして自分だけ離れてみると、新たに自分の堂号をつける必要がありますので、奥田先生にお願い致しましたところ、先生は、君には既に与えてある、それは不孤斎というのだ、とのお答えでした。そこで再び先生に不孤斎と額を書いて頂き、それを掲げて発足致しました。それ以来自ら不孤斎と申しております。

この新店へ、当時有名な蒐集家のKさん夫妻のお供をしてAさんという方が見えたことがあります。この方はもう故人ですが、自分ほど鑑識もあれば審美眼もある者は他にないかのように自負されていた研究家であり愛好家でもありました。私がスランプに陥ったのも、実はこうした方々にも関係があると申せます。Aさんは K さんの美術品の購入顧問の如くに自任し、K家に出入りしている業者を下目に見て威張りちらし、如何なる品物でも自分が目を通さなければ、K家には納まらないと豪語しておりました。永年この道で苦労して来た専門の業者が、自信をもって納めようと思うのに、傍からAさんのような方がとやかく口を出されるために納まらなくなるのでは、やりきれたものではありません。それでも品物を売りたい業者は、Aさんの御機嫌をとるので、益々増長するのですが、それでいてKさん夫妻の前では、まるで茶坊主か幇間《ほうかん》のような態度で振舞っておりました。そのAさんが、不孤斎と書かれた新しい額を見て、「なんだ、これは奥田君の字か、フフン」とさもさも鼻の先で笑うように言われました。それは先輩である奥田先生を軽蔑して無視することによって、自分の方が奥田先生よりよくわかるんだぞ、と言わんばかりの態度としか思われませんでした。私は思わず、Kさん夫妻の前であることも忘れて、Aさんに向かい、「先生の字の上手か下手かは私にはわかりませんが、私の今日あるのは先生のおかげであり、不孤斎の名付親でもあります、清廉な先生の人格を尊敬すると同時に、恩人への感謝の念を忘れぬために、特に先生に書いて頂いてかかげてあるのです、それが悪いことですか」とたずねましたところ、Aさんは私の語気に聊《いささ》か驚いたとみえ、顔を赤らめて無言でうつむきました。やはり先生が煙たいので思わず出た言葉だったんだな、とその時感じました。自然と座も白けましたので、Kさん夫妻と一緒にそこそこに出て行かれました。

しかし、後で落着いて考えてみると、如何に性分とは言いながら、商人としての立場を忘れて、よけいなことを言ったものだと、自分の短気に気がつき、Aさんにはまことに済まないと思いました。ことにお客のKさん夫妻を不快にしたことは、心から申しわけないことだと思いました。心ならずもお世辞をならべて相槌を打っておけば、Aさんは何か品物をKさんに勧めてくれたのに、持って生れた一徹な気性というものは、なんとも致し方のないものです。その後も自分の性分は十分承知しているつもりでいながら、人のおこることや、嫌がることを時々言っては後悔することのあるのは困ったものです。

不孤斎となって間もなくのことでしたが、壺中居を甥の煕に店員と共に譲ったことを聞いて、無学の百姓である、店員の父親が、子供可愛さから片仮名や平仮名交りのたどたどしい手紙を寄越しました。その文句は、御主人を信頼して自分の伜を奉公に差上げましたのですから、煕さんと共に譲られました後でも、何卒蔭から良い人間になるように仕込んで下さい、一人前に御飯を食べて行けるようにしてやって下さい、頼みます、手を合わせて拝みます、と書いてありました。その時には、子供を持ったことのない私も、始めて親が子を思う愛情の真実さに心を打たれ、同時に人を使う責任の重さを痛切に感じました。自分の小僧時代のことも思い出され、思わず泣かされました。自分の仕事の肥《こや》しのためにばかり店員を使うものではない、店員を自分の肥しとする以上は、自分もまた店員の肥しとなって育成して良い花を咲かせ、良い実を熟させてやらねばならないと思いました。使うも使われるも、お互いに忍耐して心からなる愛情を持たねばならないと思います。

さて蔭から静かに壺中居の生長発展を見守り、一方自己の懐疑を解き、一日も早くスランプから抜け出ようと、自己反省に努め、すべての見方を親しく再検討しようと努力しておりましたところ、戦争はますます拡大する、店員は出征する、女中は徴用される、自分は警防団員として働かねばならなくなり、勉強も従っておろそかになり、広い家も無人になったので、又日本橋に小さな家を求めてそこに移ることになりました。この家も、三月十日の大空襲で戦災を受け焼けてしまいました。

しかし今になって顧みて、この自己懐疑やスランプがあったことは、いろいろな意味においてその後大きな助けとなりました。そして自分の歩いて来た道に間違いがなかったことを知って、その後は一層自信づけられました。

戦災にて郷里へ

戦争中、警防団に出たり、隣組長などの激務に無理をしたため、軽い肺浸潤におかされ、焼け出されの丸裸で家もなし、仕方なく郷里八尾町に参り、知人の家屋の部屋借りをして、静養に努めました。震災で西山君ともども焼け出されてから初めて出会った時には、両人相抱いてお互いの無事を喜びました。その時、西山君に左の句があったことを、故郷で部屋借りの身に、しみじみ思い出されました。

生きて逢ふ友も家なし秋の風

バラック住いの時の句に

わが糧を犬に分けやる夜寒かな

さて空襲の激しい中にも、病中のつれづれに、当時八尾町の旅籠屋に歌人吉井勇先生が疎開しておられましたので、時々お邪魔しては美術の話をしたりしておりました。苦しい淋しい中にも、楽しみがありました。終戦後間もなく、先生は京都へお引揚げになりました。御出発前の一夜、旅籠屋で淋しく別離の盃をくみ交わしました。私も間もなく健康を取戻したので、先生のお引揚げ後、続いて東上致しました。これも忘れ得ぬ思い出でございます。後に先生からその頃のことを思い出されてのお歌をお寄せ頂きました。

壺中居に会ひて流離の淋しさを
しばし忘るといふもまことぞ

万暦《ばんれき》の赤絵の壺のめでたさを
　雪国にして友説き止まず
友のする古陶がたり聴きて居ぬ
　越の旅籠に春を待ちつつ

博物館へ寄贈

昭和二十三年の秋、壺中居創立当時以来御指導を受け、種々御世話になり、御恩になった奥田誠一先生が前年国立博物館に御入りになったので、先生に御紹介願って、丁度私の業界入り四十周年に当たりますので、私が美術商として今日まで恩顧を受けました旧主神通由太郎さんの三十年忌、盟友西山保君の十五年忌、先代繭山松太郎さんの十三回忌、の各故人の菩提を弔い、加えて私共夫妻の銀婚式記念を兼ねて、国立博物館に宋瓷《そうじ》五点、京都博物館に宋瓷一点、奈良大和文華館に宋瓷一点、大阪美術館に高麗青磁一点、鎌倉国宝館に鎌倉彫箱一点、日本民芸館には柳宗悦先生に購入品の撰択をお任せして金子若干を、私が骨董界に入った足跡を遺す意味において、後を譲る子供もなく、多少でも文化国家の建設に寄与すればと思い立ち、寄付させて頂きました。翌年正月博物館の表慶館楼上に、松永安左衛門さんの寄贈された古書画茶器の数々の名品と共に、私の寄贈した宋瓷五点が一ヶ月間公開陳列され一般の参観に供されましたことは、まことに身に余る光栄でございました。

株式会社壺中居創立

終戦後目まぐるしい世の移り変わりとインフレの中に寧日なく生活と闘い、その間財産税や新円切換え等のために古美術品の移動する業界に活躍して参りましたが、戦前と違い、われわれの小資本ではとても営業を続けて行けなくなりましたので、甥の壺中居主広田熙と弟子の五葉堂横井周三に相談の上、身内の竹森弘、土屋隆を加えて合同し、理解あるお客様、友人、同業者にお願いして出資して頂き、更めて株式会社壺中居美術店として、広田熙を社長とし、高島屋南横の日本橋通三丁目一番地に新店舗を建設し、店先には運よく疎開したため焼失を免れた会津八一先生御揮毫の由緒ある「壺中居」の看板を掲げて、昭和二十四年九月二十日に開店の新発足をすることに致しました。開店当日には、高松宮殿下及び吉田総理大臣の御来店を得まして、光栄これに過ぎたる悦びはございません。

私は諸事営業面第一線から退き、永年の経験を生かして商品の仕入に専念し又社員諸君の相談相手となり、小店員の指導育成に努めております。

思えば永き大戦争に有史以来の多くの犠牲者がありましたが、私が吾が子の如く育成致しました弟子三人も、北支に、ビルマに、比島に、いずれも前後して戦死しました。国家のためとはいいながら、真に惜しいことをいたしました。この三人の弟子が復員してくれたなら、新設壺中居の傘下に馳せ集まり、大いに働いてくれる所ですが、今日古美術の旺んな時に盟友西山君を始め、若くして陣歿した三人の弟子の身を思う時、かえらぬことながら淋しい気持につい胸迫り涙することがあります。

日本に遺る数多くの美術品、祖先が遠い昔より幾多の災害から護って遺された貴い品々を扱うのですから、一層この道に精進することが責務と感じております。この美術品と共に暮すのは真に生き甲斐のあることと悦んでおります。そして努めて理解ある保護者の方々にお納めすることを念願としております。

用心我が家を救う

私は大正十二年の関東大震災と昭和二十年三月の大空襲と両度の火災で、家屋、家具、衣類はもとより手許の美術品全部を焼失して丸裸となりました。美術品以外の物は金さえあれば又手に入れることもできますが、貴重な美術品を失なったことは真に惜しいことでした。

永年営業上の都合で日本橋の真中に住んでおりまして、現在の住居は戦災後に建てた木造家屋ですが、僅か二十坪近くの二階建の狭い家で、周囲には空地がありません。僅か二尺足らずの路地を挟んで左右と後側の三方に隣家が四五軒、その内料亭が二軒建ち並びくっついております。昔からこの辺は特に小火や火災の多いところで、永年の間なやまされて参りました。終戦後ガスが引けぬので食事時になると、家々で一斉に食事の支度のために竈《かまど》に薪を燃し始めますので、私の家の周りから赤々と炎が立上るのが見えます。中には薪をくべたまま外へ買物に出かけている家もあるので危険この上なく、万一粗相でもあってこの火が私の家に燃え移ったら、板張り木造家屋では一溜りもなく焼失してしまうだろうと考えると恐ろしくて身ぶるいがします。平素女手ばかりの無人なところへ、いつも外出勝ちな上に、時々一週間以上も京阪や北陸方面に商用で旅行するので、留守中も気になり、もしも近火でもあった時は家屋もろとも衣類や美術品の災害は勿論《もちろん》免れぬと思い、かねがね心配しておりましたが、ある日私はこう考えました。自分が品物を買う時、自分の力以上の品物にぶつかると、心配になるからクサム（贋物を買うこと）まいと細心の注意をして念入りに調べます。こうして買えば間違いがありません。注意の行届いた物ほど最後には勝利を得ます。つまり儲かります。家屋についても同様で充分な鑑定調査（防火設備）を加えておくに如くはないと思ったので、早速用心のために、時節柄金はかかりますが、急いで大工や左官を頼み特に冬分が危険と思い十月頃から防火設備に取りかからせました。職人達が忙しいため時々中止したりして僅かな工事もなかなか捗らず、やいのやいのと急がせて五月になってやっと完成しました。家の周りを全部隙間なくモルタルを普通の倍以上特別に厚塗りにして硝子窓や戸の外側に別に雨戸を造り、その上へトタンを張り、家の廻りの戸に全部防火設備を施しました。そしてこれでまず一安心と思っておりました。

ところが完成してから二ヶ月目の七月の初めの夕方、家人が用事に出かけたので私は一人でラジオを聞きながら留守番をしておると、突然大きな爆音がしたと思ったとたんに近所の人が「火事だあ!!」と叫ぶので驚いて表に飛出して見ると、右隣りの運送屋のドラム鑵のガソリンに不始末から引火したため家中が火の海となり、二階を突抜いて火の余勢が屋根まで打ち抜き私の家に猛火がかぶっております。私はすぐさま家の中に飛込んで、咄嗟の間に階上階下の右側の防火戸を火煙をあびながら全部閉めました。それから必要品の持出しの支度をしているところへ近所の方々も手伝いに来てくれました。ほどなく消防自動車も数台到着して防火につとめましたので、約一時間後には隣接家屋三軒を全焼しただけで鎮火いたしました。私の家屋は消火の水を戸口からかぶったので畳建具の被害が多少ありましたが、火は廻らなかったので幸い僅少の被害ですみました。

防火設備をしてから二ヶ月目に役に立つとは夢にも思いませんでした。又もやあやうく丸裸の憂目を見るところでしたが、虫が知らせたとでもいうのでしょう。その時つくづく感じましたのは、心配しながら暮らすよりは、思いついたら即時実行するということです。自分の体験から割出して、用心をしておくに越したことはないと思いました。鎮火後に隣家の焼跡から私の家を見ると、モルタル塗の壁や防火戸が真黒に火煙のため煤けて、防火戸のトタンの如きはペコペコに波を打っております。如何に大きく猛烈に火をかぶったかがわかります。無論防火設備がなく板張硝子戸だけの半年前の姿なれば一瞬の間に焼失、左隣りと背後の家は全焼を免かれなかったわけです。防火設備をしたお蔭と、幸いに私が家にいて火煙をあびながら防火戸を閉めたために、運よく私の家で食止め他の家も焼失を免かれました。後で警察署、消防署の署員の方と保険会社の社員が調査に来て「バラック建の如き木造家屋に、これほどまで親切に防火設備を施した家は見たことがない。これでは焼けないのが当然だ。今まではどこの火事でも木造家屋が全焼の場合、必ず隣接家屋は半焼か多少の被害はあるものだが、御宅は完全に残っているので不思議に思っていた。始めは消防車が早かったので助かったのかと思い、運のよい家だと思ったが、これは貴方自身の平素からの火事に対する心がまえがよろしかったことが自分の家を救ったものです。お蔭さまで御宅だけで火が止まったことは、他家に保険金を出さずにすみ、会社も助かりました」と若干の見舞金をくれた上に、「御宅は完全な防火設備で火事も試験ずみですから、今日から保険料も相当値下げをいたします」と消防署や保険会社の方からも誉められました。

家屋、家具、衣類全部が災害を免かれた喜びは申すまでもありませんが、商売用の美術品を焼かなかったことは何よりの幸運でした。自分の利益になるのみならず、自分の所有品と雖《いえど》も大きく考えれば国家の宝で、(大した品もありませんが)一時自分がお預かりしているにすぎません。やがては他に譲り渡すべき品物で、次代の人に持ってもらわねばなりません。それを私が火難から護ったことは、商売上からも、国家的立場からいっても、真に喜ばしいことだと思うと、同時に心ひそかに誇りさえ感じました。

私の夢

私は株式会社壺中居を創設以後、すべての営業面や多くの事務的に煩雑な交渉ごとは全部社員諸君に任せて、専ら自分は多年の経験を基礎に仕入れ方面を担当専念することに致しました。自分の健康の許す限り、毎日早朝から都内のどこを問わず、骨董屋のある場所を隅から隅まで自分の向きを漁り歩くことと、時たま旧家や蒐集家の処分品の整理を頼まれて見に行ったりするのを、日常生活にしております。入札会、競売会を始め、一流業者の家、また一流の場所に店を構えている業者の陳列棚や、場末の屑屋のような店先に埃だらけになっている品々を、隈なく克明に探し歩くのが、体の運動になり健康法の一つにもなって、何よりの楽しみであり、悦びであります。時たま向き違いのために、一流業者の家で見せられる品や店頭に飾ってある品の中に、思いがけない掘出しに等しい格安の名器にぶつかることがあります。場末のような店先に何年も埃だらけになっている中に、名器とまでは行かなくても、一流の店で結構売れる相当な品が埋もれているのを発見した時の喜びは、骨董屋なればこそ、とつくづく自分の職業の悦びや有難さを感じます。

こうして毎日出歩き、又時たま近県の都市に出向いたりして、何点か買求めて店に持帰ります。戸口に出迎えてくれる小店員が集って来て、一点一点眺めながら、私の買値を評価します。自分等に分からない物を尋ねれば、私は知っている限りのことを教えて聞かせます。社員達は各自に、この品は誰に向く、これは幾らに必ず売れますと、自分の踏値を言ってみます。時には意外に安く買えたと喜んで持って来たら買被りもあり、老眼のため繕い品や窯入り物を気が付かずに買って来て若手社員に発見されるなどの思わぬ失敗もあります。毎日出歩きますと、時には一点も買えぬこともありますが、こんな時は、商売の常とはいえ何となく淋しい思いが致します。

世の中には、時勢が悪いために、悪人や愚人でも、権威を持ったりもてはやされたりしているのに、一方有為の人才が埋れているように、私共の業界でも、詰まらない品が高く売れたり、贋物が真物として跋扈《ばっこ》したりしています。その半面、佳品優品が、見てくれる人がないので、埋もれている場合もあります。それを発見して、その品の持っている真の価格まで引上げて世の中へ出してやるのが、私共業者の儲けでもあり、伯楽としての務めでもあり、誇りでもありましょう。その中から欧米人に高く売れるものは売って儲けるのが、これこそ国富増進ともいうべきでしょう。そのためには業者の誰もが優れた鑑識や審美眼が必要なことは言うまでもありません。

日本には公私の美術館が沢山あります。そのうち私立の美術館は、各自各様の趣味家の好みと研究家の蒐集によって創設されたものがほとんどです。そこで私が思うのに、美術品を取扱う業者の立場から見た目で集めた美術品の参考館なり美術館が、一つくらいどこかにあってもよろしいのではないかと、かねがね思っておりますが、何といっても、営利を目的とする業者では、たとえ資力があっても、なかなかそのための蒐集は困難なことと思われます。私は自分の資力や力では難しいのを知っておりますが、しかし多年の経験を生かして、目の力と労力を資本に、商売気を離れて、世に埋もれている品々で純粋に自分の目と心に美しいと感じた品物を買っておき、つまりいわゆる掘出しや格安の疵物でも破片でもよいから、資本の余りかからぬ品を買集め、美術的考古学的に真贋を鑑別するのに役立つ品物を撰んで集め、高価な名品や無疵の逸品はなくとも、業者の撰んだ品であるという参考館がほしい、又あってもよろしいのではないかと思っております。

名品の高価なことは当然なことですが、しかし高価な品が全部必ずしも美しいとは言えず、有名な品が必ず結構とも申されませんから、今後自分が健康と長寿に恵まれたなら、今言ったような参考になる品物を集めてみたいと思っております。例えば、真物の付け石になると思う品物なら、大疵物でも破片でもよいから、見つけた時に買集め、又贋物でも真物と見謬《みあや》まるような上手に出来た物なども、各時代各種類の物を買集め、いずれも付け石の真物の側に贋物を並べて真贋の鑑別がつくようにしたり、又金儲け目当てで造られた贋物でなく、後世の人が前代の美術品の美しさに憧がれてそれを忠実に仿造《ファンゾウ》（模造）した物と、この仿造の手本になった物とを並べて参考にしたり、あるいは中国、朝鮮、日本を始め各国各時代の陶磁器の二度窯物や後絵付やその他巧妙に手入れした器物を買集め、その側へ元来のウブな姿の器物——いわゆる二度窯や後絵付物でない真正な品物を並べて比較し、それを見ればすぐ分かるようにしたり、又同時代に造られた品物でも、私の目や心に、姿形や釉上りや文様等を美しいと感じた物と、反対に醜いと思った物と、両種類を買集め、それを並べて鑑賞審美の参考にしたり、又安くても結構面白い物や楽しめる物が見当たれば買集め、これを陳列して、金をかけなくても、鑑識と審美眼を元に時間をかけて努力さえすれば、こういう物が手に入りますという参考にするなど、これから始めたいと思う初歩の方々に少しでも無駄のないように前もって予備知識を養って貰うのに役立つように、どこかに小さなものでも、自分の力に叶う理想的な参考館を造りたいと夢を見ております。

この商売

商売は平静に

私共の商売は他の商売と違い生活必需品を取扱うのでないから、多くは功成り名遂げた方々が生活のゆとりからか、また若い方でも財力のある方が好きから蒐集される場合が多いと思います。一朝好景気にめぐまれたとしても、大概の方はまず衣食住が第一番ですから、その方面の業者が一応先に活気を呈します、恵まれるのも早いわけです。それに引替え一般美術商は贅沢品と見なされているために、好景気になっても、衣食住を満たした上生活にゆとりのある人でしかも好きな方でなくては始めませんから、いつの場合も私共の方へは一番最後でなければ好景気のお恵みが廻って来ません。それで又一朝不況の嵐が吹きますと金づまりとなって、贅沢品というので一番早く不況の影響を蒙るのが、私共業者の常であります。不況期間が永くて好況期間のごく短い商売です。他の業者や客人から見られると、金持相手のきれいな商売で沢山儲かると一般に思われておりますが、さて内面に入って見ると何商売でも同じで、なかなか楽な商売ではありません。掘出した場合には何倍も儲かる物もあるかわりに、その半面にはまた贋物をつかんで二束三文で売飛ばして大損をすることもあります。真物でものぼせて高く飛込んで買った物などは、相当な損もいたします。買った品が客に向かなかったり、時世に合わず遅れ物となってネキものも出来ます。それを処分しようとすれば、これまた大きな損をいたします。

資本をかけた割合に利益が少なく利廻りの悪いのが私共業界の現実です。必需品でもなく消耗品でもないから、客に一度売ればいつまでも残っているから、客が段々目が肥えて来ると、先に買い込んだ食い足りぬ品や倦きた品物を、新たに優品を売るとその下物に出される、自分が売込んだ責任上後の商売のことを考えると相当な価格で引取らねばならず、好況で値上りしているときは引取りよいが、不況で値下りの時などはつらくてやりきれません。下取りした品を処分するのに又一苦労です。早く金にしようと思うとこれがまた相当の損をしなければならずとかく骨が折れます。

インフレ景気で成金客が付いたので少し熱を上げ借金までして勢いよく買込んだ品物が、急にデフレの金づまりに逢い沢山品物を抱き込んで二進《にっち》も三進《さっち》も動きがとれなくなって失敗した先輩連の例を永年数多く見ております。近くは終戦後のインフレの波に乗って紙や繊維で儲けた客や問屋筋の目のない客に、蒔絵、象牙、七宝、金銀器等の工芸品や新画等を盛んに売込み大儲けをした一夜漬けの美術商が雨後の竹の子のようにあちらこちらに沢山現われました。いずれも当時は我世の春とばかり肩で風を切って歩いて豪勢なものでした。古い業者は顔色なく何ら手の下しようもないので彼等の跳梁を唯啞然とながめておりました。彼等は美術品の競売場にあらわれ、鑑識ある真面目な業者の競声を聞いてその値段の上で買えば間違いはないとばかりに盲目滅法に買い漁るので、真面目な業者には値が届かず、彼等に品物を買われて自分で買うことができず悲鳴を挙げました。

さてこの戦後派の新興美術商が既成業者を尻目に、堂々と各所に店舗を張り華々しく商売をしておりましたが、世の中が落付いてデフレに向かい追々金づまりとなって来ました。鑑識があって仕入れた品物でないから売行も悪く、そろそろ音をあげ出して、いつの間にやら転業をしたり店を閉め他の業者に譲り姿を消し始めて流石に豪勢を誇った業者も線香花火の如くほとんどどこにも見受けられなくなりました。依然として後には地味ではあるが昔ながらの堅い業者のみが残っております。インフレで良い客が付いた時には熱を上げて買わねば商売が大きく発展せず、上げすぎて客が急に買わなくなった時のことを考えると一層難儀をすることもあるから、熱せず冷えず常に平静に注意を怠らぬようにせねばなりません。何商売でもやさしい商売はないけれども、特に私共の商売は真にむずかしい商売です。不景気だからと悲観したとて致し方のないもので、売れても売れなくとも平素目を開いて充分良い品を撰んで仕入れておくより手がありません。

故山中定次郎翁の若かりし頃から欧米へ一緒に出張されて共に苦労された側近の重役の方から山中翁の話を聞いたことがあります。米国で最も不況時代だった時になんとかして品物を売ろうと米国の四五ヶ所の大都市に出張展覧会を催しましたが、不況の時には致し方のないもので、いずれの都市でも売れず、行く先々で失敗を重ねて、最後にバーハーバに来て展覧会をしましたが、これも見事失敗に終わり、社員一同が悲観して元気のない顔をしておりました。この時山中翁は顔色一つ変えず平素と同じ態度で平然とかまえて、「景気不景気は商売の常だ。少しも悲観することはない。皆元気を出して挽回策を計ろうではないか」とバーハーバ第一流の料理店に一同を連れて行って、贅沢な最上の料理と上酒を御馳走して、「こんな時こそ美味しい物を腹一杯喰べて英気を養い、次の仕事にかかるのだ」と社員一同を激励して勇躍出発されました。不況のドン底にあって少しも悲観せず、過去にとらわれず、次の仕事に向かって専念邁進された翁の不屈不倒燃えるような意気こそは、後年大山中商会を築き上げられた所以でありましょう。

高利貸と骨董商

私より五つ六つ年上の業者でS君という友人がおります。ごく真面目な人で、お互いに小僧時代からの知合いです。S君が独立してから間もなく、第一次欧州大戦当時、好景気の波に乗り、年の若いに似合わず相当鑑識もあり手腕もあるので、暫くの間にかなり儲け一時は好調でしたが、大戦後のパニックの大荒れで不況のため品物が売れず、追々に食込み自然と生活にも追われるようになりました。堅人の彼も急場を逃れたいためになんとかして取戻しを焦り、つい株や勝負事にまで手を出し始めたのが運の尽きで、悪い時は致し方のないもので却って失敗し、育ち盛りの子供数人を抱えて、あちらこちらの業者やお得意に相当不義理をこしらえてしまいました。その中のある人から手強く催促されて、警察沙汰となり、あわや刑務所に行く一歩手前まで追いつめられ、最早どこへも借りに行く先もなくなりました。もしも一度でも刑務所の門をくぐるようになっては、この商売を続けることもできず、死ぬまで人に頭が上らないから、なんとかして現在の苦境を脱したいものと考え、以前に安く買ってこれで一儲けをしたいと命の綱に最後まで手離さずに持ちこたえていた時代蒔絵の文庫をば背に腹は替えられないので、当時高利貸でこれ以上の鬼はあるまいといわれたO氏に事情を話し、「これは二千円に買ったものですが、これを担保にして急場に必要の金を千円貸して頂きたい、必ず近い内に引取りに来ますから」と頼み込みました。ところがOさんは、鬼の目にも涙か、それとも品物に価値ありと見たものか、即座に金を貸してくれました。

早速その金で不義理をすませ、刑務所行きを免れて、まずよかったと喜んでいると、Oさんは担保にとった文庫を直ちに出入りの道具屋に鑑定させたところ、五百円より価値がないと云ったため、S君の店に飛んで来て烈火の如く怒って、「残りの不足の金額だけ品物を渡せ」と、店にある飾棚から台まで荷車に積んで持って行こうとするので、「私は金を借用する時、流すつもりは毛頭ないので価値の十分ある品物をお渡ししておけば、品物を引取るにも引取りよく、又迷惑をおかけすることがあるまいと思い、私が最後まで大事に隠しておいた品物を担保に入れたのですから、今暫くの間お助け下さい、必ず金の支度をして引取りに上ります」と誠意をもって頼みましたが、その誠意も通ぜず、承知してくれないでそのまま品物を持って行かれました。それでも安心できぬので、その文庫を他の一流の道具屋に見せたところ、千五百円でぜひ売ってくれと云われて、初めてOさんも嘘でないことがわかり、後から無理に持って行った品物を全部戻して来ました。

その後、どうやら金の工面もできたので、元利揃えた上に手土産を持って品物を受け出しに行きました。人の性は善なりで、こちらが誠意をもって終始し、かつ出かたが良かったので、流石のOさんもすっかり信用して、「商売上必要な時には特別に銀行利息で貸すから使え」というようにまでなりました。ある時には「利息金の代りに品物をくれ」というので特別吟味して利息以上の価値のある品物を渡してやりますから、その品物を他の業者に売ってみると必ず何割か高く売れるので益々信用が篤くなって来ます。Oさんの希望する品でも悪い物はやめさせ、つとめて良い品物を良心的に勧めるため、心から信用するようになりました。Oさんの所へ素人や玄人から書画骨董を担保に金を借りに来ると、「自分は美術品に対して鑑識がないから、書画骨董では一切金を貸さぬことにしている、だがあの道具屋のS君が見て良いと云ったら、彼の値踏みした全額は貸す」と、時々品物を見ず包みのまま品物の鑑定と値段を調べに廻してよこすようになりました。S君の鑑定で貸した金は損をしたことがないから、S君の鑑定なら安心して貸します。信用されるほど責任を感じますので、S君も一層誠意をもって努めるので、後にはOさんも多額の資金を融通してくれるようになりました。終戦後の財界変動で美術品の移動も盛んで、我々業界も一時は盛大を極めました。その際にOさんに多額の仕入資金を出させ、縦横に活躍して大いに利益をあげ、Oさんに対して利息以上の儲けを渡し、自分も資産を作り、今日では業界でも相当の顔になりました。渡る世間に鬼はないといいますが、鬼の如き高利貸を仏にしたのも、多分にこちらの出かた如何にあったことと思います。

背水の陣で買物

これは晩年斯界一流の業者となり、今は故人になられました某故老Hさんの若かりし時の佳話です。我々業者にとって真に儒夫《だふ》をして起たしむるの感を深くするものがあります。当時某大名の入札会がありました。一ケ月ほど前から友人のTさんという札元が自分の土蔵に客先より引取り預っている名品の中に、今度の入札会に出す数ある名品の中でも第一番の呼び物である藤原時代の仏画がありました。それを君の向きだからと特に内密で出して見せてくれました。見ると割合に傷みもなく、彩色もきれいに残り、目の醒めるような名画で驚きました。多年仏教美術を専門に取扱っているが、かつて売物としては今日までこれ以上の名画に接したことはありません。Hさんはその時、自分も幼少の時から骨董界に入り商売をしているが、一生に一度は我が手にこんな名品をぜひ買ってみたいものだと思いました。しかし、売品ゆえ金さえ出せば買えるのだが、さて考えてみると評判の呼び物だから必ず競争もあり相当高い値に売れるに相違ない。さしあたり自分には金もなし、買っても売る先もないが、いったいどのくらいなら買えるか知らんと札元のTさんをはじめその他二三の札元にも探りを入れてみると、いずれも二三万なら必ず買えるとは思うが、四五万までやらず札を入札すれば確実に買えるだろうとの評価なので、よしそれならば必ず買おうと決心をいたしました。当日もし自分の値に落札してから金の支度をしたのでは、支払いに間に合わぬ時には信用にかかわるからと思い早速金策に取りかかり、所有の株券や親譲りの多少の土地家屋を全部売飛ばし、その上自分の住んでいる家屋や家具電話までも抵当にして十万円近い金を支度して、なおそれで買えねば困るからと、親戚数軒へも借入金を頼み、全く背水の陣をしいて、入札会の当日悲壮な決心で会場に臨みました。

流石は評判の名画とて売立下見の当日は大変で、各方面の愛好家から各札元へ注文が入っており、安く買える気配は見えません。しかしながら自分が如何なる強敵があろうとも絶対に買うと充分覚悟を極め、札元連中が必ず買えるという以上の五万円を最低札にして七万円を中札に最高札を十万円也と入札いたしました。幸いなるかな、中札の七万円也と自分の名前で高らかに呼び上げられ、落札いたしました。思わず感激のあまり現品を抱えて喜び勇んで我が家へ戻って参りました。早速床の間に懸けて、嬉しさのあまりわかりもせぬ妻子にも自慢で見せて、「どうだ名品だろう」と独り悦に入り、祝盃を挙げているところへ札元のTさんが飛び込んで来ました。Tさんのいうには、「自分があるお客さんからあの仏画の注文を聞いて、絶対に買えると信じて、五万円までの注文のところを、名誉なことゆえ無手数でもよいと思ってその上取りはからって六万円に入札したにもかかわらず、貴殿に取られました。誠に失礼とは思いますが、注文されたお客さんに、お出しになるか否や知りませんが一応お話しいただいて、一割利付けでお譲り願えぬものか御交渉願いたいものです。実は私のお客さんが母堂の追善供養をなさるためぜひともあの幅を懸けたいと申されるから」と申込まれました。Tさんの考えでは、無論Hさんがこんな高価な物を手張りで買ったとは思わず、客先の注文だとばかり信じておりました。ところが本人の曰く「客の注文などとはとんでもない。私がほしいため、全財産をあらいざらい投じて手張りで買求めたものです。ただし御希望とあれば、私も商売ですから、私の入れた最高札の十万円ならばお譲り申し上げます。実は貴殿だからお話するが、この品を買うのにこれこれの苦労をいたしました」と事情を聞かされ、Tさんも相当資産のある商人で、十万円という値段(しかし十万円は当時大金でした)には別に驚かないが自分の持株、地所家屋、家具、電話までも処分した金で、手張りで買ったその勇気と品に対する熱意と自信満々たる態度には驚歎いたしました。Tさんは「それではお客さんに事情を話して後刻否《いな》やの御挨拶に上ります」と帰って行きました。Tさんも同業者の立場からみて、燃えるが如き意気をもって落札した名品に十万円の要求は無理ならぬことと思ったので、お客さんにこの由詳細に説明いたしました。そして「仏教美術を専門に取扱う鑑識ある業者が、買わぬ前から地所家屋、家具電話までも処分して買ったほど自信のある名品ですから、決して高いものではなく、十分値打があります。もしこれがお客の注文でしたら幾ら金をつんでも買えぬかも知れませんが、幸い商人の手に落札したのですから、利付で買えるのです。ぜひお買いなさい」と勧めたので、お客も自分の出した五万円の注文が安かったので十万円が相場なのだろうから、それで買受けると喜んで承諾されました。Tさんがほどなく現金を持って品物を受取りに参りました。

後で聞いたところ、買ったお客さんは財界の有名な一流人であったのと、交渉に当たったTさんも一流商人であったために、名品がめでたく納りました。その後この品が国宝に指定され、今でも同家蒐集品中の第一の宝物となっております。背水の陣をしき真剣な心がまえで名画の買入れに体あたりで打突かる業者は、たとえば相手に対して刀を構える剣聖の心境にも相似たものがあると思います。このようなHさんの苦闘こそは、後年業界の第一人者とならしめた原因と承わりました。しかし、出入りの業者の言葉を信じ快く買われたお客も、また私心なく名品を客先へ納めるため努力されたTさんも、共に見上げた紳士でありました。

Tさんにしてみれば、品物はHさんに取られ、その上にその品を自分のお客さんにお納めしても自分では一文の儲けにもならないのに、名品なるがゆえに納入に骨を折ったのは、流石に一流商人の心構えでありました。こういうことはこの業界では滅多に耳にすることのできない佳話です。それにしても昔は立派なお客や腹のある業者がおられました。

身のほどを知ること

ある時主人が友人に話しているのを聞きました。道具屋という者は如何に一所懸命に稼いでも、滅多に数百万円数千万円の財産家になれる見込みはないが、しかし数百万円数千万円の財産家と同じように美しい天下の名品を楽しみ、結構な生活をしている者が幾人もある。しかしお客さんほど金も持たないのに、金持の家に出入りしているから、自然その内にはお客さんの良いところを見ずに悪い半面ばかり見て、贅沢をしたり妾を置いたり女遊びなど余計な事を見習う、番頭が又主人の良いところを見習えば良いが悪いところを見習うから、よほど慎まねば、やがてはいずれも身を滅ぼすことになる。自分は同県のよしみで富山県随一の財産家で、また旧家ですが、ほとんど自分一代で巨万の富をなした東岩瀬町の馬場道久さんに御贔屓になって、お蔭で随分儲けさせて頂いたものだ。ところがある時、富山から品物を仕入れて品が多いので一等車に乗り込み（当時北陸線に一等車がありました）京都の支店へ向かう途中、翌朝米原駅で弁当を買おうと思ってプラットホームに降りたところ、向こうの三等車の窓口から、手ぬぐいで頭から頬かむりをして弁当とお茶を買っている老人がいるので、良く見る顔だがと思い近づいて見ると、なんとその人が大事のお得意様の馬場さんなので、思わず頭から冷水をかけられたような気持で、驚いてそのまま車内に逃げ戻り顔を見られては大変と顔を衿巻《えりまき》でかくして、狸寝入りをして京都駅についてから、馬場さんがホームから出て行く後姿を見届けて一等車からこそこそと降りたが、こんな辛い思いをしたことはない。それから又ある時、金沢へ仕入れに行き、荷物をしこたま一等車に積込んで東京へ帰る時、疲れたので足をなげ出して、そのまま前後不覚で寝こんでしまった。ところが俄《にわか》にあたりが騒がしく、南無阿弥陀仏南無阿弥陀仏と方々から聞えて来るので起きて見ると、銀貨や銅貨が窓からばらばらと盛んに飛び込んで来て、自分の顔や手足にやたらにぶつかるのでホームを見ると、大勢の老若男女がざわめき合っている、よく見ると、その中に自分の知った顔も二三見えるので、あっけにとられて車内を見ると、立派な坊さんが自分の足許に坐りホームの人々に挨拶をしておられるのを見て、きまりが悪いのでそのまま発車までうつむいて寝た振りをしていた。ところが後で聞いたら本願寺の法主様が北陸地方巡錫《じゅんしゃく》の途中富山駅を通過、越後に向かわれるお姿だと聞いて、知らぬ事とは言いながら田舎の人が生仏と崇め奉る門跡様の方へ足をなげ出して寝ていたことは誠にもったいない、汗顔の至りで恐縮した、と言っておりました。

これと似た話が今一つあります。書画屋さんで業界に相当名の知られた人のことですが、ある時お馴染の芸妓を連れてお大尽気取で仕入れをかねての京都見物と洒落れ込み、帰京の際その芸妓と一等寝台車に乗り込んだまではよいが、翌朝食事をしようとその芸妓と食堂車へ来て見ると、向こうの隅の方に見なれた姿の人が食事をしているのでよく見ると、なんとその人は自分の店でいつも一番高い物を買ってくれる大事なお客さんではありませんか。驚いて、顔を見られては困ると思い、芸妓には一寸体裁が悪いけれどもこそこそと元の寝台車へ戻って来たが、そのお客さんは三等車に乗っていたらしいので思わず赤面しました。芸妓を連れずに、せめて二等車にでも乗っていればそれほどでもなかったが、芸妓に自分の偉いところを見せたいための見得坊で、身分不相応な一等寝台車に乗ったばかりに飛んだきまりの悪い思いをして失敗し、お蔭でお腹をぺこぺこに空かせて家に帰ったということです。

客の注文は客の気持で

これは明治以来今日まであらゆる大入札に札元をして活躍した、関西一流の某茶器商に勤めた故老の話です。

この商売は、金があってもなくても、鑑識があってもなくても、商売のできるもので、金もなく鑑識もない者が、鑑識のある業者から品物を借り受けての客に取次ぎ、利益を得て生活している人も世には沢山あります。

さて、大入札等で名器の出た時に注文を受けて、真贋と値段を尋ねられた時には、確たる自信がなくては注文を引き受けられません。自信のある業者は、お客の注文がなくても、自分の買える所まで手張りで買うから、お客がこんな商人に注文したり、あるいは手張りした品物を買取れば一番安心かつ安全でしょう。こういう商人はいつでも品物に責任を持ちます。お客にもいろいろあって、何ほどまでと指値して注文する人、値段を聞かずにしかるべく買ってくれと任す人、などがあります。さて頭から任されると、却って責任を感ずるものです、余り高くては相済まず、さりとて安くては買えず、やはりどこまでも自分の踏み値の自信のある所、その上責任を持てる所を入札することになります。しかし自分の値段にだけこだわると、他の業者がお客の注文を聞いたのと競争した時に取られる憂いがあるから、やはり自分に注文してくれたお客の気持になって買わねばなりません。自分の物指や秤で値を計ってはなりません。例えば三井さんの注文なら三井さんの、岩崎さんからの注文なら岩崎さんの物指や秤を持ち、その気持になって買わねばなりません。それでないと大入札などの名品は買えません。

ある時、主人が私に申しました。今度名古屋の某茶器商が開店十周年記念のお茶会をするからぜひ遊びに来てくれと招待状が来たが、自分は余儀ない用事のために出かけられぬから、自分の代りにお前が行って適当な品物を買ってきてくれ、と主人から依頼されまして、さて名古屋に行き、その家でお茶を頂いたりいろいろと御馳走になって、品物を拝見したところ、何をきいても値段が高くて自分の相場にはテコに合わず、一緒に行った同業者に相談したら、この品物ならよかろう、損をすまい、と言うので二三点安い物を買求めて、お義理をすませて帰りました。早速この由を主人に報告して品物を見せると、主人はそれを見るなり烈火の如く怒って怒鳴り、誰がこんな安物を買って来いといった、私が行けないから代りに遣ったのを忘れて、自分の気持で詰まらぬ安物を買いこんで来た、損得をいうのではない、私の店として恥かしからぬ品物を一点でもよいから、主人の気持でなぜ買って来なかったのだ、これは番頭の買物だ、と目玉の飛出るほど叱られました。言われてみれば、なるほど高い安いと思ったのは自分の気持から出たことで、主人の気持で見ていなかったのだと気が付きました。番頭根性から損をしては申し訳ないと思ったことが却って悪かったので、時と場合を考えなかった誤りでした。主人の怒るのももっとものことだと後で気が付きました。

この商売は、時によっては自分の気持、時によってはお客の気分で、それぞれ買物の使い分けをせねばならず、まことに難しい商売です。数万数十万の品物を買う時には、自分の小さな気持やケチな根性を出してはなりません。天下の国宝や重美の名器を扱うには、それを鑑賞するだけの審美眼と、取扱う実力を常に養っておかねばいざと言う時に間に合いません。実力さえあればお客は安心して買ってもくれれば、注文を出してくれるものです。これが客先に出入りする心構えだ、と主人にいわれました。

客の気位にならぬこと

昔私の小僧時代に東仲通りに骨董商でAという人がおりました。一寸小粋な男前で、芸人でもあり、常にニヤけた身なりをして、妻君も芸者上りで、商売を相当派手にやっておりました。目も利くので良いお客もあり、繁昌しておりました。従って儲かるからどこへ行っても買振りもよいので人気もあり、ちやほやされておりました。年も若いため自然うぬぼれも出て、思い上りが高じて追々人を人とも思わなくなりました。特に目下の者に対してはこれが強く、お客づとめをしていると自然お客さんに頭が上らない関係からその入合せとでもいうのでしょうか、弱い出入りの職人衆に対して無理を言ったり威張りたくなるのでしょう。Aさんは特にお客の悪いところを見て気位が高く、出入りの職人衆に対する態度が高慢で、別人種にでも接するような乱暴なものの言い方をするので、日頃から出入りの職人衆もお得意さんとはいえ面白く思っておりませんでした。職人衆はまた自然他の骨董屋さんの注文より料金を高く取っておりました。

ところがある時、出入りの石川という箱屋さんに茶碗の箱を注文しました。それが、出来上がったので持って来ました時、店先で番頭を相手に碁を打っていたAさんが、幾らか旗色が悪かったのでしょう、見るなり、「こんな下手糞な箱が私の気に入ると思うのかッ、馬鹿野郎ッ!!」と店先のたたきへ投げつけ壊してしまいました。これを見ていた箱屋の石川さんは、サア虫が納まらない。日頃高慢な態度が癪《しやく》に障っていた矢先きでもあり、堪忍袋の緒が切れました。江戸ッ子持ち前の気性も手伝って、「お得意さんと思って今まで我慢をしてたが乱暴にもほどがある。だまっていればつけ上り、とんでもない野郎だッ、さあッ、今日こそは勘弁ならぬ」と血相変えて立上り、「造った箱に不足なら穏やかに話せばわかる。お得意のことだから、気に入るまで何度でも造り直して来る。下手かは知らねえが、これでも自分が一所懸命造った箱だ。それをこともあろうか、土間に投げ捨てるとは何事だッ、俺の大事な仕事の顔に泥を塗ったも同然だッ!! 金を貰わなきゃ、箱は俺のものだ。さあッ、元の形にして返せッ!! さもなけりゃ表へ出ろッ!!」とものすごい剣幕でAさんの襟首をつかんで、「俺にも覚悟がある」と職人かたぎの一徹から、語気荒く引きずり出そうとするので、今まで威張っていた偉そうな顔色も急に真蒼になり、ぶるぶる震え上って平身低頭お詫びをしました。番頭も仲に入り共々に謝まって漸くけりが付きました。店先は黒山の人だかりでした。その中に交って見ていた私の小僧時代の思い出話です。立派なりをした主人が、心がらとはいえ、店員の前で、日頃下目に見ていた印半纏《しるしばんてん》の職人に詫びている姿は、余り格好の良いものではありませんでした。私は今でも目に残っております。昔の職人にはこんな気骨のある人もおりました。

電話を引く話

私の郷里の素封家の息子で高商出身の人がありました。関西のある外国商館に勤めていましたが、美術品が好きで、暇さえあれば勤めをそっちのけで骨董屋漁りをしていました。根が好きだから、従って審美眼も相当にあり、安物でもなかなか面白い物を集めているので、私がある時、同家で御馳走になり、一杯機嫌で、「どうだ、君も骨董が好きだから、いっそ勤めを止めて骨董屋になれよ」と冗談半分に言ったところ、本人が膝を乗り出して本気になって、俺もかねてから骨董屋になりたいと思っていたのだが、女房が心配して、素人では食って行けるものではないと強く反対するが、何をして暮らすも一生だ、自分の好きなことをして暮らした方が人生も生甲斐があると思っていたところだよ、君が後援してくれれば骨董屋になるよ、と真剣にいうので、言い出した関係上引込みが付かず、本人の素質のあるのを知っているので、オウやり給え、私にできることなら大いに援助するよ、といって帰京しました。

二三ヶ月もして又西下した時訪ねますと、早速骨董屋になっていたのに驚きました。少しばかり買物をしましたが、なかなか目の付け所がよいのと、高商出のインテリであるため普通の商人と違い、インテリ層のお客に受け、二年ほど後には一かどの骨董屋になりました。却って私が彼から講釈を聞かされるようになりました。

それからは西下の都度立寄っていましたが、ある時、電話がないと不自由だから引こうと思うが、というから、よろしかろう、早速引き給え、と勧めましたところ、実はある懇意な土地の業者に相談したら、その人の言うに、電話は引くものではない、第一税務署にニラまれるし、お客さんが品物を急に高くすると思われるのと、買物をして帰ってから考えて、今買って来た品は取止めにするなどと、とかく小便が多くなるから、自分の経験上止めた方がよろしい、と止められたが、如何したらよかろう、と尋ねるので、私は、電話は自分の重宝よりも、商売する以上はお客の便宜のために必要なものだ、店員の二人前くらい役立つものだよ、例えばその反対にお客が来て品物を二点見せたところ一点買って行ったが、家に帰って考えてみると、あの店はよく売れる店だからと、残しておいたあとの一点も急に欲しくなり、他の客に買われては惜しいから私のためにぜひとっておいてくれ、というための電話を引けばよろしいではないか、要するに品その物にあることだから、充分品物を撰定して小便されても困らぬ品物を仕入れることだ、税務署だとて儲けを全部取ろうとは言わんよ、と引くことを勧めたところ、彼は膝をたたいて悦び、その次に行った時にはもう電話が引いてあって、大変重宝して、お蔭で商売もふえた、と悦んでいました。

掘出しを掘出さる

大阪出身の、親の代からの表具師で、古画の目利きでもあり、東京に出て商売をしていた山西宗五郎という方がありました。この方は、大正十二年の大震災の時、家族連れで箱根の宮の下からの帰りに、湯本へ行く途中で土砂崩れのために自動車諸共《もろとも》下敷になって、お気の毒に行方不明になってしまいました。それでこの方や家族の菩提を弔うために、道路の側に地蔵さんが建立してありますから、お通りがかりの方は何卒御念仏でも回向して上げて下さい。

この山西さんに関係した話ですが、ある時私の主人が、郷里富山県の高岡在の某旧家へ行って、同家に伝わる雪舟の三幅対を五百円で買い求めて来たことがあります。絵もよし、表具、箱の時代も結構なので、床の間にかけて掘出し物をしたといって喜んでおりました。私共にもよく見ておけといって、大変得意のようでした。もっとも私の主人は、所謂《いわゆる》中道具屋といって、およそ骨董と名の付く物なら、家具はもちろん、古画でござれ、蒔絵でござれ、古筆、墨蹟、煎茶道具その他何でも一通りは扱わざるものはなしという間口のひろい人でした。何が専門ということがないから、従って奥行の浅いのは已むを得ませんでした。しかしまことに重宝な人でした。

ところで、そこへ話の山西さんが入って来て、座敷へ坐るなり床を眺めてフームと唸り、結構なもんやナア、といいました。値段もきかずにいきなり、これはぜひ私に譲っておくんナハレ、そやけど何ぼだっか、というので、主人は鼻高々と、如何です、よろしいでしょうがナ、今すぐ売りたくもないが、せっかくの貴方の御所望だからお譲りしてもいいことはいいが、と心の中では、いずれこやつ益田さんか根津さんへでも高く売り付けるんだろうから高く吹いてやれと、では五千円なら売りましょうといいました。すると、それを聞くが早いか山西さんは、両手を前へついて、有難うございます、それでは頂戴致します、すぐ床から外して下さいといって、下《おろ》して貰った幅を箱に納めるや否や、飛ぶように家に帰ってしまいました。なるほど、家の主人は流石目利きやナアと、一同感心していると、それから一時間ほどしてから、山西さんの番頭さんが先刻の三幅対の箱を抱えてやって来て、これはいりまへんよってに、といって置いてゆきました。私は吃《びっ》驚《くり》して、これはテッキリ品物を小便しに来たのだと思い、それを恐る恐る主人の前に持って行くと、主人は先刻の元気はどこへやら、すっかり悄《しょ》気《げ》きってその箱を悵《うら》めしそうに見やり、中を開けて見たところ、なんとその中には先刻の絵が表具から切り抜かれて入れてあるではありませんか。何が何だかさっぱり判らないので、これは一体どういう訳だか訊いて来い、といわれて、私が山西さんの所へ訊きに行ったところが、山西さんはいかにも嬉しそうにニコニコして愛想よく、今日は良い物を買わして貰いました。ウチ（私）はあの三幅の表具を踏んでますノンヤ、中の絵と箱はいりませんよってに御返ししましたんや、と返事されました。それを聞いて、私も心の中で、物の睨み所が違うとマアこれほども違うものか、とつくづく感じました。

後年私は、某大家に納まっている国宝の仏画の表具が先刻の表具で仕立られたものだということを知りましたが、また山西さんがそれによって数万金の利を得られたこともその時聞きました。一方この絵と箱は、主人の死後まで土蔵の片隅に残っていましたが、整理の時に何でも三十円くらいで売れたことを憶えています。主人も、その表具が何となくいいものだとは思ったが、それがまさか名物裂の古代金襴だとは、露気が付かなかったための失敗でした。

商売冥利

これは私が仕入れのために出張したのでなく、古窯址、窯業地の陶磁焼成技術や、神社仏閣の古美術を見学したり、名所見物や、温泉廻りの遊びに行った時のことです。

九州に出かけ、福岡、長崎、熊本、佐賀、大分方面を旅行して、最後に下関で列車に乗るのに、発車まで時間があるので業者の家へ遊びに行ったところ、古唐津の壺形水指の味の至極良いのを手に入れて帰京しました。その次に山陰地方の天の橋立から山陽に出て厳島を見物に出かけた時に、宮島で古赤絵の宣徳頃の鉢を入手しました。またある真夏、商売の暇な時に、避暑のつもりで北海道に出かけ、全道の都市の目ぼしい所全部と、全道の湖水、温泉等を廻って、青森から十和田湖、湯瀬、花巻、中尊寺、松島、仙台から山形の温泉を二三ヶ所廻り、飯坂に出て、最後に福島に一泊した時に、これも業者の家に行き、客先から預ってるといって見せてくれた古九谷色絵花鳥文の鉢を買求めたことがあります。

これは別に掘り出し値ではありませんが、いずれも見所のあるため、売って得た利益で全費用を賄った上になお多少の小遣銭が残りました。こんなことは、鑑識のある素人や業者には別に珍しいことではありませんが、これ等は始めから仕入れ目当ての出張でなかっただけに、商売冥利の有難さを特別に感じました。

流行品を追わぬこと

かつて山中定次郎翁の曰く

「洋の東西を問わず、どこの国でも時としては流行はあるが、とかく日本人ほど流行を追うものはない。流行すると調子に乗って買出す。外国人には余りそういうことを見受けない。流行を追う人に限って、多くは金儲け主義の人である。しかし流行する時には品物は出るから、その中から平素出ないような尤品を買うのもよいが、それには鑑識が必要です。概して古筆物が流行すれば古筆に向かい、抹茶が流行すれば抹茶器に走り、煎茶が流行すれば煎茶器を追う。古九谷が流行の時は古九谷物を、万暦物が流行すると万暦物を買漁り、いずれも一等品を買うならよいが、二三等品をその最高値の時に買うから、流行が下火となると値下がりをうける。するとあわてて処分する。（その例は終戦後のインフレの最高潮に、趣味もないのに金より物への波に乗り、投資の意味の慾得づくで、鑑識もないのに新画、蒔絵、金銀製品、象牙細工、七宝物等を集めるため、価格は十倍百倍になる。少し頭のよい成金さんは、国宝重美なら間違いなかろうと買込んだが、一朝不況の嵐、デフレの金詰りになると、無理に値上りした品ほど下落も大幅にするからあわてて売出すようなものです。）各自に売出すから、一層下落する。遂にはそれを恐れて買手がなくなるから、客も業者も非常な損を招きます。さて品が下落してマル公以下になっても、おびえて手を出さなくなる。こんな所が日本人の最も悪い癖でしょう。下落したら、買手がなくなった時には、私などはしっかりと肚をすえて、目を開き、良い品物を買います。平素流行らぬ時に集めておいて、時機を見てその物の流行り始めた時に売り出します」という話でした。

しかしこれには、資本の要る仕事ですが、考えるべきことです。山中商会主催の第一回古美術展が上野の美術協会であった際に、古九谷、鍋島、柿右衛門、伊万里、京焼等の日本陶磁の数々が陳列されましたが、これらの品物が一時最低値になり、余り買手のない時に、山中翁が私共業者に集めさせたものです。その品物を数年後に上野美術協会に中国美術や書画と共に展覧されたところが、尤品は相当高い値が付けられたにも拘らずほとんど売れ、二三番手の品物もよく売れました。翁の言葉が証明されて、なるほどと感心しました。この展覧の品の仕入れを、私は翁から一任され、蒐集家や愛好家から買集めた額は当時の金で四五十万円ほどでした。この時に国焼物の勉強をさせて頂いたのが、後年非常に役に立ちました。

塞翁が馬

北京に骨董屋連中の行きつけの料亭がありました。亭主は今井さんという五十がらみの親爺さんです。いつも骨董屋連中が会食しながら、掘出したボロい話や大儲けをした法螺《ほら》話を聞いているうちに、根が多少趣味もあり、見よう見真似で自分も儲けた金でちょいちょい骨董屋廻りをしておりました。気に入った物を買って来ては、座敷に飾って喜んでおりました。骨董屋が遊びに来てそれを買ってくれたり、日本から来た客がぜひ譲れといわれて売ったりしておりました。ところがある時、琉璃廠《ルリチャン》で砧青磁《きぬたせいじ》の袴腰《はかまごし》の香炉をあり金全部投じて買って来て、それを丁度日本から仕入れに来ていた関西一流の骨董商の山田さんに見せたところ、ぜひ譲れとのことで、思い切り高く吹いたつもりでしたが、根が素人だから日本で売れる相場を知りません。

山田さんはそのまま言い値で買ってくれましたので、さあ御本人すっかり調子づいて、自分の買ってくるものはなんでも、北京の骨董屋はおろか日本から来る一流商人が買うと、すっかり自分で自分の鑑識に酔って自信を持ったからたまりません。大事な本職の庖丁の方はお留守になって、料理屋の方は雇人まかせで、毎日骨董屋をあさり歩くようになりました。

さて素人の趣味からの道楽で買っていた間はよかったが、趣味を離れて儲ける目的で買入れるようになると、玄人が買入れるのと違い、なかなかそう簡単なわけには参りません。何分素人上りの料理屋の御亭主のこととて、根からの骨董屋さんの修業がしてないから、好きと勘の良さだけでは、玄人連の中に交って太刀打ちができるものではありません。素人の悲しさに、慾も手伝い、掘出される心配から、手離すべき時に売らず、従って玄人も買物がなくなると自然に寄りつかなくなりました。また儲かる品ばかり買えるはずもなく、そのうちには中国人から欺されたり、贋物を掴まされたりしました。たまに良い物を買えば、玄人に抜かれてしまうし、段々我楽苦多と贋物ばかり殖えてきました。一方肝心の本業に力を入れぬから、客も次第に減り、数十年間に儲けた金は全部骨董に替ってしまいました。致し方なく、店は雇人に譲り、買込んだ品物も北京では買手がなくなったので、その処分をするために、永年住みなれた北京を離れ、終戦の四五年前に家族と共に郷里の福岡へ引揚げて来ました。

さて品物を持って東京や京都、大阪を売り歩いたが、客も業者も我楽苦多や贋物では相手にしてくれません。仕方なく元の福岡へまた戻りました。そのうち生活にも困り、品物を売りながら暮しておりましたが、追々金も品も売尽くし、いよいよ生活にも窮して来たので、親戚や友人にすがり、元の商売をするためにささやかな床店を開きました。腕に覚えのある仕事とてお蔭でどうやら家族の者が口を糊して行けるようになってきました。一方北京の店を譲られた雇人は、一所懸命努力した甲斐があって成功し、北京でも一流の料亭になりました。心懸けの良い人で、主人の恩義を忘れず、郷里に帰って困っている主人に対して助力をしておりました。ところが小さな床店を出した今井さんは、終戦後のインフレの波に乗って商売もトントン拍子に発展したので、店も大きく拡張いたしました。一方北京で盛大に営業していた元の雇人は、終戦のため裸で家族を連れて引揚げ、元の主人の所へ訪ねて参りました。今井さんは心から親切に一同を迎え入れ、自分の家に住まわせて店で働かせるように致しました。さて主従協力して努力した甲斐があり、店は益々発展して皆幸福に暮していると聞きました。

骨董屋になって失敗したが、終戦前に北京を引揚げたため、終戦後の惨めな引揚げの憂目にも逢わずに済みました。思えば不思議な運命の廻り合わせです。骨董に趣味を持ったばかりに、何が幸福になるかわかりません。人間万事塞翁が馬とはこのことでしょうか。

美術商に停年なし

官吏や会社員にはそれぞれ停年があります。また肉体労働をする人も、ある年限が来ると体が衰えて、停年のように仕方なくやめねばならぬことになります。そこへゆくと商人は恩給はつかず退職金も貰えませんが、そのかわりいつまでも停年がありませんから、身体の健康な限り死ぬまで働くことができます。取りわけ美術商は、身体が不自由になっても恩給や退職金以上の喜びもあり楽しみもあります。

業界の偉人山中定次郎翁は短身痩軀をもって我国の美術品の真価を世界各国に紹介し、永年外貨獲得に奮闘されたことは広く世に知られ、我々の亀鑑と仰ぐべきものがあります。明治二十七年初めて渡米以来、八十余回に渉り東亜及び欧米各国に美術視察や蒐集に幾十万キロの旅行をされました。翁は常に申されました。「職業は自分の趣味である。毎日美術と共に暮すことは何よりも喜びであり、楽しみである。自分ほど幸福者はないと感謝をしている」と。七十一年の間自ら第一線に立ち、寧日なき活動に喜びと楽しみを享有されました。翁の歿後主治医の話によると、翁の軀はどこもかしこもこれ以上使う余地のないまで見事に使いこなされていました。全くのこれが定命です。内臓の諸機関が全くその活動力を消耗するまで我が美術界のために奔走された七十一年のその生涯こそ、寔《まこと》に尊くもまた輝やかしいものでありました。翁は「俺は死ぬまで働くのだ」と幽冥境を異にされる前日まで平素の言葉の如く美術と共に取組んで世を去られました。

加賀金沢の業者平寿の老人（平沢喜三郎さん）が、古稀の年輩で、売立会の競りに自分の好きな向きの品物が出たので、若い者と競争して思わず競り台の上に飛び上り、品物が自分の手に落ちるや喜びのあまりそれを抱きかかえて飛び下りた話を聞きました。又、同氏は八十一歳で逝去されましたが、その死の床中で、旧領主前田家の売立目録を見て、一休の一行の書幅がどうしても欲しく、孫の喜六さんに、ぜひとも買って来いと言いつけて東京に出張させました。めでたく買取って、現物を持ち帰った時は、老人の死んだ後で空しく霊前に手向けるよりほかありませんでしたが、喜六さんから落札入手の電報は幸いに生前にとどきましたので、憧れの品物を見る喜びを心の中に描きながら、その通知を冥途への土産にあの世に旅立ちました。

東仲通りの呦々堂の小池老人は、五十歳の時に加賀の大聖寺から東京に出て、美術商として種々苦労して成功した人でした。九十歳近くで関東大震災で多年蒐集した品物を全部焼失丸裸となりながら、それ以後百歳近い高齢まで寝台に横たわりながら商売を続け、業者の持込む品物を買求めて、寝床の脇に並べて、望む人があれば譲ったり、自分で品物を手にして楽しみながら大往生を遂げられました。高齢になってから買求めた品物を翁の歿後遺族の者が処分しましたところ、充分生活費の足しになったことを聞きました。私の主人の先輩で浅草の蔵前に住んでおられ、中風のため永年病床にあって老後を養生しておられた富山翁は、八十余歳の臨終の床に愛する名器の茶碗を不自由な両手に抱きしめ鑑賞しながら、嬉しそうにそのまま逝かれました。先代の山中吉郎兵衛翁は若い時から鍛えた優れた鑑識を持たれた方でしたが、命旦夕に迫った病床の上で、業者の持ち込む器物を鑑定したり、客先から徒然を慰めるために届けられた名幅の両軸を衰えた両手をさしのべしかとにぎりながら、アアこれは俺が昔扱った物だ、今見ても良いものだとその画の美しさに心を打たれ、暫し病苦も忘れて見とれ莞爾とほほえまれ、死の直前まで美術を楽しみながら安らかに世を去られたというお話を近親の方から聞きました。

京都の土橋翁、大阪の太田翁しかり、東京の梅沢翁、山澄翁またしかり、近くは本山翁、伊藤翁等数うるにいとまないほど、我業界の故老先輩の晩年における数々の秘話や逸話が残っております。美術品を扱った故老先輩諸氏が、専門の立場から集めた物や数寄から集めた品々で老後の余生を如何ほど楽しみ心を豊かに世を送ったか知れません。しかしながらこれら先輩の若かりし日の美術に対する真剣なそうして血みどろな苦闘は我々の到底及びもつかぬ苦行であったと聞いております。

若い時の不断の努力と錬磨研究が、広ければ広いほど、深ければ深いほど、年老いてからそれが役立って茶に花に風流の楽しみも多く、味いも深いわけです。例えば豊臣秀吉は若い時真剣に草履をつかんだから天下をつかむことになりました（国宝や重美を扱うことになった）。あらゆる雑器や名器に対し鑑識を身につけたこれら故老先輩諸氏は当時の官界財界の多（雑器に対しても審美をゆるがせにしなかった）、後年には年の功なり名をとげられた貴顕名士の方々の趣味上の好伴侶となり、珍什名器を共々に楽しみ、茶に風流に身分を超えて趣味の友としてお互いに深く交わりをむすばれ、幸福な日を送られた佳話も数えきれぬほどあります。これも偏《ひとえ》に若い時からの心がけによるもので、故老先輩諸氏が身をもって残してくれた教えです。

盟友西山君は常にいっておりました。「美術品を買うのも売るのも、自己の創作です。取扱う品物の中から、美しいと信ずる物を見出し、それを生かして世に紹介することも大切なことです。それがほんとに美しい物であれば、客も業者も必ずついて来るものです。我々は美術品を売買するのが商売で、芸術を愛し美を楽しむことができる喜びは、真に幸福と思わねばならない。まことに恵まれた商売であるから、鑑識を錬磨して、努めて優れた美しい物をお客さんに提供することだ。しかる後それから多少でも生れ出た利潤を副産物と思えば、それでよい。せいぜい生活費を切詰めて、薄利で売らねばならない。その代り日々扱う美術品が我々の目を慰め、心を美しく豊かにしてくれる。死ぬまでこの喜びが続くのだ。実に有難いことだ。」西山君は常にそういっていましたが、三十三歳の若さでこの世を去りました。彼の人生は短かいものでしたが、しかしながら幸福な一生でありました。

めっかちの達磨

これは私の小僧時代の話ですが、今思い出しても滑稽なのは、私の兄弟子と他店の者とで美術倶楽部で入札品の刀剣の貼り札をしているうちに、つい興に乗って舞台の上へ飛び上り（当時は舞台がありました）、その刀を抜き合って剣劇張りでヤアヤアとやっていると、どうしたはずみかチャリンと刃を合わせてしまいましたから、さあたまりません。両方の刃はコボれて、二人は青くなって鞘に納めてコソコソ姿を隠して、素知らぬ顔をしていましたが、これなどはまだ罪の軽い方でした。ある時などは、刀を抜き合ってヤアヤアとやっているうちに相手の「男」の急所にキッ先きが触り、大切な持物を怪我して、お蔭で一ト月も入院する騒ぎもありました。その被害者はもはや故人になりましたが、この方が後年刀剣界の第一人者、業界の重鎮となって、入札毎に札元として大きな顔をして臨まれ、羽織袴に威儀を正して来場のお客さんに真面目な顔で刀剣の説明をしている姿を見て、蔭で思わず吹き出しました。

やはり東両国時代のある大入札会の時の話ですが、その前日各札元の大番頭から小僧連に至るまで総出動で飾り付けに忙しい時に、某札元の大番頭でしたが、第一席（第一席には名幅を掛けるのがしきたりですが）の床の間に掛けられた古画の達磨の名幅に品書きをしてから、床畳の上に上ってその幅を眺めていたまではよかったが、耳に墨のついた筆を挟んだままで、しかもこの男がまた極度の近眼ときていたので、つい幅に気を取られて目を近づけた途端、耳に挟んだ筆の先が肝心の達磨さんの左の目玉の中にくっついたので、サア大変、達磨さんは哀れ目ッかちになってしまった。イヤ驚いたのなんの、当人はもちろん、札元も一同大騒ぎ。明日の下見を控え呼び物の達磨さんが目ッかちでは、第一荷主に相済まず、とつおいつ、大慌てで鳩首協議の末、当時三十間堀に阿部という表具の名人がいたので、夜分に幅を届けて金を何ほどでも出すからと拝み倒し、夜通しかかって開眼して、開会までにやっと間に合い、床にかけて札元一同やっと胸を撫で下しました。お蔭様でこの大番頭さんは、懲らしめのためにと修繕料大枚百円を取られ、その上キツイお叱りをうけて平謝りに謝ってやっとケリがつきました。

業者と客人

安田翁の言葉

私の主人とは同郷の誼《よし》みで、安田善次郎翁がよく店へ遊びに見えました。ある時主人が、本所横網の本邸へ品物を人力車に積込んで安田さんに売りに行ったら、丁度安田さんは御在宅でしたが、大変御機嫌の悪い顔をなさって、「お前何しに来た」という言葉で、主人は、「実は旦那様にお目にかけたい品物がございまして持って参りました」といったところが、「それはまことに有難う、しかし、今日は拝見させて貰うけれども、今後来る時はあらかじめ前もって電話をかけて、一応在宅か否かを確かめてから来なさい、お前が無断で来て、もし私が留守だった場合、お前は往復の車賃を損をしてその上に、ヒマを損するじゃないか、以後注意しなさい」といわれました。

あの安田翁にしてこの細心の心構えありとは、流石一代で巨万の富を作る方はどこか違った所があるものです。何十銭の無駄な金を惜しむ心が、あの日比谷の公会堂や安田講堂を寄付されたことになるのです。翁は何事でも無駄をするのを一番に嫌われました。

主人は帰って来てから、頭を掻いて小僧の私共にこの話をしました。

名人芸

ある時先輩の某氏がこう言っていました。「永年の間の経験で、蒐集家や愛好家の蔵品の鑑定や買取りで出張する場合、常にその玄関に入った時、入口を清潔に掃除して打水などしてあって、取次に出てくる書生さんや女中さんが皆行儀作法正しく身だしなみのよい家に出向いた時には、大抵の場合その家にある品物は筋のよい物が多い。これと反対に玄関の入口に履物が乱雑にぬぎ棄ててあり、掃除も行届かぬ家や、玄関の上り口に虎の皮や熊の皮が敷いてある家には、滅多に名品のあったタメシがない。泥棒でもこんな家には入り易いそうだ。」

品物を見に行く時に、玄関口で既に見る時の心構えがつくわけです。

その先輩が、競売の時など、掛物を三分の一見るが否や、これは誰の絵、誰の書と見分けます。そして一二秒の間に品物の真贋を判定し、表具の善し悪しや象牙か角軸かを見分け、絹紙の違い、虫喰から汚れの有無、水に入っているかどうか、箱イキまで見極めてその評価を出します。専門の玄人でも、この先輩が瞬間に出した評価で安心して買います。やはり多年の努力勉強による熟練です。こういう人は大変重宝な存在と申さねばなりません。

この先輩とある地方の蒐集家の所へ四五回品整理のため、お互いに店員を連れて出張したことがあります。永年の骨董品の評価買入れに慣れているので、その邸の人が土蔵から運んできた品物を見るなり、これは初めて私共に見せてくれた品物ではない、この紐の結び方と、この包みの包み方を見ると、同業者が一度全部目を通したものである、紐の結び方や包みの包み方が、素人の結び方や包み方と違う、他の同業者に先に見せて値踏みをさせたものだ、そのつもりで値踏みをせねばならん、といいました。

この場合、優品の多い時とない時とでは、値の入れ方が違います。品物が良くて自分に向いた物は、秤に掛けられてるようなものだから、先に値を付けた人より高く値入れせねばならず、ガラクタの場合は、そのつもりで安く踏まねばならぬことになります。数百点数千点の品物を目を通して、この口は全部で約何千円ある、約何万円ある、と評価をする。さて一点ずつ値入れをして、最後に全点数を合計すると、先の見込金額とは一割と値の違ったことがありません。目が利いて相場に明るいから、無茶に高い評価はせぬ代り、自分の自信のある評価をするから、マル公以上には必ず評価します。目利きは品物が解るので、名品ほど強く踏みますから、お客が処分される立場から見れば、ベラ棒に高く買わぬ代りに、絶対に踏み倒される心配もないと思います。いかなる売物も、百パーセントとは行かなくとも、八十パーセント以上は必ず上廻ることは請合いです。私がもし品物を処分するとしたら、この先輩のような目利きに処分をお願いします。

この先輩はまた、五六人で宿に泊った時など、その都度勘定書を女中さんが届ける前に、今日の勘定は総計いかほどだという、これが又滅多に一割と違ったことがありません。永年の経験による勘で、どこで何の値入れをさせても間違ったことがありません。これなどはまことに名人芸とでもいうのでしょう。

私には若い時からこういう目利きの良い先輩友人がいたために、自分の専門違いの品物を買う時などよく相談しますから、今日まで失敗したことはまずありません。却って自分の専門の物に、慾と自分の力を過信して失敗することがあります。

親切な業者

ある夏、新潟地方に商用のため出かけた時、暑い時節なので店も閑なこととて、ついでに足をのばして東北地方の都市を廻って帰ろうと思いました。その時、はじめて訪れた某市の業者の家に行った時のお話です。その店の主人とは初対面なので名刺を出すと、「東京から来られたお方には何も御覧にいれるほどの品もありませんが」と云いわけをしながらも、快く迎えてくれ、「お茶なりと差上げますから、どうぞお上り下さい」と奥の座敷に通されました。部屋の中にある棚を見ると、刀剣の付属品の目貫《めぬき》、柄頭《つかがしら》、鍔《つば》などがならべてあります。私の専門違いの物ばかりですから真贋や価格等はよくはわかりませんが、見ているうちにどれも面白い品に思われて来ました。値をきいてみると安く感じましたので、東北まで来て自分に向く品がないからと云って何にも買わずに帰るよりは、こんな向き違いの物でも安いから買って帰れば商売になると思いました。よしんば売れなくて、まるまる損をしたとしても大したこともないし、買ってみれば勉強にもなると、その時は思いましたので、「これを貰います」と云ったところ、主人は、「買って頂くことはまことに有難いが、これは専門違いの貴方が田舎で買ってわざわざ東京まで持って行かれるほどの品物ではありませんからお止め下さい。その代り最近買いましたこれと同じ刀剣の小道具類の良いのがありますから、それを御覧に入れます。置いてある先へ倅に取りにやりますから、一時間ばかりお待ち下さい」とわざわざ取寄せて、「何卒、比較して御覧下さい」と出された品物を見て、小道具類に何の知識もない私にも、悪い物と良い物とはよくわかります。後から出された品を見ると、先の品はいくら安くても買うべきではないということがわかりました。それにしても、大切なお得意様か永年取引でもある業者に対してなればともかく、多くの場合、我々業者は良い品なら何時でも売れるから二番手や三番手を先に売るのが常例であります。しかるに初対面の私が買おうという品物を断り、取って置きの優品を勧めてくれたのでした。その上、「代金は品物を東京へお持帰りになって、どなたでもよくわかる学者なり業者の方に見てもらってからで結構です。もし品物が間違っていたり、値段が高いようでしたら、一向御懸念なく送り返して下さい」と云われました。しかし、私はその品に対しての鑑識がないから真贋の判断はつきませんでしたが、なんとなく自分の六感から見て良いものだと思われましたのと、値も別に高いとは思いませんので買いましたが、旅行先のこととて金の持合せもないので、少しばかりの内金を渡し残額は後から送金する約束をして帰京致しました。ところが偶然その日に刀剣の小道具に明るい友人が遊びに来たので、早速その品物を見せましたら、いくらで買ったのかとたずねます。そこでこれこれで買ったと申しましたら、少ないかも知れないが二割利付けをするからぜひ売ってくれ、と云われました。又、刀剣を蒐集しておられるお目利きのお客さんに見せましたところ、値は君に任せるから譲れ、ともいわれました。

初対面の彼の言葉に詐りのなかったのに感心すると同時に、その心づかいを感謝致しました。その時、彼の納めた蒐集家の品をぜひ見て行ってくれといわれましたが、帰京を急いだので見ることはできませんでした。けれども見なくても優れた品物があるだろうと信じております。こんな業者の品物なら遠方で品物を見に行けなくても、万事安心して買えるというものです。

注文聞屋

太平洋戦開始前後からごく最近まで入札はありませんでした。入札の盛んな時代には所謂《いわゆる》入札会に際し、目もなければ力もない、ただ例えれば、芸妓で一寸渋皮がむけていて愛想がよいという程度の見ず転みたいな、幇間的な業者がいたものです。当時の札元には、相当鑑識もあり、実力もあり、人格もある立派な業者もいましたが、中にはこんな注文聞屋もいました。お客の御機嫌をとって大きな注文を聞く注文聞屋や、中には又研究も努力もせずに、先祖から何代か続いてるためにその看板や暖簾のお蔭で商売をやって行ける骨董屋も、その時分にはいました。彼等は、世の中のよい時には旨く泳ぎ廻っていましたが、戦後セチ辛くなって泳げなくなりました。しかし以前には、そういう連中と、お客を持たずただ実力だけで苦闘している実力派とが、入札の際に太刀打する時には、いつも実力派は敗北の余儀なきに至ったものです。相手の業者には怖れないが、蔭にいる客の資力には到底太刀打できぬためにいつも負けました。ところが戦後には入札がなくなったために、今度は実力が物を言う時代になって来ました。実力とはつまり鑑識のことで、今日になってみると、所謂注文を聞いて楽な暮しをしていた者や、先祖からの看板によって甘い注文を聞いていた業者は、戦後にはお客の出す物に対して目がないから、その場で買うことができず、借りて来て売るような姑《こ》息《そく》なことをやりますが、実力派はその場で勝負をして能率を上げます。

それが今日では、注文聞屋は太刀打できぬため、昔売った品物を借り出して来て、実力派に買ってくれと持って来る時代になりました。その品の中には年月とインフレのために相当高く売れる物もありますが、中には品が良くても無責任な高い注文をきいているために、今でもその値には買えぬ物があります。

贋物に至っては無論買えるわけもなく、だから商人を撰ばずに買ったお客は、戦後処分する時に非常に損をしてるかと思えば、他方真面目な鑑識ある商人から買ったために、財産税あるいはタケノコ生活に非常に助かったお客もあります。これなどは、品物を撰定する前の商人の撰定の良し悪しが原因しています。つまり旦那としての威張り料は自然払わされているはずで、お世辞をいう時はちゃんとお世辞料を取っております。だからお客が商人をなめてかかれば、商人は商人で又お客をなめてかかります。原因あれば結果があるわけです。

これら注文聞屋は、縫紋《ぬいもん》の羽織袴に白足袋で、入札会場の入口で平身低頭、お客の機嫌取りに汲々としています。勿論心あるお客には彼等の真意は判ってるでしょうが、心なきお客は得意になって反《そ》っくり返っています。しかしその反っくり返り料はちゃんと取られています。こういう反り返り組は特に終戦前よりアプレゲールに多いようです。電話口でお客に話をするのに、必要以上に頭を下げて、おでこをぶつけて瘤を拵《こしら》えた者もあります。自分に鑑定のつかぬ物を注文を受けると、この手合はその場では何にも言えませんから、万事知ったか振りをして、まずよく研究しまして入札当日までに御報告に参上いたします、という。さてそれからが大変で、早速その道の専門家について意見を求めて調査にこれ努め、また夜分、先生と称する家の戸をたたいて御意見を伺う。目が利かないので、その代りに耳の働きの偉さには驚くばかりです。しかし鑑識ある商人は、自信があるから、自分で手張りで買おうと思うから、こんな業者の質問には踏み台にされるばかりで馬鹿馬鹿しいから真実のことはいわず、ついチャランポランの返事をすることになるので、結果においてて注文したお客が非常な損をすることになります。

だからやはり餅屋は餅屋で、その道の専門の信用ある商人に注文するに如《し》くはないのです。注文聞屋先生に利用されてはたまりません。もっともお客の中には、目利きとか専門の商人に注文すると安く買えぬからという、ずるい根性でこんな業者に注文する人がありますが、掘出し根性は結局贋物を摑ませられるだけです。

一流商人を買わぬ客

注文聞屋の納めた品は、後日処分に当たって、例えばあの終戦後の財産税のために整理の時などに出てくると、よく証明されます。こういう商人を相手にして大入札等で相当高価な品物を買っていたある成金氏が、京都に行った時林さんの店を訪ね、林さんが手張りで買った品物の中に気に入った物があったので、譲って欲しいがいかほどか、と訊くと、落ち札を出して、札値に二割付けて頂けばよろしいといったところ、右の成金氏は無手数料かあるいは包金で大威張りでいた癖があるので、林は儲け過ぎると思い、札値でほしいが、奮発したつもりで一割付けるがといったら、林さんは、二割でよろしかったらお買い下さい、といって値引きしないので、彼氏も面白くないので買わずに帰った話があります。

林さんは鑑識も資力もあり、全国によいお客も相当あった人ですから、私の先輩が北京上海などで銅器、陶磁器、特に砧青磁のよい品物を手に入れると、日本に着くや否やまず第一に京都の林さんの店に行ったものです。下手な客に売るより、名品なら林さんの買ってくれる値の方が余程高いからです。その数々の名品が、林さんから納まった家から近年時々出てくる品を見て、流石は林さんの抜かれた品の中には、見たこともない品があって感心させられました。何といっても、優れた鑑識と資本がかけてあるからでしょう。

取次屋

入札会で客の依頼で買ったり、客や業者から品物を借りて客先へ納める元金要らずの甘い儲けをしている者と、多年品物に対し研究努力し、多額の資本をかけて手張りで買ってる商人と同一視してはなりません。元金をかけぬブローカー商人に限って慾張りで、しかも薄利では売らず、又少しくらいの儲けでは働きません。これら業者の心構えを判別する目がない客があるのだから困ったものです。従って蒐集品によくそれが現われています。要は客自身が出入りする商人の撰択如何がまず第一要件です。これが蒐集前の先決問題ではないでしょうか。人間を見る目がないと、せっかく名品を心を尽くして客先に納めても、こういう取次屋さんは、自分のお得意さんを実力ある業者に奪《と》られると自己の死活に関するから、あの手この手でその品物にケチをつけ、商売の邪魔をいたします。甚しいのは、奥様にまで働きかけます。もっともこの手合は、台所の御用達から主人の待合のお供までつとめるので、客には重宝で気に入られます。こういうのに中傷されては、いかに一流業者も名品もたまりません。

こういう商人は、客に対して、他の商人の持ちこんだいかなる名品でも、始めから品物を見ているのでなく、いかにして品物を買わせぬようにしようかと邪魔するのだからたまりません。これでは名品の入るわけはありません。政治と同じでやはり独占ではならぬと思います。お互いによい品物を納める事です。贋物等を入れぬように相互に監督をしてもらうことです。一流の商人の出入りする客は喜ばねばなりません。悪い人ばかり出入すると、お互いが談合妥協して納めるから、飛んでもない品物が高い値で納まったりすることになります。

業界の寄生虫

永年私共業界に活躍され、今は湘南に隠居して老後を養っておられる、古稀の老先輩をお訪ねした時、うかがったお話です。

昔私が働いておりました当時、業界にこんな男がおりました。随分業者や趣味家連中に迷惑をかけたものです。その男は親から譲られた資産や品物が相当あり、名品も扱うから、世間からも認められておりました。鑑識もあるのですが、持って生れた性分とでもいうのでしょう、地位からいっても、いくらでも名品を扱える立場におりながら、窯入り物や後画物や直し物等の手を入れた品物をウブ品の如くごまかして売ったり、贋物を売って儲けることに興味を持っている、真に始末の悪い男です。彼と取引をした業者はさんざん利用されて、卑近な譬《たと》えですが尻の穴の毛まで抜かれてしまいます。最後にお客をしくじった者も幾人もありま す。悪いことをするだけに頭も働きます。茶器などの高価に売れる真物を見本に、写し物の上手な陶工に贋物を造らせ、それを上手に時代味を付けて適当な紫紂や箱に納め、その上念入りに旧家（鴻池、藤田、諸大名）の売立で買った我楽苦多品に貼ってある所蔵印の捺してある紙や番号札を剥取って、贋物を入れた箱に貼付けて如何にもその邸から出たかの如くウブそうに見せて、これを茶器愛好家の所へうまく取入っているお茶坊主（無鑑札の商人）に持たせてやり、自分が後からその邸へ出かけて行き、御主人にこれは真に結構な品物です、さぞお高いことでしょう、と口から出まかせのお世辞を言ってお客を喜ばせ、贋物を高い値で抛り込みます。しかし始めの内はわざと良い品物を元価同様に納め充分信用させて、後からこんな手を用います。お客もあまり安い物が入ったら、後は注意をすることですね。

態度はいつも調子がよいけれども、やることが悪辣で、時代の古い無地の塗物に蒔絵を加えた手入れ物や贋物を売ることは無論のこと、楽茶碗（長次郎、のんこ、一入）や仁清《にんせい》（色絵の香炉、香合、茶碗）の軟陶器の疵物を上手な修繕屋に直させて、入札会や交換会等に他人のウブ荷口に交ぜ、知らぬ顔で出品（自分の出品では警戒して売れぬから）して自分が買うように見せかけて、相手が最高のところまで買うように上手に競り上げます。客の注文品はそのまま納って行きます。業者が買って後で疵が発見されて苦情が出ても、客人の依頼品なりとて責任を逃れます。業者で金に困る者がいると、私が金を貸してやるから何か品物を持って来いと親切ごかしに品物を担保に取って、よい物は期限が来ると売ったと言って戻さず、相当儲けて売飛ばすなど、人の迷惑など少しもお構いなしで、自分勝手な振舞をします。心ある先輩は彼の手段を撰ばぬ行為を苦々しく思い憎んでいるけれども、後の祟《たた》りを恐れてなんにも言わずに我慢しておりましたので、それをよいことに悪行の数々を尽くしておりました。実際彼の存在は業界や趣味家にとって何等の益するところなく、却って害毒を流すばかりです。自分の店に客や業者が来て品物を買ってくれると必要以上のお世辞を振りまくが、買わない時などはあの客は金がないから己れの所の物は品が良すぎて買いきれないとか、あの道具屋は盲目だから品物のよさがわからぬから買えぬなどと自分以上の目利きはおらないと思い込み、勝手な悪口を言います。悪人世にはびこるとはこのような男がいるからでしょう。

業界を我もの顔で跋扈《ばっこ》するので、まじめな業者は困りました。しかし天はかかる不徳の輩にいつまでも幸するものではありません。遂に悪業が尽きたものか、待合を経営さしている妾の家で突然脳溢血で倒れ半身不随となりました。この悲報を聞いて、彼と付合った業者は誰も見舞に行く者もなく別に気の毒だとも思わねば同情する者もありません。却って業界が平穏になったと喜びました。商売以外に付合う人がない男ですから、中気になった彼には用事もなく追々人も寄り付かなくなりました。倅は不良の道楽者でさんざ親爺の金を使い込んだあげく行方不明となり、妾には嫌われ他に男をつくり逃げられ、弟子共にまで見捨てられ、病後は慰めてくれる近親もなく、見舞に来てくれる人もなく淋しく孤独の生涯を終りました。業界に盛んに活躍した時代には贅沢な生活をしておりましたので、業者や客人も多く出入りしましたが、葬儀当日には告別式に来る人も少なく、甚だ末路が哀れでした。彼が世の中から姿を消してから三十有余年はすぎました。もはや彼を知る人もほとんどいなくなりましたが、彼の造った手入れ物や贋物が今なお健在で、鑑識なき業者を惑わし愛好家に迷惑をかけ、彼の在世当時と同じように跋扈して害毒を流しておりますことは、まことに困ったものだと思います。

飼犬に手を咬まれる

これはある故老から聞いた話ですが、あるお客が前科のあるのを知らず出入りの道具屋に、都合で祥瑞《しょんずい》の五客揃いの向付を整理したいから、入札に出して売ってくれと頼んだところ、箱と紫�紙を上等に造って上げます、その上で売った方が高く売れますから、とその祥瑞の向付を借出し、その中の一つを京都のある贋物師の所へ持って行って同じ写し物を頼み、さてそれが出来上るとその贋物を真物の中へ二つ三つだけすり換え、修理の出来た箱の中へ納めて、何喰わぬ顔で御主人の許へ届けて一応土蔵の中へ戻しておきます。それが後になって入札の時に出ると、何しろ贋物が交じってる五客なので比較的安いから、入札の時の仲間の相場よりも二三割高く入札して買っておいて、後日贋物を抜き去り真物ばかり五客揃えて高く売ってボロい儲けをする、念の入った悪辣な手段で、これなど全く飼犬に手を咬まれたような話です。これも元はといえば主人が道具屋の前科者であった事を知らぬための落度があるわけで、これもまた品物を買うにはまずもって、相手の商人の人間をよく調べることが大事で、品物の撰定よりその前にまず商人の撰定が肝心です。

悪因悪果

今は故人になられましたが、大正から昭和の初期頃までの大入札会には、いつも札元として活躍された相当有名な業者の方が、若い頃不況時代に生活や資金に困って、悪いこととは知りながら、煎茶が盛んな頃で文人画が高く売れるので一策を案じ、知り合いの画家に因果を含めて結託し、お互いに一儲けしようと、客の好みそうな竹田や木米の贋物を作らせ、種々苦心して古い表具や時代のついた箱をみつけて、それへハメ込み、目のない業者やウブな客人に売って、ボロイ儲けを致しました。数年後にこの人が時運に逢い、相当の資産を作り、業者からも客人からも重くみられるようになりました。そのうち年もとったので、家業を倅に譲り、自分は郊外に隠居所を造ってそこに移り、茶や花の風流を楽しみながら老後を送っておりました。そうしていながら倅が時々自慢で買った品物を隠宅に見せに来るのを楽しみにしておりました。ところがその中にたまたま竹田や木米の名幅と称するものがあると、なんとそれらは名画に非《あら》ずして、昔自分が若かった時代に作らせた贋物の迷画なので、今さら倅の手前恥かしくて意見も言えず、黙って見ながら、恐ろしいものだ、昔の自分の悪事の因果が倅に報って来るとは、ああ、悪いことはできないものだ、と心の中で懺悔をしました。人をだましたのが、廻り廻って又元へ戻って来たもので、つまり天に唾したのと同じく、悪因悪果とでも申せましょうか。

老番頭のまごころ

何の商売でもそうでしょうが、商いが手広く店が大きくなって来ますと、自然にお得意様もふえて参ります。私共の商売も同じことで、大きな店では、大小の売立入札会や展観等の場合にも、お得意さん全部の注文を伺うこともそのお相手をつとめることも、店主一人では手が廻りかねます。そうなると番頭が主人に代ってお得意さんへ出入りし、一切を取りしきるようになることも生じ勝ちなものです。さてその番頭にもいろいろありまして、主人の鑑識と誠実とがその店の信用であるのに、その信用を傷つけないようにお得意さんを満足させるのもあれば（これは主人以上に目も利きかつ誠実な番頭でなければできません）、お得意さんの気心が呑みこめず、又好みがわからずに主人に恥をかかせるようなのもおります。この商売は大体にお金持ちの方々を相手にするものなので、とかくお客様の良くない面を見習うことが少なくありません。よほど意志が強くないと、お客様の良い方は見習えないものです。まだ一人前の商売もできなければ十分な鑑識も身につかない二十歳前後の頃から、酒や煙草の味を覚え、甚だしいのに至っては女遊びにまで発展して、あたら一生を棒に振る者さえ出て参ります。万事は本人の心掛け一つなのですが、この方面へ転落しやすい道が開けているだけに始末が悪いと申せましょう。

大金持ち大会社の社長さんというような方々は、自分の好きな品物はもとより、盆暮の贈り物用に相当高価な美術品を注文されることがあります。そのような時に、注文されるお得意さんの期待に反しない品物を納めればよいのですが、主人自ら出入りしておればともかく、番頭任せの場合にはもし心掛けの良くない番頭があったなら不正を働く余地が十分にあるのです。いい加減な品物を納めても通ることもありますし、他店の品物を納めて間に合わせることもできます。又一度お得意さんを任せられると、初めの内は真面目に商売をしておりますが、店主の選んだ品物が売れたり、店の看板のおかげで品物が売れたりすると、恰《あたか》も自分の力で商売ができたように思い込んで、自己の実力を過大に評価するようになって参ります。その儲けは自分の利得のように思われて、それが度重なると、それを主人に渡すのが馬鹿馬鹿しく感じられ、僅かな給金や手当で働くことがいやになり、遂には主人の仕事をそっちのけにして、自分一人でこっそり商売をして、その上りは全部猫ババをきめこみ、知らぬ顔の半兵衛ですますというようなことにもなります。これが内証商売と申すもので、一度この味を覚えると忘れられず、そろそろ贅沢をするようになって来ます。そうなると真面目に鑑識の勉強をするよりも、なんとかして主人の目をぬすんで内証商売に精を出すということになってしまいます。主人の前では如何にも神妙に振舞い、ふだん着のままで客先へ商売に出かけるように見せかけて一歩店の外に出ると、身分不相応の衣類を一切揃えて知人の許に預けておき、そこでゾロリとした装いに着替えて遊びに行く者さえ現れます。贅沢が過ぎて、儲けるよりも費《つか》う方が激しくなれば金につまります。そうなるとお得意さんへ修繕品や二三番手の品物を高く売りつけたり、贋物を平気で売り込んだり致します。それでも間に合わなくなると、最後には捨鉢になって主人の品物を勝手に持出したり、お得意さんの品を無断で売飛ばすような不心得な者も出て来ます。後になって主人が責任上その尻ぬぐいをさせられて困った例を数限りなく聞かされもし見ても参りました。こんな番頭にかかっては主人もお得意さんもたまったものではありません。

もっとも主人の中にも、その昔奉公していた時代に若気の至りで主人の品物に手をつけないまでも内証商いをした者もおりますから、こんな主人には番頭の内証商いはわかるわけです。それを承知している主人が番頭に十分な給金や手当を出せば内証商いをしないのですが、それをしなければ自然と番頭も内証商いをするようにもなる道理で、主人も主人なら番頭も番頭というわけです。

この商売は鑑識がなくても資金がなくても、お得意さんさえあれば、主人に内証で他の業者から品物を借りて来て売り込みに成功すれば、儲けることができるのですから甚だ都合がよいとも申せますが、一面困ったものです。よほど心掛けがしっかりしていないと、悪の道に陥りやすい弊があります。それですから主人は店員がこの方面に向かわないように生活をよく見てやることが一番大事ですし、又店員としては店の看板と信用を常に意識して行動しなければならないわけです。要するにお互いに愛情をもって信頼し合うことです。

ある美術商でAという店がありました。この店に子供の時から奉公している善助という番頭さんがおりました。他の番頭と違い常日頃から主人大事と実直に働いておりました。それゆえ主人もまた特別に目をかけておりました。が、まだ独立の機会も得ない内に、永年の間苦楽を共にして来たこの主従も、主人の病死によって別れなければならなくなりました。善助は永年勤めたおかげで鑑識も出来、開業資金も多少あるので、この際店を退いて独立したいと思いました。しかし、死期を知った主人は、最期に臨んで善助に、倅はまだ年も若いし商売の経験も乏しく、到底一人では商売を続けて行くことはできないと思うから、後々のことはぜひ君が面倒を見てやってくれ、とくれぐれも頼んでおいたのでした。永年主人の恩義を感じていた善助は、縁あって入った店のことゆえ、独立開店を思い止まり主人の依頼通りに店にとどまり若主人を輔佐することに心を決めました。ところが学生上りの若主人は先代ほどの苦労はせず世情に疎く、交際は上手だが遊び好きで、暮し向きが万事派手なので、自然と出銭も先代の時代より多くなって来ました。追々善助の目に余るようにもなって来ましたので、時折注意もし意見もしますが、時代や新旧思想の相違などから余計な世話をやくように思うばかりで、善助のいうことを一向に聴き入れません。若主人は男前もよいので女にもてるまに盛んに遊びもするし、芸事に身を入れたり、又その上に勝負ごとも好むようになりました。先代の財産のある間はよかったものの、鑑識が十分にあるわけでもなく、費うことを知って儲けることを知らないので、だんだんに財産を減らして来ました。それに気がついて焦り出し、何とか挽回しようとして株に手を出して見事に失敗し、破産の一歩手前という窮地に陥りました。こうなると薄情なもので、数人いた番頭も働ける者は若主人に見切りをつけて、一人去り二人去り暇をとって出て行ってしまいました。善助もせっかくの自分の意見も聴いてくれない若主人の下に何時までおっても致し方がないから暇を貰おうかと幾度か思いましたが、先代の主人の恩義と懇請を思い起して辛棒を続けました。若主人の心柄からとはいえ、主家の没落寸前の状態を今目前に見て、自分が去れば自分だけはよいけれど、みすみす主家を破産させることになり、それでは先代には無論のこと、今までのお得意さんや世間さまに申しわけがないからと堅く心を定めて、善助は若主人に言いました。自分は子供の時から一方ならぬ御恩を受けた先代の御主人から貴方の将来をよくよく頼まれました、その私がおりながらお店を潰したとあっては、死んで御尊父に顔を合わされません、私が勤めはじめてから今日までの間にためたお金がここにこれだけあります、これを全部提供致しますから借金の整理の足しに役立たせて下さい、その代り今日以後はスッパリ心を入れ替えて一切の道楽をやめ、先代から譲られたこの商売を一所懸命に励んで下さい、そうして貴方の力で今一度以前のようにお店を盛り返して下さい、老いたりといえどこの私もたとえお粥《かゆ》をすすってなりとも、貴方と共に働きます、と老の目に涙を湛えて申しました。

善助老人のこの誠意のこもった熱い言葉に、流石の若主人も目が覚めて自分の今までの非行を心から詫び、今までのことはどうか許して貰いたい、今日限りあらゆる道楽はもとより好きな酒も煙草もこの際断然やめる、これからは一意専心この商売に精進するから、私のすることをこの後よく見ていて下さい、と感激の涙と共にその堅い決意のほどを誓いました。

こうして主従が心を合せて家業に専念致しましたので、数年後にはどうやら苦境を切りぬけることができました。追々お得意さんや業者の信用も取戻して参りました。ところが戦争のため軍籍にあった若主人（一年志願の少尉）は突然召集を受け、出征いたしました。その不在中三年有余の間、老番頭善助は戦争中の変転極まりなき業界にあらゆる困難と苦闘を続け、老人の細腕で店をよく守護し通しました。戦後幸いにも若主人は恙《つつが》なく復員して来ました。若主人も出征中種々苦労したために、昔数々の道楽をしたことも却って今日となっては身を堅固に保つ薬となり、人間も出来て、広く世間を知るようになりました。そのおかげで終戦後のインフレに処しても品物の移動を巧みに扱うこともでき善助老人と共に働いたので、相当な成績をあげることができました。今では先代に勝るとも劣らぬ押しも押されもせぬ業界の重鎮となりました。彼をして今日あらしめたのも、偏《ひとえ》に善助老人の自己を犠牲として主家の恩義と先代の懇請に報いた誠心誠意のしからしめたところです。

忠実な運転手

これは十余年も前のことです。骨董の話とは違いますが、未だ忘れ得ぬ記憶です。私の御得意様で一流会社の社長さんですが、そのお宅へよく品物を売りに行きました。その時いつも御主人への取次や品の出し入れの世話をしてくれたり、金の支払いなどまでいろいろ世話になるお抱えの自動車運転手で、清川さんという人がおりました。いつもお世話になるので、盆暮にほんの心ばかりの贈物をしますと、恐縮して私の好意を悦んでくれました。ところがその度に、自分は御主人から運転手としての月給以上の待遇を受けていますから、特別に貴方から心遣いを頂く必要はありません、どうか今後決してこんなに気を遣わないで下さい、私は御主人の言い付けでするので、貴方のために働いているのではないから、それより良い品物を勉強して御主人を悦ばせて下さい、といつでも私共の贈物を心から辞退されるので、御主人の高い人格の反映による所と思いますが、運転手はしているが、その高潔な心には頭が下ります。私は却って恐縮致しました。

御主人が財界の大立物ですから、従って何かと外出が多いのでまことに忙しく、その上他に沢山使用人がいるのに、特別御主人の気に入りで秘書の役までいろいろとさせるのでなかなか休む暇もありません。

ある時御主人が社用で一週間ほど九州に旅行されたので、私は清川さんに、社長さんが留守になったから骨休めができますね、留守中に少し遊んでおくんですね、どこかへ私と二三日静養に出かけませんか、と勧めたところ、清川さんは、御好意はまことに有難いけれども、御主人が留守になると余計に忙しくて心配です、第一御主人の生命を預っているのですから、自動車事故を起さぬように休みの間に機械の手入から掃除をして多少でも傷んでいるものは取り換え、修繕して充分調べて完全にしておかねばなりません、そして御主人がいつものように朝会社に出られる時と、夕方会社から帰られる時と同じ時間に、御主人を乗せた気持で空車を運転してラッシュ・アワーの街路を一度は往復練習しておかなければなりません、一週間も休んで怠けていると、旅行から御主人の帰りを駅に迎えた時に腕が鈍って間違いを起し易いからです、こんなことで御主人が留守でもまことに忙しい、といわれて、なるほどもっともだと感心し、私も信頼された御得意様に対してはこの清川さんの心掛けをもって品物を納めねばならないと思いました。後年清川さんは、運転手の生命とする視力が衰えたので、万一事故でも起して御主人に粗相があってはならないと自分から身を退きました。その時御主人から多額の退職慰労金を頂いたのを元にして自動車屋を開業し、相当繁昌していました。時々訪ねたところ、息子さんに店を譲って、自分は孫の守りをして楽しく余生を送っておりました。

品物を集めるお客さんも、また納める商人も、共に温情あるこの御主人と運転手の心構えがありたいものです。お互いに気持がぴったり合って、始めて良いコレクションができるのだと思います。

誉め料一割

第一次大戦当時好景気に恵まれて種々の成金が続出した中に、有名な某船成金さんがありました。豪奢な邸宅に住んで誰はばかるところない贅沢な生活をしておりまして、負けず嫌いで傲慢な人でした。とかく成金さんは成上りで、知名人との交際を求めるため骨董品が付きものとみえます。鑑識もないのにむやみと買いまくり、「名品なら買うから持って来い」というので、骨董屋にとってはこんなよい鴨はありません。この成金さんの銭を捲上げようと有象無象の業者が沢山詰めかけました。品物の値うちがわからないのでむやみと値切るから、業者もまた大きく懸値をすることになります。値切ると負けるから、値切ることに興味を持つようになりました。これが素人には一番危険なことです。真面目な業者は追々よりつかなくなるから、従って真面目な品物が入らなくなります。

私の先輩が北京で嘉靖赤絵《かせいあかえ》金襴手《きんらんで》瓢形花瓶《ひょうけいかびん》の彩釉《さいゆう》のきれいな一尺五寸ほどある真中から二ツに折れた物を

二百元で買求め、日本に持帰り疵の目立たぬように上手に修繕をして、さてこの花瓶を例の成金さんに売って儲けたいと思っておりましたが、工合のわるいことには、同家に出入りする某茶道具屋さんで主人のお気に入りで信用を得ている人がいて、これが他の業者の持込む品物をいつでもケチを付け中傷して、自分の品物を売込むことばかり考えている利己主義の男でした。このまま持込めば無論ケチを付けるにきまっているから、邪魔をされてはせっかくの商売もオジャンになるので、一策を案じ、いっそのこと彼の慾張りを逆に利用するのがよいと考え、彼の上京したのを幸いに売込みの相談をしました。

自分の腹の中では三千円に売れれば元価が安いから理想の値と思っているが、この男にお礼も出さねばならぬから、「五千円に売りたいと思いますが、何分の御助力をお願いします」と慇懃に相談を持ちかけたところ、この男が「ウムそれは安すぎる。どうせ安くいうても値切る人やから、高いこと吹きかけなければあかん。一万五千円といいなはれ。私は蔭から旨いことお太鼓たたくよってに、しっかりやりなはれ。ただし成功した時には儲けは山分けだっせ。存分骨折るよって、明日の朝九時頃お邸に行って品物を旦那様に御覧に入れなはれ。その頃を見はかろうて私が関西からいま着いたという振れ込みで行くよってに」と、前日に充分売込みの段取りを定めました。さて翌朝花瓶を抱えて大森のお邸に出かけ、旦那様に御目にかかりうやうやしく御覧に入れ、天下の大珍品なることを力説推奨して、「他ならぬ旦那様のことゆえ特別一万五千円に勉強いたします」と勧めているところへ、くだんの茶道具屋さんの入来を告げて来たので主人は出て行きました。ほどなく戻って来て、「家内に話したら、見たいというから」と品を抱えて別室へ出て行きました。それを今着いた茶道具屋さんのおるところへ持って来て、鑑定のため見せました。ところが始めて見たように驚いた姿で品物をやや見つめておりましたが、「旦那様、これは大変な物が飛込みましたな、どこから来ましたか。こんな結構な珍品は私今まで見たことがおまへん。さぞかしお高いものでしょう」と筋書通り芝居気たっぷりで誉めると、これまであまり誉めたことのない男が誉めるものだから、主人は面喰って、「そんなに良いか。お前は何ほどなら買うかね」と尋ねると、そこは心得たもので、「私にはとても及ばない値段と思いますが、旦那様にお向きにならなければぜひ買わせて下さい。安いかも知りませんが二万円まで出します」と懐中に手を入れ財布を取出すごとく、今にも買うような風をして見せるので、主人はあわてて戻ってきました。そして、「今家内に見せて相談したら、高いから一万円に負けてもらいなさいというから、どうじゃ、俺と家内の顔を立てて負けとけ。金はすぐ払ってやる」と値切り始めました、金儲けは偉いがこの道はまた別です。もとより心の中では万事承知のすけ、さりとて即座に負けては値うちがないから、もったいぶってなんとかかんとか値上げを憂鬱な面もちで嘆願しながら、渋々負けました。さて後から代金を受け取り、余分の儲けの半金を、太鼓をたたき売込みに助力してくれたかの茶道具屋さんへ礼状と共に送ってやりました。ところが折返し先方から請求書が参りましたのでそれを見ると、改めて利益配当の外に納品誉料代金一割頂きますと書いてありました。その後ほどなくパニックで成金さんは没落、続いて死にました。数年後に遺族の方が蒐集品を処分しました時、損の行った品が沢山あった中に、右の嘉靖赤絵瓢瓶は二万円に売れました。グルになり芝居をして納めた品でも、真物であったためと思います。

贋物ばかり買う人

これは第一次世界大戦当時、某成金氏に関係した話ですが、北京に宿屋の亭主上りで好きからなった骨董屋に宮田某という者がありました。非常な辣腕家で、常にニヤケた姿をして、二号さんを連れて日本に往復しておりました。北京にいる時には、決して本筋の店を廻らず、贋物ばかり買集め、漢から清朝に至る当時の白素地のものを探してはこれに加彩《かさい》又は後絵を加え、それに珍妙な銘やごく珍しい年号などを入れさせ、好事家に運んだものです。築地の有名な旅館に滞在しておりまして、大隈家へも出入りしていると称し、自からは大隈家の元玄関番であったと称していました。

この男が、某病院の院長や某弁護士さん等に、数年間に相当の品物を売りこんだものです。ところがその院長の歿後、私が頼まれて品を見に行きましたところ、大きな土蔵の中に所狭きまでに品が積重ねてあるので、箱の蓋をとって見始めましたら、出るもの出るものいずれも贋物ばかりで、各時代の物がいずれを見ても絵も年号も同じ筆蹟です。薬にしたくも本筋物は出て来ません。一棚見たら頭がポーッと変になってきたので、帰って来たことがあります。これも今度の大戦災で焼失したものと思っていたら、彼方此方の外人向きの店でよくその品を見うけ、それがまた結構高い値が付いていて、外人の土産物などに売れているのを見て驚きましたが、さてこんな品でも焼けないで残れば遺族が助かり国益になるかと思うと、吹き出さずにはおられませんでした。自分の商売意識から判断するのも失礼かも知れませんが、たとえ病気になっても、こんな見当違いの鑑識で贋物を買っている勘の悪いお医者さんの診察を受ける気にもならず、また訴訟事があっても、こんな弁護士さんには依頼する気にはなりません。

さて話が前に戻りますが、この宮田某が成金に売り付けるために、北京で宋青磁袴腰香炉《そうせいじはかまごしこうろ》の疵物を参考に買求めて、これを京都の写し物の名工に頼み同じ形に写させて、再び北京に持帰り、支那人に瓢簞の皮で上照りを気永に消させ、見込中や脚裏に丹念に時代をつけさせ、これを万暦か康熙《こうき》時代の結構な空箱に仕込んで日本に持って来ました。なかなか芸が細かい、資本をかけずに大儲けしようというのだから、少々は骨も折れようというものです。

成金さんの子供さんが、大邸宅の庭で馬に乗りたいというので、北京から驢馬一頭を土産に進呈するやら、高価な燕巣、熊掌等の山海の珍味や珍果を持参するやらして歓心を買い、さて一方においてはお出入りの鑑定家と称する、奥様や娘さんにお茶を教えながら、旦那様の二号さんの世話まで引受け、家族に喰込んでいる、素人上りの茶坊主を買収してお太鼓を叩かせて、その袴腰の香炉を当時の金で五万円で売りこみました。それを京都の浄益に純金の結構な火屋を作らせ、この成金さんが旺んなりし頃朝野の名士を招待して園遊会を催おした時、その香炉を自慢で床に飾ったことがありますから、御記憶の方もありましょう。その後数年ならずしてこの成金氏も没落し亡くなりましたが、整理の際に純金の火屋は金になって未亡人の生活の足しになりましたが、火屋以上に値上りするはずの香炉の方は金にはなりませんでした。

二三番手を集めた人

大連で事業をしていた方で、太平洋戦争勃発頃まで大連奉天方面で永年の間に相当な数の蒐集をした方があります。しかし満州方面は日本にて優品を買集めた首藤さんの如き蒐集家もありますが、大抵一等品は高くて余り売れぬ所なので、どうしても二三番手の美術品が北京方面から流れこみます。それでこの方の蒐集も、いずれも一番手物なら大疵があり、あとは二三番手ばかりでしたが、事変勃発直後主人に亡くなられ、仕方なく遺族は満州を引揚げて郷里に帰って住むことになり、蒐集品は荷造りして全部持帰りました。さて金のある間は売らずに済みましたが、子供が大きくなるにつれて女学校や大学にやる金に困って品を売り始めました。ところが丁度インフレ時代となってきたのと中国から品物が入らなくなった関係から品物が疵物や二三番手でも、贋物でないから、相当に値が出て、この品物がボツボツと生活の財源となって子供の学資と変わり、いつの間にやらその金で息子さんは大学を出て就職し、娘さんは女学校を出てその品物で支度もできてお嫁に行きました。

つまり美術品が家計を救ったわけで、未亡人の話によれば、主人の亡くなられた当時、満州を引揚げる時は泣きの涙でまことに辛かったが、さて考えてみると、今日まで主人が生きておれば、一物も持たぬ裸の引揚者になるところでした。変な話ですが、よくぞ早く死んで下された、よくぞ美術品を集めておいて下されたと後で感謝をしております。主人の在世中、美術品買入れの時には別に協力もせず、詰らぬ物を集めると却って反対したことが度々ありましたが、思えばまことに申し訳なかったと今さら詫びる心で一杯です。もっと尤品を蒐集してもらえばよかったと今になって悔んでおります、と申されました。

参考品を集めた人

ある大学教授の方で金石物や古陶磁器の好きな方がありました。若い時から好きで、自分の学問の研究材料や、品物の美しさに魅せられて買われるのですが、別に財産のある方でもないので、自分の月給の中から工面して貰うのですから、満足な無疵物などは高くて手が届きません。つい金石の断片か、陶磁器の疵物ばかり集めていました。これが数年間続いたので相当な点数となりました。いずれも欠点のある物ばかりで満足な物はありません。本人は学問的参考と楽しみに集めた品で、どうせ金になる物とは思っていなかったところが、本人が病気になって急死しましたので、貯えもない遺族の者は途方に暮れておりました。葬儀を済ませるや、早速集めた品を処分する段取りとなりました。さて処分してみますと、参考品の断片と疵物ばかりとはいえ、本人が利害を離れて好きから薄給の中から魂を込めて集めた物ばかりで、鑑識もあり、美に対する感覚も人一倍優れていた人ゆえ、どこか知らん見所のある物で評判もよく、愛好家の心にふれ、時代の違いで値上りもあり、予想以上の好成績の売上高となりました。遺族の方も大悦びで、主人歿後の家の暮しや、子息や娘さんの教育費も賄うことができたと聞きました。奥さんの話では、金がないのに無理をして買集めた品ですが、主人は別に道楽もせず、在世中に明け暮れこの美術を眺めて楽しみ、心豊かに暮しました。歿後に沢山の生命保険金が取れたようなものだ、と申されましたが、安い疵物でも買い所がよくて買い方がよいと、こういう結果になります。

道具屋の倉庫

ある業者が、自分の店に来るお客を独占するつもりで、絶えず事々に他の業者の悪口をいって、他の店へ行かぬように中傷しておりました。もしもそのお客の所へ他の業者から品物を持込むと、どんな名品でも何かかにかけちをつけ、品物が良ければ値が高すぎるとか、少し待って下さればこれ以上の品物をもっと安く納めますとか、いつも商売の邪魔をして絶対に他の店からは買わせません。何のことはない、無芸の芸妓が有芸の芸妓に大事の旦那を奪われる心配から、痒《かゆ》い所へ手の届くように親切なサービスをするのと同様に、この男はお客によくまめに努めます。自分はまた納めた品物に対しては他の業者の中傷を恐れて、自分の売込んだ品物を見られては困るので、そのお客が他の業者に見せぬように親切振って、私がウブな良い品物を一番先に御覧に入れお納め致しますから、当分の間他へ見せないで下さい、それでないと他のお客さんから、良い品物はわれわれに廻さず全部貴方ばかりに売っていると誤解されて、それがまことに辛いから、とお上手をいって、少くとも三年間ほど絶対に見せては困ります、と充分お客さんに信用させて、自分の売れないネキ物や背負い込品を無茶な値段で数売りこみました。そのお客さんがこの男の言葉を信じて他の店へ行かぬから、従って相場も判らず、品物の良非真贋も判らぬため、遂にその男の独占納入となりました。それゆえ当然尤品ばかりは納まりません。二番三番手の品も入って行きます。

こんな調子で四五年ほど続きました。ある時同好の友人四五人から、君のコレクションをぜひ一度見せてくれ給えと申込まれまして、出入りのその男に早速相談したところ、一寸当惑しましたが、早速一策を案じ、それは結構ですが、お客の方にだけお見せなさい、商売人に見せると嫉《ねた》みから決してよいことはいいませんから、商人には決してお見せになってはなりません、とくれぐれも注意しました。さて当日は部屋の中へ集めた品を沢山並べました。それを見に行かれる友人の中に私のごく懇意な方がいて、突然私の店に寄られて、今日これから某友人の所へ品物を見に行くから都合がよければ私と一緒に行ってくれ給え、と自動車で迎えに来られたので、私はどこへ見に行くのか知らずに随いて行きましたところが、その邸へ着いて部屋に入ってみると、沢山の品が所狭きまで並べてあります。それを見ていると、手伝いに来ていたその男が突然顔を出しました。途端に私の顔を見て、あッ、と顔色を変え、びっくり驚いております。その時私はお客のコレクションを見に来たことを忘れ、錯覚を起して、その男の店へ来たような気持になりました。並べてある品物の何れを買おうかと思いましたが、気が付いてみると、それは道具屋の品物でなくお客のコレクションでした。お客の集めたものを見たというよりも、その男の店がそこへそのまま移転して来た感じを受けたからです。よく見ると、いかがわしい品も混っております。その男の手前褒めぬわけにも行かず、まことに結構です、と肚にもないお世辞を述べて帰って来ましたが、その男の驚きよりも、私の方が余程テレ臭くて困りました。何のことはない、お客の蒐集品が道具屋の倉庫になったわけです。

茶に招ばれた時

またこんなこともありました。あるお客さんからお茶に招ばれました時に、その蒐集品を見せて頂きましたところ、出てくる品は何れも筋の通った品ばかりでした。何から何まで私共玄人の商売になる、悦ぶ物ばかりです。いずれも売れば金になる物です。出入りの茶器屋さんが支配して納めてくれた品でしょう。しかしこれが茶器屋さん任せで、お客さんが金だけ出して集めた品ですから、どう見ても御主人の個性はどこにも出ておらず、察するところ商売取引の関係で、自分も茶道具がなければ交際できぬと思い、別に茶に気のないのに集めた品だから道具屋さん任せで、道具屋の手持品で出張茶会を見せられた形です。水屋にお手伝いに来ていた、出入の道具屋さんが茶席に現れた時に、御主人が坐っているよりも、なるほどこの方がよく似合うと思いました。

しかし贋物のないことが何より結構です。これから後に自分の好みで品物を入れ換えて行かれたなら、後には立派なよい茶会が催されましょう。信用できる一流の店に任せて買えば、その人の個性はないが、品は間違いないから、品を売っても損をすることがありません。判らねば、いっそのこと信用できる商人に一任するのもよいことです。

郭子儀の像

紋付羽織袴の姿で顎鬚《あごひげ》をはやし、もっともらしい風采で威儀を正し、書生をお供に連れて地方を廻り、その地の一流旅館に陣取り、書画骨董なら何でも鑑定をする、望みによっては箱書もするし、極《きわ》め書もするという調法な先生が地方を廻って歩きますが、こういう先生は、美術品の鑑定と称しても物を鑑ることが主でなく、鑑定や箱書、極め書で稼いで生活している人で、どんな品でも悪くいっては商売になりませんから、何品でも大いに褒めて料金をせしめることが目的で、こんな手合に褒められたり鑑定書を添えられてはたまりません。

ある時友人の紹介で私の店へ、七十近い上品な御老人が角帽の息子さんに仁清の郭子儀の像を持たせて、この像を売って息子の学資に当てるために、わざわざ鹿児島から上京して来たといって訪ねて見えました。さて御老人が品を出して、それに添ってる例の鑑定家先生の箱書と極め書をひろげて説明に及ぶと、それには見向きもせずに西山君がその像を見るなり、これはアラ物で金にはならんものです、とやったものです。今の今まですっかり名品と思いこんで、高く売れる物と信じ切って持込んだ品をいきなりくさされたので、御老人はその場に気を失い、フラフラとなって倒れました。ややあって気を取り直し落ち付くと、カンカンになって怒って、お前のような若僧にはこんな名品は判らない、とぶつぶついって出て行きました。あとで友人に聞いたら、その御老人はそれ以来体の工合が悪くなって、一週間ほど宿に滞在し静養した上で郷里に戻られたが、それがもとで病気が重り、半年足らずで亡くなられた、と聞きましてまことにお気の毒なことをしたものだと思いました。この話を店へ見えるお客さんに話をしたところ、笑いながら、西山君が早死したのはその老人の怨みのせいだろうナア、といわれましたが、飛んでもない所へ郭子儀の像も祟ったものです。さりとは鑑定家先生も罪作りなことをするものです。

永年の間には、折々田舎からこんな品を家重代の宝物のように持ちこまれるので閉口です。ごく最近にも二三回ありましたが、こういう箱書や鑑定書の付いた物に、名品のあったためしはありません。田舎の人は純真で欺され易いから余程用心せねばなりません。

私が東北や北陸地方から蒐集品を見に来てくれと頼まれるので、お客さんや友人からの紹介の関係もあって仕方なくお義理で出張したことがありますが、まず筋のよい名品のある家にぶつかったことはありません。いつもヒマと旅費の損に終ります。それで見に行く時には、必ず仕入れた時代と仕入れ先の店を前もって聞くことにしております。地方で名品のある家というのは祖父か父が多額納税議員で議会中上京の時か、あるいは事業家が東京又は京阪地方に出張中一流店舗で品物を買ったとか、大入札等で品物を手に入れたとかいう家にきまっております。いくら金持でも、その地方だけで集めた家には、飛び抜けた名品はないようです。鮪や鯛は大海の荒波の中からでなくてはとれません。しかし、これにはやはり努力と時間と資本が掛ります。小川では小魚よりとれぬ道理です。

二番品を一流贋物と入替

東北地方のある都市で長らく骨董商を営んでおられる古稀を過ぎたある老人が、正月の中頃雪降りの寒い朝早くお孫さんを連れて私の家に訪ねて来られました。老人のいわれるには、「他に用事もあり久々にお逢いしたくなって参上いたしました」と、国産の果実や鮮魚を籠に入れて持って来てくれました。そして、「この子の父親は早死にしたので私の手で今日まで育てて来ましたが、昔と違ってこれから先は何にも知らない若い者が複雑な業界に立ち競争して行くことは並大抵のことであるまいと思うと心配になりますから、将来仕入れに上京させますから、私はもう老年で老先も短いことゆえ、今後よろしく御指導を願います。買物の真贋についてもよく教え聞かせて頂きたい」と学校を出て間もない孫さんを紹介されました。私は丁寧な挨拶を受け、かえって恐縮いたしました。孫を思う情愛の溢れる真実の姿を見せられて、目頭に熱いものを感じました。人柄が至極真面目で律義な老人です。寒い日のこととて炬燵に当たりながら種々話すのを聞いておりました。

「私は永年田舎で商売をいたしておりますが、何分にも田舎のこととて大都会と富の程度も違い、一流の高価な品物は売れません。致し方がないから田舎に合うような二三流品を扱うことになります。私はお得意さんに対して二流品の中から撰択して良いと思う品物を誠意をもって今まで納めて参りました。ところがある客人が私の店へ来ておられる内に、いつとはなしに鑑識ができたと自分の目を過信されまして、私の説明をお聞きにならず、かえって私にそろそろ講釈をされるようになりました。それはよろしいとして、お前の店には私に向く名器が出ないからと他の店や近くの都市へ出かけては、慢心して自分目利きで買われます。その上生兵法にも掘出してやろうと大それた気も出て来ましたからたまりません。悪い商人がそれにつけ込んで、天狗になっておられるのを逆に利用しておだて上げ、旦那様御鑑定を願います、と下手に出て、一流品の贋物や名器の写し物を見せて、これは如何でしょう、某旧家から出ました物でございます、とまことしやかに売込みます。幾ら値切られても贋物ですから売れます。今金がないといえば、お手持品を高く頂戴いたしますからと、真物を下取りにしたり交換して行きます。こんな調子で二三年たつうちに、以前私の納めた品物は全部贋物に入れ替ってしまいました。その間私も伺いませんし、その方も店へ来られませんでした。ところがある時突然来店され、『僕がその後集めた品を見せるから一度遊びに来給え。名品が集まったよ』といわれるので、御無沙汰見舞を兼ねて参上いたしましたが、出される品を見て驚きました。前に申しましたように二番手の真物が出払って全部一番手の贋物と入れ替っております。全く素人の天狗には困ったものです。私が二番手ながらせっかく心を込めてお納めしたことが水の泡となりました。惜しいことですが今さらなんとも申上げようもなく、お世辞にも誉める言葉が口から出ませんので、真に悪いけれども早々に帰って来ました」と老人は話をむすびました。

良き後継ぎ

古稀を過ぎた老人で若い時から事業の片手間に好きで集めた鑑賞美術、仏教美術、茶器等の優れた物が相当あつまりましたが、自分も年をとったので二人の子息に家業を譲り「兄は製造、弟は販売」で老後はお茶をやって楽しんでおりましたところ、空襲のために製造工場が全焼したので、その方はこんな時こそ自分の集めた美術品を役立たせ、売って金をつくり早く工場を復興すべきだと二人の子息に申し出たところ、常日頃老父が茶をやって楽しんだり、愛好家が見に来て感心して帰るのを何より喜ぶ顔を見ているので、今ここで売っては老い先短かい老父の唯一の楽しみをもぎ取るようなものだから、老父の存命中は蒐集品には一指もつけてはならない、「どんな苦労をしても私共兄弟の手で金策をして工場を建設しますから御心配はいりません」と断わり、どうやら金の工面をして工場を建てました。幸いに戦後のインフレのため儲け出して借金も返済しました。「余命少ない老父の好きな美術品を、これから儲けて一つでも二つでも買ってあげましょう。それが私共には何よりの楽しみです。老父が死んだ後は私共が譲り受けるのですから、せっかく集めた品ゆえ何か優れた美術品を買い足し、後日、財団法人として文化国家に貢献する美術館でも造り、老父から受けた美術品を一生兄弟で護り、願わくば祖父の遺愛品として我が子に譲りたいと思っております。こんな夢を見ているとまことに働き甲斐があり苦労も忘れます」とのことで、それがため美術品を通して兄弟仲も至極円満です。これは美術品にまつわる佳話と言えましょう。

英国の鑑賞道

先年来朝された英国の東南アジア弁務官マクドナルドさんが、僅かの滞在期間を、しかも公務に寸暇もない多忙の一と時を割いて、御自分の愛好される東洋古陶磁をぜひこの際見たいからと、某家の蒐集品の拝見を希望されたので、某家から夜分ながらこれからすぐに飾り付けに来てくれないかと私の店に電話がありました。それで私は早速店員を連れてお邸に参上し、中国、朝鮮、日本の各時代の古陶磁を卓上に並べて、御来場をお待ちしていますと、間もなく関係の大臣と一緒にお見えになり、早速一点一点実に丁寧にしかも熱心に、いかにも楽しそうに鑑賞しておられました。特に手にとって見たいと思う品は、持主の御主人に、「手にとって見ても差支えないでしょうか」と一々尋ねられ、持ち扱いの危ないと思う品は私に向かい、「どうか裏面や底部（銘）を見せて下さい」と申され、自身に解らぬ品は一々私に質問されますが、なかなかどうしてその質問が玄人はだしで、こちらが返事に困るほどで、鑑識の優れておられる上に審美眼の高いのには、つくづく敬服いたしました。

「私はこんな優品は持ちませんが、二十歳頃から好きで集めております。上海や香港でも少し買いましたが、今度は金がありませんから、次回また日本に参ります時は金を用意して来て、必ず貴店に伺い、何か御頒け願いたいと思います」と私にも丁寧に話され、陳列の品々を鄭重に見終られてからその邸の御主人に、「まことに結構な御品を拝見させて頂きました。本国でも見られぬ名品に接し、なんともいえない喜びを感じました。まことに愉快な一と時でした」と挨拶されるその物腰の上品で立派なことは、日本の教養ある茶人がお茶に招かれた時のお客ぶりに較べても、勝るとも劣らないものがあると痛感いたしました。その美術品を一つ一つ丁寧に見ておられる態度にしても、直ちに我国の茶道の精神に叶うものであり、私は思わず英国にも茶道ありと心にうなずきました。

マクドナルドさんと大臣と御主人との御三人の姿はすなわち茶道のいわゆる和敬清寂そのままで、その和気藹々《あいあい》たる光景には勝敗を超越した尊いものがありました。最後に御主人に対して感謝の御挨拶があり、私にも手を差し伸べて握手をされ、丁寧にお礼を申され、連れて行った小店員にまで「サンキュー」と挨拶されて、大臣と室を出て行かれました。私は心から敬服してその後姿を暫らく眺めておりました。この方は英国の労働党出身の政治家と伺っておりますが、一国を代表されるお役人というものは、物腰の丁寧で洗練された人格の立派な方だと、自然と頭が下りました。流石は古い文化の国たる英国の政治家です。古美術に理解があり、しかも愛好家であることには感心させられました。そして美術を通してのこの上ない親善外交を目のあたりに見ました。この鑑賞は夜の十時過ぎに終り、マクドナルドさんは翌日の午前二時には飛行機でシンガポールに帰られました。

このマクドナルドさんはロンドンの山中商会の支店にも屢々《しばしば》見えた方だということを岡田友次翁から後に伺いまして、いかにもさもありなんと思いました。岡田翁は山中商会ロンドン支店の社員として、又後には支店長として三十年間在勤された方です。今なお健在で兵庫県におられますが、先般御上京の節に次のようなお話を伺いました。これまた英国の一面を我々に教えてくれる好話柄だと存じますのでお伝え致します。

「私の店へ時々メリー皇后陛下（現皇太后）がお越しになりましたが、その都度何かと御買上げを賜りました。特に中国の磁器類がお好きで、御蒐集になっておられました。そんな次第で、時々陛下からお招きを受けましたが、その時には美術商としてではなく、美術鑑定のエキスパートとしてお招きを受けておりました。それでその場合には、御指定の時間にバッキングハム宮殿に伺候しますと、正門から通されて、拝謁を賜ります。こうして永年の間陛下から御知遇を賜って参りました。

一九三三年（昭和八年）、私が本社詰となりました時、お暇乞いに参内致しましたところ、翌日に皇后は山中商会へ御越しになり、記念として『皇后人形の家』（ルーカス著）という本に親《みずか》ら御署名になって御下賜になりました。後に一九三六年（昭和十一年）、ロンドンで中国美術国際展覧会が開催されました時に、私は日本側の出品処理委員として、ロンドンに出張致しましたが、その折御土産物を持参して皇后陛下に御挨拶に伺いました。この時も陛下は拝謁を仰付けられ、「私のことをお忘れもなく、遠路はるばる御土産を持って訪れて下され、まことに嬉しい」と御鄭重なお言葉を賜り、その上に『バッキングハム宮殿』（クリッフォード・スミス著）と申す本に親ら御署名をして御下賜下さいましたことには、私は深く感謝致しました。この二冊の御本は今なお私の手許に大切に保存してございます。一美術商人の私と致しましては、陛下の御愛情のほどは、まことに身に余る光栄で、今でも心から感謝致しております。」

あの品この物

鑑賞陶磁の今昔

私がこの道に足を入れる以前には、中国美術では林忠正さんや山中商会の山中定次郎翁、朝鮮美術では西山南天子の旧主西村庄太郎さんなどがこの方面の草分けであり大先輩でした。林忠正さんや山中翁は日清戦争の前から清国へ往来していました。翁から聞いた話ですが、向こうでは当時駕籠に乗って護身用の短刀を懐中して仕入れに方々の店を廻ったそうで、いかにもその頃の様子が偲《しの》ばれます。それから藤田弥助翁も大先輩の一人で、住友さんや藤田伝三郎さんの銅器など翁の手で納まっております。また京都の泉栄次郎さんも西村さんと同様当時逸早く朝鮮物の紹介に功労のあった一人でした。

その後日露戦争のあとには好古堂の先代中村作次郎さん、私の旧主薫隆堂神通由太郎さん、瑞松堂渡辺松次郎さん、勝山岳陽さんなども中国へ出かけるようになりました。まだ戦争後物騒な時で、露国の軍艦コレイツ・ワリャアクの沈没の姿を見ながら危険を冒して千噸足らずの小船で一月もかかって天津に渡ったそうで、当時の先輩達の意気と努力にはまことに敬服いたします。

その頃有名な蒐集家というと、田中光顕翁、渡辺千秋翁、高橋是清翁、一銭蒸気の元祖古川孝七翁、神谷伝兵衛翁、大倉喜八郎翁、村井吉兵衛翁などで、日本へ入った中国美術は大抵この方達の手に納まりましたが、それがやがて日本で中国美術や朝鮮美術のもてはやされる源流になったわけであります。もちろん当時の好みや鑑識は、その後長足の進歩を遂げた近年の蒐集家の根津さんや白鶴さんや中村不折さんや守屋さんや藤井さん、横河さんや細川さんのコレクションなどとは、その間に大きな開きがあります。それにしても、後年の盛んな中国美術や朝鮮美術の鑑賞の基をひらいた点では大きな意義があったと思います。

その後また東京では龍泉堂の先代繭山松太郎さん、野口栄作さん、江藤濤雄さん、京都では福田元次郎さん、山中松次郎さん、川合定次郎さん、大田貞造さん、大阪では浅野楳吉さん、小沢亀三郎さん、平野龍次郎さんなども中国へ往来されるようになりました。繭山さんの将来品の数々は横河民輔博士の有名なコレクションとなっております。こんな風で段々中国美術が世に紹介されるにつれて蒐集家も次第にふえて、中国美術の理解も鑑識も進み、ユーモアホプロス翁、デヴィッド卿などのコレクションに肩を並べる蒐集も生れ、外人も日本へ来れば、わざわざそれを見るために足を運ぶというほど進んで参りました。特に横河博士のコレクションが、斯界の発展に貢献したことは非常なもので、学者の研究にも大きな刺戟となりました。

明治中頃から末年にかけて煎茶が流行したので、自然中国の物も煎茶用の工芸品が多く入りました。当時は業界にも有名な松井楓川という煎茶家がおりまして、貴顕名士との交遊がありましたほどです。砡とか翡翠とか、紫檀、黒檀、鉄刀木《タガヤサン》、天然木等、唐画、蕎麦、寧窯、建窯、生海鼠などが多く入り、それが大正になってからは三代の銅器、唐宋元明清の鑑賞物が多く来るように変わってきました。銅器でも、始めは煎茶飾りに使う中古伝世のものが多かったが、大正になると土中物の優れたのが発掘将来されるようになってきました。つまり物本位、鑑賞本位になってきたので、これは大いに注目すべきことだと思います。中国で物を仕入れるのにも、資本の点では日本人は到底外人には太刀打ちできないので、資本の力に物を言わせて良否一括して大量に仕入れるという外人の遣り方に対して、量より質という粒撰《つぶよ》り主義を否が応でも執らざるを得ないので、この点から自然目が利くようになったわけでしょう。それから近年蒐集家の趣味が鑑賞物に傾いてきたのは、物本位、芸術本位ということにもよりますが、これはまた建築様式の変化にもよる点があるかと思います。つまり洋間には自然に中国物がウツるからというようなことも原因しておりましょう。

　それから朝鮮物ですが、これは初めは李朝物は安くて商売にならないので、ほとんど高麗物ばかりでした。しかしこれも古墳からの発掘品が多いので、一時は全然買手のないまで下落した時代もありました。そのために西村さんなどは、仕入れた高麗物をそのまま倉の中へ寝かせておいた始末でした。それが例の関東大震災ですっかり焼失してしまったのですが、今から思っても何とも残念な話です。その翌日西村さんの焼跡に行ってみると、西山君がおりましたのでお互いに高麗青磁の化粧箱、水注、瓶子、壺などの尤品が数々無惨な残骸をさらしているのを見て、実に感慨無量でした。また丁度その時、日本橋三越で彩壺会の主催で東洋古陶磁の展観があって、中国朝鮮日本の尤品が陳列されていましたが、陳列替のため持込んだ多くの品々ともども大震火災で焼失しました。それからこの時には大倉集古館の高麗物の名器が沢山焼けました。こういう数々の名品が関東大震災で焼失したのは、今日の発展を見るにつけても口惜しい限りです。李朝物も大正になって柳さんが推賞され、西山南天子、村上春釣堂さんが紹介するようになってから、次第に世間に認められ、値上りするにつれて日本へも渡るようになりました。こうして大正年間には中国や朝鮮の鑑賞物が次第に蒐集家の間に流行してきましたが、それは根津さん、藤井さん、藤木さんなどの有力者がこの方面にも興味をもって蒐集されるようになったことも、大いに与って力があります。

唐津発掘と倉橋さん

昭和二三年頃と記憶しておりますが、啓明会の仕事として理事の倉橋藤治郎さんの御依頼を受けて、朝鮮から浅川伯教《のりたか》先生が見えたのを機会に、先生と西山君が唐津古窯址を発掘するために約三週間に亘って調査に出張しました。主に唐津でも最も古い岸岳《きしだけ》、帆柱《ほばしら》、皿屋《さらや》、飯洞《はんどう》、椎ヶ峯、小十郎等の窯跡を調査発掘して、沢山の破片を西山君が背負って帰って来ました。なお持ちきれぬ分は鉄道便で送ったりして、これらの破片を窯別けにして壺中居の階上に並べ、研究家や愛好家の参考に供しました。これが唐津発掘陶片の始めて東京に齎《もた》らされたものと思います。沢山のこの破片を私は移転の度に彼方此方と持ち歩きましたが、これも今度の戦災で全部焼失しましたことは、浅川先生や西山君にまことに申訳ないことと思っております。

倉橋さんは彩壺会の催しの世話をしておられ、古美術関係の出版物も沢山出しておられます。民芸品、古唐津、中国朝鮮の陶磁を家の中一杯買込んで、倉庫を借りて中に積込まれました。黎明期の民芸品や鑑賞美術方面には随分尽された方です。倉橋さんは常に、自分は何も解らぬが、品物を買う時には、真贋は広田、西山両君に任せ、その中から芸術的に美しい物を青山二郎君に抜かせる、その中から又自分の好きな品物を買えばよい、いわば自分は金さえ出せばよい物が集まる、といっておられましたが、肚が大きくて清濁併せ吞む政治家的な所がありました。上野の大博覧会の事務総長をやられたことを思いましても、その人物が偲ばれます。

宋瓷と唐三彩の展観

鑑賞陶器も追々にさかんになって来ましたので、研究家や愛好家もふえまして、中国から多く尤品が入るようになって来ました。それで研究家や愛陶家の皆さんが集まったある時、一つ皆の研究的な楽しみな鑑賞会を作ろうではないかということになり、奥田誠一先生を中心に反町茂作、立花押尾、谷村敬介、伊藤駿一等の皆さんが肝煎りで陶話会という会が作られました。その研究会は毎月今の大東京保険会社の楼上会議室で催されましたが、私共も毎会そのお手伝いをしました。各自の蒐集品を持ち寄り鑑賞したり、学者や陶芸家の方々の有益な講演を会毎に聴きました。これが動機で、日本にも近年宋瓷《そうじ》の尤品が沢山入って来たから、一度その展観をやろうという話が持上って、日本橋の三越階上で四五日間陳列して展観会をすることになりました。その時西山君と私が手伝い、各蒐集家の蔵品を借り出して陳列したところ、多くは近年入った発掘物なので始めて見る物ばかりで、陶磁愛好家の間で問題になり、非常に悦ばれ評判になりました。会期中には秩父宮殿下、高松宮殿下もお越しになり盛会で、この催しは大成功でした。宋瓷の尤品が一堂に集ったのを記念に宋瓷集録の図録を作ろうという皆さんの希望で、大塚巧芸社から出たのが御承知の「宋瓷」で、題字と装幀は西山君が致しました。

近年我国へも唐三彩の優れたものが中国から沢山入りました。また侯爵細川護立さんが、外遊から帰朝されて、当時巴里で欧米の美術館や蒐集家に、中国から古美術の名品を仕入れて納めていた、世界的に有名な中国人の盧《ルー》さんの店で買われた三代銅器花瓶、金銀象嵌大盤や唐三彩の獅子、壺、花瓶、盤等の尤品をお持ち帰りになりました。その上盧さんが北京で仕入れた唐三彩の名品で、有名な英国のユーモアホプロス翁の蒐集品の中にあるのと世界に二つよりないという貼花文盤子《ちょうかもんばんす》と、蠟抜文大盤子で世界にある中の最大の寸法の物二点と、他に壺、小盤子等四五点を、欧米で売ろうと上海から乗船して渡米するお話をお聞きになって、船中へ電報を打って、横浜に寄航中に上陸持参するように申しましたところ、盧さんは船が横浜に着くと直ちに細川家に品物を持参して御覧に入れましたら、全部を即座にお買取りになりました。この名品がすんでの所で、危く米国に行くところでした。何でも、細川さんのような、美術品に対して熱情を持たれる方があってこそ、日本に世界的な名品も入るので、浮世絵をフランスの蒐集家から一纏めにして逆輸入された松方幸次郎さんなども、こういう功労者の一人であります。

熱心な愛好家があってこそ優れた美術品も日本に遺りますが、これに引きかえ成金さんは慾得づくで高く売らんがための目的で、利がつけば外国へどしどし売り飛ばす、こんな手合が多くなると、永い間にはいかに多い美術品でも遂には海外に出て行き、文化国家の意義はなくなり、それこそ国亡びて美術なく、禿山ばかりで川に水なき、全く潤いのない荒れはてた国と成り果てます。遺すべき優れた品は大切に護り、次代の子孫に譲り、永久に美術国日本の誇りとしたいものと思います。

美術品に興味を持たぬ人や理解のない人の中には、往々にして美術品の蒐集家を金持の閑人の道楽の如く思って贅沢だなどと讒訴《ざんそ》したり罵《ののし》ったりしますが、飛んでもない誤りだと思います。また美術品を持っている者に対して、税務署の役人は多くは美術品の芸術価値を知らず、目の敵のように課税しますが、これも困ったものです。税金のために美術品を持ちきれなくなり、手離した優れた品が海外に出て行った例も屢々見ておりますが、まことに淋しい思いがいたします。

私が国立博物館に寄贈した品の中に、南宋官窯の琮がありますが、これを当時の美術顧問のシャーマン・

リー博士が博物館で御覧になって、これは素晴しい名品で、世界に二つしかない、一つは英国のデヴィッド卿の蒐集品にあり、それよりもこの方が遙かに優れているから、米国に持って行ったら五万弗でも十万弗でも希望者があって必ず売れると館員に話されました。所がその話が朝日新聞に出て、これを読んだ税務署の役人の中に、私の寄贈したことに対し、高価な品を寄贈する奴は納税力のある者だから相当の課税をしても差支えあるまいと言ったということを聞いて、税務署の立場から見れば一応そう考えるのももっともかも知れないが、金があるから寄贈ができるとは必ずしも言えず、寄贈はその人の意志如何によるもので、私は寄贈したからといって減税を願うつもりはありませんが、とにかく妥当な課税を願うものです。今少し役人も美術に対し理解を持って頂きたいと念願する次第です。

唐三彩の話がつい横道に逸れましたが、先刻お話ししました細川さんの唐三彩の世界的名品の御入手を機会に、各蒐集家の唐三彩を一度陳列して一般の愛好家に見せてはと、細川さんや奥田先生の間に話が出まして、昭和三年の春、細川さんのお世話で華族会館で三日間、博物館の唐三彩も出品願い、細川家、岩崎家、下村観山さん、横河博士、岸清一博士その他各蒐集家の唐三彩を出品して頂いて展覧しましたところ、何しろ日本で初めての催しとて非常な盛会で頗《すこぶ》る好評を博しました。大形武者、獣飛翹、馬等を拝借するのに、その取扱いには非常に骨を折りました。責任上部屋の長椅子の上に私と西山君とで交代で泊ったものです。

この時も名品の一堂に集ったのを機会に図録を作ればよかろうとの話で、奥田先生の編集で東洋陶磁研究所から発行されたのが、御承知の「唐三彩図譜」です。定価三十円の限定出版三百部が、前の「宋瓷」と同様、出品者や一部愛好家に少し売れただけで、一般に唐三彩には未だ理解が薄かった所へ、墓からの発掘品だということも手伝って、永いこと売れなかったものです。

呉須赤絵図鑑

呉須赤絵も相当図変わり物が出て来て、一部の愛好家方に集まったので、これに茶器に使える物も参考に数点入れて、鉢、大皿類を集録した図録を作ろうというので、奥田先生の編集解説で東洋陶磁研究所から刊行されましたのが、「呉須赤絵図鑑」です。その時は茶器以外の鑑賞本位の安物の大皿ばかり数多く集録されましたので、三百部出版の一部十円の本がこれまたなかなか売れず、私共が北陸方面から東海道や山陽方面に仕入れに行く度に持ち歩いて、先々で頼みこんでお義理で買ってもらうやら、朝鮮中国までも持って行きました。それでも五六年は売れずに残っていました。それが後年座右宝の後藤真太郎さんの肝煎りで千部ほど再版された時は、一部三十円で瞬く間に売り切れてしまいました。これは鑑賞磁器の呉須赤絵大皿が、一枚よい物は当時一万円近く、普通品でも四五千円と値上りしたので、一流業者も争って取扱うようになり、一流蒐集家の土蔵に納まるようになったためです。やはり図録に収載された品がいかに芸術的に香り高い結構な品でも、その物が高く売れる物でないと、研究される人以外には興味がないため、従って売行が悪いものです。

鶏龍山の渡来

名古屋の商品陳列館の館長原文次郎さんのお世話で、美濃発掘の御呂《おろ》茶碗を沢山譲って頂いて東京に持帰り、店にお見えになる皆さん方にお願いしました。安いのでよく売れました。

それから京城に西山君が仕入れに出張している時に、偶然にも鶏龍山の窯跡から沢山の茶碗、鉢、徳利類が発掘されたので、それを仕入れて持帰りました。これが鶏龍山の発掘物の日本に入った始めです。ところが始めて発掘の刷毛目《はけめ》や粉引《こひき》物が来たので、茶人や茶器屋さんや愛陶家の方々に悦ばれて全部売れましたので、二三日で又もや朝鮮に引返し相当数を仕入れて来ましたが、これも安いのでよく売れました。これを御覧に今泉雄作先生が見えられて、これは使える、使えない、といろいろ見ておられて、その中に無地刷毛の茶碗を見て、この手はわれわれの方ではイナ刷毛目と申します、といわれたので、それはどういう意味でしょうかとお尋ねしますと、刷毛目がなくて無地だからイナ（否）刷毛目というと聞かされ、ヘヘェと何にも知らぬ私共は感心したものです。

その後は沢山の鶏龍山物が朝鮮から、業者や素人が儲けるために沢山持って来たので、しまいにはうんざりしました。

米国へ行った墓石

河南洛陽の唐代の墓石を北京にて私の友人が買求め、日本に輸入したことがあります。これは墓石といっても、二十数個の石板でもって部屋を成しているもので、内部の石面には毛彫りで唐代の風俗、人物や、獅子を始め種々の動物唐草等を彫った、彫刻的に見ても、絵画的に見ても、まことに芸術的な見事な物でした。

当時の服飾の参考資料としてもなかなか価値のある物でした。これをどこかよい蒐集家の手に納めたいと思い、各方面へ運動しました。五万円ほどのものでして、安田靫彦先生も特に心配して骨を折って下さいましたが、縁がなくて日本では売れず、最後に米国の確かクリーヴランドの美術館員の方が来られた時に買って行かれました。当時茶器の五万十万の品物がどしどし売れていた時でしたが、一個の茶入の値段で買えるのですが、用途がない墓石ということで買手がなく、今思い出しても惜しく残念至極に思います。この墓石の拓本は、今でも有名な愛好家や画伯方の御手許にこの時代の風俗を知るに良き参考資料として残っております。今から思えば何でもないことながら、物の価値を見てくれる人のない時は仕方のないもので、何時の時代でもこんなことはあるものです。何時の時代でも先覚者の出現が必要であります。

名品を日本に留める

山中翁が、前清の皇室から香港の銀行に担保に入っていたものを全部買求められ、欧米で売るために船積みの都合で神戸の保税倉庫に預けてあるのを、近く品を欧州向けと米国向けとに仕分けて送り出すので、本社で荷造りをして発送するとの話を聞き、その際私の勉強のため、ぜひ発送前にお見せ下さいとお願いすると、ああよろしい、電報を打ったら来なさい、といわれて帰阪されましたが、四五日して電報で、すぐ見に来いと知らせがあったので、早速西下、大阪の本社に行き、階上にずらりと並べてあるのを見ると、なんと宋均窯、定窯、アップル・グリーン、ピーチ・ブルーム、天藍、ブラック・ホーソン、古月軒、粉彩、豆彩、いずれも欧米向きの結構な物ばかりなので、大変驚きました。これらは日本向きではないが、この中の品をたとえ一点でも何とかして日本に留めたいものと思って、翁に向かい、東京で売れるかどうか判りませんけれど、お客さんに是非《ぜひ》見せたいと思いますから一二点でも拝借させて貰えませんか、とお願いしますと、翁はああよろしいとも、何点でも持って行きなさい、売れなくとも決して心配は要らぬ、と親切にいわれましたので、御好意に甘え、私が持てるだけ持って行こうと思うと、翁は、自分の方の社員にも持たせるから、君の好きなだけ持って行きなさい、といわれ、社員の方と共に、天にも昇る心地がして東京に戻りました。早速壺中居の階上にその品々を並べて、お客様方へ案内して来て頂き見て貰いました。蒐集家の方々にそれらの品をお勧めしてほとんどお買上げを願いました。その時に、故人になられた長与博士、横河博士もお越しになりました。横河博士寄贈の博物館の古月軒の盤子を始め、某家にある宋均窯、宋定窯、某家にあるピーチ・ブルーム、天藍、某家にあるアップル・グリーン、粉彩、豆彩等は、その時翁の御好意により、欧米に行くはずの品々が日本に留まったものであります。

納入品の秘話

永い年月の間には数々の秘話がありますが、今でも頭に残っている話を一つ二つ致しましょう。

「わかもと」の長尾さんの名物の仁清藤の茶壺、あれは昭和八年六月、松本双軒庵さんの売立の時、長尾さんからの注文で私が落札したのでした。その時の話ですが、藤の茶壺を東京の本邸へ届ける時、京都の柊屋《ひいらぎや》旅館に滞在中の長尾さん御夫妻が私に、これは自分が買った物ではあるが、国宝だから万一粗相があってはならんから、一等寝台車で（二等寝台を買い求めたのに）大切に持って行ってくれ給え、と言われました。

私はその責任の重大さを感じ車中一睡もせずに寝台の上で一晩中これを抱き、東京へ着いて本邸へお届けしましたら、玄関番の方がいつものつもりで内玄関へ廻って下さいと言うので、そこで私は、今日はいつもの道具屋の広田でなく国宝の御入来だから、といってわざわざ表玄関を開けて貰って御座敷の床に飾り、無事な姿を見届けて土蔵に納めました。この壺の落札の時に西山南天子君が重い病床から一句、長尾さんへ

懐に光り落つ星涼しけれ

と祝電を打ってくれました。これまた忘れられぬ思い出の一つです。

不注意名器を損ず

我々業者が数十年間品物を取扱い手馴れていても、一寸した油断や不注意から時々粗相をして品物を損ずることがあります。まして品物の扱いに経験のない人や、馴れない素人や、新来の小店員に、名器を不用意に取扱わせたり又は持運びをさせることほど危険なことはありません。これは我々業者のみではありません。表具屋、紫�屋、箱屋、塗物屋、修繕屋等が古美術全般の品物に対して加工を施す場合でも同様で、充分手馴れた者が特に注意して取扱わねばなりません。永年の間に業者や出入りの職人の所で名器を損じた例を幾度か聞きました。数千数百年の昔から今日まで幾多の災害を免がれ無事に伝世して来た古美術品を現代の我々が毀《こわ》したり損じたのでは、次代に疵物として渡すことになり真に恥かしいことです。今日まで恙《つつが》なく伝えてくれた我々の祖先に対しまことに申訳なく相済まぬことだと思います。特に商売上貴重な国宝や重要文化財等を取扱う立場にいる我々業者は、主人はもとより店員も共々に貴重な美術品に対して特に愛情をもっ

て取扱いを慎重丁寧にすべきです。

不注意のため名器を損じた例を二三申上げましょう。私の先輩で永年中国通いをされた瑞松堂渡辺松次郎さんが、数々の名器を日本に将来され、当時の愛好家の渡辺千秋、田中光顕、大倉喜八郎、村井吉兵衛、神谷伝兵衛、横河民輔等の皆さん方に納品されておりました。この渡辺さんがある時、北京の清朝の皇族から出たという乾隆在銘の白砡《はくぎょく》で色の白きこと無類に美しい四ッ環付共蓋龍彫丸花瓶の尺二寸ほどの名品と水晶の香炉を持ち帰りました。早速紫紱を造らせに近所の袋物師重岡さんへ届けました。そこで主人が自分の仕事場の側に品物を置いて紫紱を造っていたところ、型を取るのを終ったので、自分で片付ければよいものを、馴れない小僧に言付けたがために、小僧があやまって手から辷《す》べらして倒しましたからたまりません。側に置いてあった水晶の香炉にぶつかり鉢合せをして、花瓶も香炉も毀れてしまいました。主人は肝を潰して喫驚仰天したが後の祭で、もはや取返しがつきません。砡器と水晶では修繕しても効果はありません。致し方なく主人が小僧を連れて渡辺さんの所へお詫びに来ました。渡辺さんも大金をかけて北京から仕入れて来た名器なので、紫紱や箱を造って大倉さんか神谷さんに納めて儲けようと思っていた矢先なので驚きましたが、しかし主人の注意が行届かなかったため小僧が粗相したことでなんとも申訳ないとお詫びをされて、重岡さんの申出でで、北京での仕入元価が白砡花瓶三千五百円、水晶香炉が千五百円、二点で計五千円の全額弁償は「職人の細腕ではとても不可能ですから、災難と諦めて頂き、せめて半額の二千五百円でも弁償させてもらいます。ただし職人の懐では無論即金ではお支払いはとてもできませんから、今後品物の加工料金から半額ずつ支払わして頂きたい」と双方了解の下に話がまとまりました。ところが全部弁償を終るのに、なんと数多く仕事を納めながら三ヶ年もかかりました。

私が若い時に種々お世話になった恩人に、お役人さんでKさんという方があります。その方がある時色絵鍋島花文様の三足香炉を持参されました。見ると優れた品でもなく二番手物です。「上役の省の局長さんから頼まれたから、箱と台を造ってもらいたい」と申されるので、早速出入りの紫檀屋さんへ頼み品物を渡しました。ところが二三日してから紫檀屋さんが顔色を変えてやって来て、「実は真に申訳のないことが出来ました」というので、なんのことかと尋ねると、「先日お預りした色絵鍋島香炉の足を一本折らしました」と元気のない御挨拶です。私はそれを聞いた途端に肝を潰し驚きました。頼まれたKさんの物ならまだしも、上役から頼まれた品物ですからKさんがどんなに迷惑され困られるかと思うと、私は心配でいても立ってもいられぬ心地がいたしました。自分の預けてある品物でも毀してくれたらよかったものをと思っても、今さらどうにも取返しがつきませんから、このことを早速役所のKさんへ電話で知らせたところ、あわてて飛んで来られましたが、しかし毀れた物が直るわけでもなし、上役に対する不仕末から迷惑そうな顔をしておられるのを見ると、私は一層心が辛くなって来ました。出来たことは致し方がないから、夜分局長さんの家へ紫檀屋さんと私とKさんと三人で預り品を持参の上お詫びに行くことにして、種々相談の上相当な贈物を支度して局長さんのお宅へ上り、事情を述べ三人で平身低頭お詫びいたしました。御本人にしてみれば相当高価に買った品ゆえ名品と思ってござるので、その瞬間なんともいえない嫌な顔をされました。それを見た私は頭から冷水をかぶせられたように全身ぞうっとして冷汗をかきましたが、「出来たことは致し方がない」とどうやら不承不承お許しを得て腹なでおろしこそこそと帰って来ました。人のあやまちでこんな辛い思いをしたことはありません。紫檀屋さんは箱や台の加工料の損、私は破損修繕料と相当な手土産品の損、Kさんは上役の局長さんの愛玩品破損で感情を損ねた上に顔がまる潰れ、自分のことでもない人から頼まれたことのためにあちらこちら迷惑だらけ、真に引合わぬことです。この事件にはおまけに後日物語があります。数年後にその局長さんが逝去され、愛蔵品が美術倶楽部へ処分に出ましたが、その中に因縁付きの例の鍋島の香炉がありました。あの時えらい難儀をさせられたので、よせばよいものを興味も手伝い記念に買いましたところ、店員が品を運ぶ時にどうしたはずみか落したために、疵の足は折れずに完全な足二本が折れました。どこまでもたたる香炉で、嫌になって厄落しのつもりで、即座に競売に出して売飛ばしたところ、なんとそれが買値の十分の一になりました。損得でなく目の前から品物がなくなって気持がせいせいいたしました。

私が奉公時代のことですが、主人の友人が某旧家から色絵仁清向獅子《むかいじし》香炉の名品を買って来ました。幾らか自分の踏値より安く入手できたので、床に飾って独りながめながら、これでたんまり儲かるわいと心ひそかに悦に入っているところへお客さんが来られて、その香炉を見るや否や、「気に入ったからぜひ譲れ。値は君に任すから」といわれたので、相当な利益を頂いてお願いすることにいたしました。お客さんが帰られた後で、儲かって気分が良いので、いつも行く待合へ遊びに出かけました。その時小僧にその香炉を客先へ届けるように言付けました。ところで合点をした小僧は、主人の注意の足りないため高価な品とは知らず、その香炉を早速風呂敷に包み自転車のハンドルに結び付けて出かけました。ところがお客さんの邸の前まで来ると、向横丁から突然走って来た若い職人の乗った自転車と出合い頭に真正面からもろに衝突して、双方共その場に車体もろ共ひっくりかえって、小僧は投出された上、相手の職人にはいやというほどなぐられて体に数ヶ所の疵を受け、やっとのことで起上り痛さをこらえ、あわてて風呂敷包をといて中の品物をこわごわのぞいてみると、こはいかに、原形を留めず滅茶苦茶に毀れております。ショボショボと店に帰って、主人が帰宅してから事情を話しお詫びをしましたが、もはや後の祭で如何とも手の施しようもありません。せっかく安く買って儲かったと思い、喜んだのもほんの束の間で、糠《ぬか》喜びに終りました。

こんな話を聞いているので、私は独立してから株式会社壺中居を創立するまでの二十数年の間、多くの店員も置きましたが、自転車は絶対に置きませんでした。そのため不自由なこともあり、店員からも度々都合が悪いと不服をいわれ、置くように希望されましたが、最後まで置きませんでした。又他から借りて使用することも固く禁じました。

またこれはよくあることですが、土蔵の中などに年久しく蒐蔵されていたために、器物を入れてある箱が鼠害や虫喰いで傷んだり、箱を包んである裂地《きれじ》や紐がムサって弱くなっていたり、新造の鉄筋コンクリートの土蔵や室の生乾きの中に蒐蔵したため、湿気で箱の釘付や膠糊付が緩んだり、又は包んだ裂地や紐が弱っているのを知らずに、そのまま品物を持ち運ぶ時に包裂が破れたり紐が切れて、箱を取落したり、箱の底が抜けて、品物を落して毀す場合が往々あります。品物の取扱いに不馴れな者は特に注意せねばならぬことです。品物を持つ時には、裂地で包んである物や、紐で結んである物は、軽い品物でも必ず包や紐の結び目を持つと同時に片手を箱の底にあしらって運ぶこと、包や紐の付いていない箱は、両腕で抱え指先で底を支えて運べば間違いがありません。不用意のためあたら名器を取落して毀した例が沢山ありますから充分気をつけねばなりません。

その他種々破損物語の悲劇を聞いております。美術品という物は買う人の鑑識で掘出しもあれば格安で仕入れる時もあります。その品物を毀した場合、買元価の損失になるのでなくその品物の売値が損失になるわけです。毀した仁清向獅子香炉は、仁清が焼成してから数百年完器として伝わって来た（生きて来た）のに、一寸の不注意から一瞬にしてこの世から姿を消した（生命を絶った）ことは、惜しみても余りあると同時に、次代の業者がそれを扱って儲けることもできず、愛好家は買って楽しめず再び見ることのできぬのは、真に淋しい思いがいたします。客も業者も誰れ彼れを問わず、美術品を取扱う以上は名器凡器にかかわらず充分注意をいたさねばなりません。

身をもって名品を護る

山中翁がまだ若くてニューヨークの支店にいた頃、客が来て名品で高価な屏風を買ってくれたので、近くの事務所まで届けるため瘠身短軀の翁が自身で重いものを肩にかつぎ、街路の四つ角まで歩いて来ると、突然サッと吹いて来た風にあおられました。飛ばしては大変としっかりと両手で押えていると、風車のように屏風もろとも廻転しながら街路を辷って行って、最後に地上に屏風もろとも抛《ほう》り出されて倒れました。しかし屏風を損じまいという一心は恐ろしいもので、顔や手足には打撲傷や擦り疵を負いながらも、屏風には少しの損傷もなくそのまま無事に客先へ届けることができました。さて安心した途端に傷が痛み出し歩けなくなった、と翁が笑いながら話されたことがあります。

西山君の主人西村庄太郎翁がある時客先から古九谷の名香炉やその他二三点焼物の名器を買求め、風呂敷に包み人力車に乗って膝の上に大事に抱えて心嬉しく帰宅する途中赤坂霊南坂まで来ると、突然車夫が石につまずき前につんのめりばったりと倒れました。途端にそのはずみで上に乗っていた西村翁は、頭の方から逆さまに前へモンドリ打って抛り出されましたが、その瞬間体より品物を毀しては大変と思わず包を海老の如く腹に抱込み両腕でしっかりと押さえながら、ゴム毬のように坂の中途を二三転しました。身体に数ヶ所の打撲傷を受けましたが、痛さを忘れて心配しながら恐る恐る包を解いて中を調べると、品物には何らの損傷もなく全部無事でした。品物を大事と思い全身をもって品物を包んで護ったためでした。安心して胸なでおろした途端に体中が急に痛み出し、四五日床につきました。

京都のさる有名な茶道具商の番頭さん（後年一流の業者になられた）がある年の暮に、お得意のお客さんが店に来られて正月に飾るため買ってくれた、二枚折の屛風を届けるように主人から申しつけられました。その屛風は円山応挙筆の若松に雌雄の鶴二羽を描いた名画でした。これを肩にかついで両手で押えながら三条大橋の上にさしかかったところ、比叡山から吹き下す突風にあおられ、屛風を橋の上から三条河原に吹き飛ばされました。喫驚仰天《びっくり》、思わず自分の身の危険も忘れてそのまま後から河原に飛び下りました。屛風は半分水にひたり今まさに流れ去らんとしているのを見て、着のみ着のままで水中に飛込み引ずり上げました。外部は白木綿の裂地で包み紐で堅く結んであったので、解いてみると裏が数個所破れており、心配しながら中を開いてみると、ピッたりとくっついていたので中へは水が入らずに表具の縁が少し濡れているばかりで、大事な画面には少しも損傷がなかったので、自分はズブ濡れになりながらも喜んで店に持ち帰り、早速表具屋を呼んで濡れた所を手入れをさせて、裏をきれいに張替え、無事に客先へ納め、お正月飾りに間に合せることができました。

戦争中あの熾烈な空襲下に戦禍を免がれた法隆寺を始め、金閣寺や松山城の一部など世界に誇る有名な建築物が、中に保存された由緒ある古美術と共に、不注意による失火のため次々と焼失したことは、文化日本のために甚だ遺憾なことです。京都の有名な智積院《ちしゃくいん》もその一つです。院内の各室に国宝の桃山時代の障壁画があります。山楽筆と称せられ、桃山期の代表的な豪華絢爛な絵画です。火事は付近からの出火で、智積院に猛火が今まさに燃え移らんとする際に、京都博物館に寄宿しておられた館員の藤岡了一さんが、これを見るや否や逸速く駈けつけて、院内に寄宿の学生十数人を手伝わせ、督励して床に塡《は》め込まれた壁画を小刀で切抜いて剝ぎ取ろうとしているところへ、後から博物館員の方が数人駈けつけて来ました。その中に幸いにも表具の知識のある方がいて、障壁画を現形のまま取外すことを教えてくれたので、炎々と燃え盛る中を智積院の全障壁画の内の三分の二を屋外に無事に運び出しました、後の一部は惜しくも建物と共に烏有に帰しました。出火と同時に駈けつけた人の話によれば、智積院にいた人の中に突然の出火で狼狽のあまり、智積院の生命ともいうべき障壁画の取出しを忘れ、自分の身の廻り品や家財道具の持出しに夢中の人もおりました。藤岡さんが近くにおられ、身命を賭して諸氏を督励して持出されたればこそ、貴重な障壁画は助かりました。京都博物館に陳列されている障壁画の前に佇み、桃山時代の巨匠の立派な筆蹟を眺める時、藤岡さん始め取出しのために奮闘された各位に対し、心から感謝の念を禁じ得ないものがあります。

太平洋戦争の際空襲で全国の大都市が焼失したため、数多くの貴重な美術品も共に焼けました。しかしながらあらかじめ空襲に備えて各自の美術愛護の精神から、輸送困難の折にもかかわらず、必死の努力で逸早く安全地帯に疎開されたお蔭で、幸いに幾多の名器珍什が無事に残りました。そんなわけで名品の焼失は案外少ないと思います。

これにひきかえて、大正十二年の関東大震災は空襲と違い突発の災害のこととて、無論疎開などできるはずのものでもなく、美術品が家屋の倒壊で破損したり焼失した数は相当なものだったと思います。各所に燃え上る火災のため品物を持出す暇もなく、絶間なく起る余震のため身の危険を感じて家屋内に品物を取りに入ることもできずそのまま焼いた物も多く、せっかく危険を冒して持出した品物も橋が焼け落ちたり火に囲まれて品物をその場に遺棄して命からがら避難した人も沢山あります。名家旧家に蒐蔵された名器珍什が、恐らく空襲で焼失した数よりも震災で焼失した方が比較的多いのではないかとさえ思われます。当時日本橋浜町に常盤家という有名な料理屋がありました。旧幕時代から続いた旧家でしたから書画骨董にも相当名品がありました。特に伝来の家宝で有名な南宋砧青磁と称せられる浮牡丹瓢形瓶《うきぼたんひさごがたびん》がありました。同家へ政界や財界の名士が会食のため来訪されると、床の間に豊彦筆極彩色の牡丹唐獅子の画で金更紗表具の大幅を懸け、

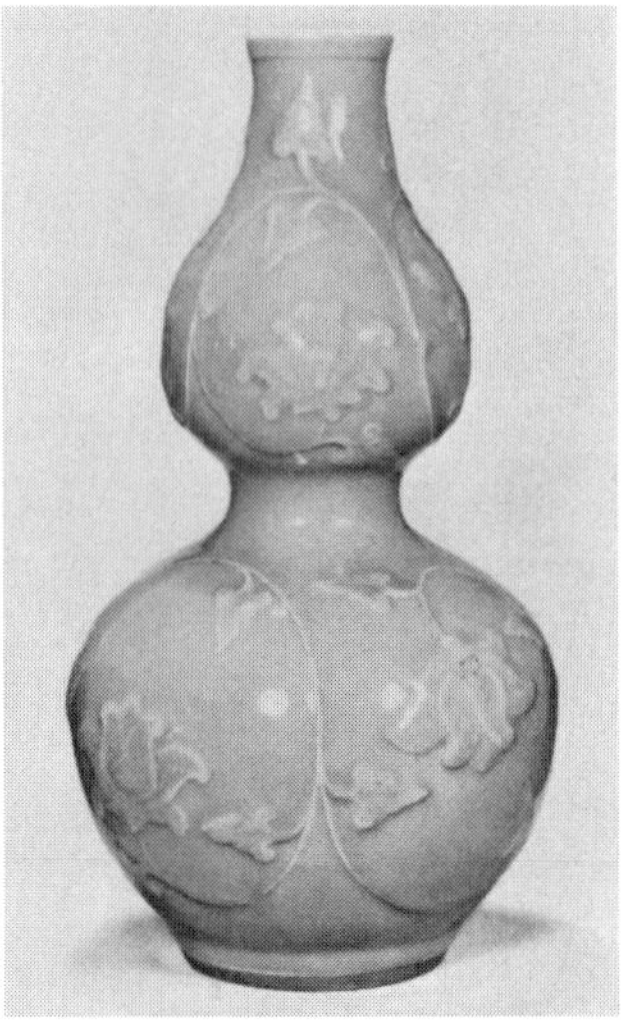

南宋　龍泉窯浮牡丹瓢瓶

その前へ右の青磁瓢瓶に花を生け、自慢で飾られたものです。品の出し入れはいつも主人が自ら取扱い他の者には決して手をふれさせなかったものです。家族の者はもとより使用人たちも日頃からこの青磁瓢瓶の貴重な品であることを主人から聞かされておりました。ところが九月一日の大地震の時、浜町方面は火災が各所に起り、火の手が猛烈な勢いで追って来たので、常盤家の家族一同も身が危険なので着のみ着のままで飛出し避難いたしました。その時奉公人の男衆（車夫との話もあり）のＳさんが、主人が兼ねてから大切にしていた青磁瓢瓶のことを思い出し、一旦避難したのを引返し、迫り来る猛火に加えて頻々として起る余震の中を身の危険も忘れて土蔵に飛込み、青磁瓢瓶を持出しました。猛火に包まれながら背負い浜町河岸まで逃れて来ましたが、道路一面に持出した家財道具や避難者で身動きもできず、火勢が益々猛烈となり道路の家財道具に燃え移り出したので、もはや絶体絶命進退谷《きわ》まって、その場で箱から品物を取出してそれを抱えたまま無我夢中で隅田川に飛込みました。河岸近くの浅瀬に浮び火の子を浴びながら、火勢のおさまるまで一晩中青磁瓢瓶を抱いたまま水につかっておりました。河岸の道路に逃げ遅れた人々は、家財道具と共に無惨に焼死しました。Ｓさんはせっぱ詰って川中に飛込んだばかりに死中に活を得て我身は助かり、青磁瓢瓶も無事に護り通せました。これがため常盤家ではこの青磁瓢瓶を後日処分して家族の者が助かったと聞きました。忠実な一雇人が身命を賭して名器を救った貴い物語は、この青磁瓢瓶と共に今なお美談として遺っております。この青磁瓢瓶は今では茶器蒐集で有名なお茶人さんのＨ家に所蔵され、大茶会などに出品されて愛好家や我々業者の目を楽しませてくれております。

日本に対し深き理解をもたれる先年来朝の仏蘭西のグルッセ博士の言葉を思い出します。博士は「中国では美術品を地下に永年大地が護り伝えて来ましたが、日本では美術品を地上に人が護り伝えて来た」と申されました。現代の我々も貴重な美術品を保護して、後代に伝えるべきでしょう。

憧れ品の片思い

昭和の初め頃某大名の売立会がありました。古書画、茶器、蒔絵、能衣裳、刀剣等数々の名器珍什の中に唯一点遠州公箱書の李朝染付花鳥文扁壺《へんこ》の珍品が交っておりました。李朝染付はほとんど大抵は二十世紀の前半に朝鮮から将来されたものと思いますが、この扁壺は遠州公の箱書のあるところからみると、おそらく文禄の役頃に朝鮮から入った物と思われます。おおらかで優雅な形の両面に描かれた文様は気品高く、花は微風にそよぎ鳥は囀《さえず》るが如く、静中に動の感じを深く受ける、李朝陶器の優れた特徴を多分に持った名品と未だに印象に残る私の最も好きなものです。定めし初期の大茶人の優れた審美眼によって採り上げられたものでしょう。当時はまだ李朝染付など一般美術愛好家には何の感興も惹かず、問題にされない時代でした。私共が好きであまり欲しいので盟友西山君と相談して、金もないのに手張りで力いっぱい入札いたしました。それは確か五百円ほどでしたが、その上僅かの違いで金沢の商人に取られました。早速その人に利付けで譲受ける交渉をしましたところ、すでにその業者の手から金沢の某料亭に納っていたので、客の注文だからといって断わられたのは全く口惜しく、その当時は買い損じて掌中の珠を逸した如くに悲しみ歎きました。これを忘れかねて西山君はよくこの扁壺を絵に描いておりました。鑑賞美術を扱う私共にとってはたまらなく好きな名器で、いつまでも忘れ難いものの一つです。

西山君歿後五回忌を迎え法要を営むについては、同君の霊を慰めるために、生前あれほどあこがれていた李朝染付扁壺に一輪の花を生けて仏前に供えたく、金沢に出かけて所有者へ出入りの業者に事情をよく話し、値段を任せて譲受けを申込みましたところ、幸い所有者が承諾してくれたと現品を持って参りました。私はわざわざ金沢まで来た甲斐があったと心から嬉しく感謝して、先方の希望の代金も支払い、帰京しようと金沢駅まで来て、列車の寝台に現品を持ち込み、やれ、よかったと喜び、一服していると、発車の間際になって、仲介の労をとってくれた業者がアタフタと列車内に飛び込んで来て、「急に持主の気が変わって、売るのを見合せるから品を戻してくれと無茶を言ってきかないから、真に申訳次第もないが、改めてお利付けをするから何卒戻して下さい」と顔色を変えて平身低頭して平あやまりに謝まり、「自分にとっては平素お世話になっている大事なパトロンで、この品を戻さねば今後出入りができなくなるから、どうぞここのところは私を助けると思ってぜひお戻し願いたい、後日売る場合には必ず貴殿にお売りすることを誓って約束致しますから」と品物を手に持って離さず、話最中にやがて発車の汽笛が鳴り響くので、仕方なく出発を見合わして一応話をつけるためその業者と共に宿に戻りました。持主と業者の間にいかなる行違いがあったものか知らないが（後に聞くと、なんでも父親は儲かるから売ってくれたが、芸術家である息子が帰宅してこれを聞いて強く反対したものらしい）、男同志が取交した商売を破約して自分の死活問題であると言われ謝まられては、真に残念ながらこれ以上業者を苦しめることもできず、無理から品を持ち帰って仏に供養することも気分が進まないので、心残りではあったけれども致し方なく、翌日の夜行で帰って来ました。

その後交渉してくれた業者が死んだのと、西山君の十回忌も近づいたので、商用で金沢に出張したのを幸い、所有者の料亭に食事に行き、主人に直接譲受けの交渉をしたところ、「今のところ手離す気はないが、それほどお好きな物ならお貸し申してもよいから法事にお供え下さい。もし売る時は先の因縁もあり必ず貴殿にお譲りします」と確約してくれました。借受けてまで供える気持もなく、「譲られる際にはぜひ頼みます」と別れて帰りました。

西山君の十五年忌もそろそろ近づくので、思い出多い扁壺がほしいものだが又一度お願いしてみようと思っていたところ、金沢の某業者の手を経て鎌倉在住の某愛好家に納ったことを後から知りました。その家へ出入りする業者に聞くと、利が付けば売る人だとの話しなので、多少意地も手伝いこの度はぜひ買求めたいものと、交渉を頼みましたら、いかほどなら買うかとのお話なので、お買値の倍額にお譲り願いたいと申し出ました。すると、今は売る気がないが、その内倦きて手離す時には必ず貴方に譲るから、とのことなので、今度こそは我が手に入るものと信じ、その日の来るのを楽しみに待っていましたら、半年もたたぬのにいつの間にやらその品物が関西の蒐集家某氏に納っているのを聞きました。

今まで別に値段の問題には触れず、所有者の希望値で買うつもりでしたが、今度は自分で出した値段を客と業者に踏台にされ僅かな差で他へ持って行かれたのです。それなれば前約のある私に手離す前に一応相談をしてくれればよいものを、人の買う値ならば私も買うのですが、前者も後者も何の挨拶もなく他へ売却されるから困ったものです。縁のない品物はいかに努力しても買えぬもので、二十数年この方あこがれて追廻し、一度は我が物にしたいと思っても実現せず、未だに片思いで、こうなっては諦めるべきでしょうが、しかし自分ばかり信義を守っても、相手の客や業者が約束を守らぬ不徳義には困ったものです。少しでも高ければ何の断りもなく男同志の約束を弊履《へいり》の如く棄てて顧みないのは、真に淋しいことです。初恋以来二十余年、一度思いをかけた相手を、片思いとは知りつつも、また半ば諦めつつも、いつの日か縁あって我が手中に入らぬこともなかろうかと、一抹の望みをかけて、あこがれの夢をなお見つづけております。

盗難品振出しに戻る

石川五右衛門のせりふではないが、いつの時代を問わず、平和の時でも乱世の時でも、不況時代でも好況時代でも、盗人の絶えぬのがこの世の中です。盗難は常に金銭が主なものでしょうが、その他では衣類、貴金属、宝石等が大部分を占めております。これらは類似品が数多いのと、盗んだ土地で処分せず、遠くに持出して処分したり、又は原形を崩したり、金属の如きは潰してしまうので、二度と元の姿を現わすものが少なく、迷宮入りをしてしまいます。

ところが、書画骨董の美術品を盗られたり、好きがもとで万引された場合は、機械で製造された同形のものがないのと、いかに同形のものでもどこかに違う所があり、また箱や紫紙が付いているので一層発見がたやすく、たとえ裸かにしても姿を変えたり潰すということはできないので、そのまま質屋に入れるとか、他の地方に持出して処分をしたりするので、永い間にはどこかへ流れ出て姿を現わします。これがまた名品ほど都会の方が高値に売れるから、田舎で処分した品でも転々して、都会で盗んだ品がやがて都会に出て来るのが早いようです。たとえば、盗んだ者が品物の値打ちを知らずに三流商人の手に売ったといたしますと、水は低きに流れて遂には大海に入る如く、それを今度は二流の商人に多少利を得て売ります。上に行くほど儲けが大きくなるから、二流商人はまたそれを一流の商人なり一流の客人に売ります。一流商人や一流客人というものは数が少ないから、お茶会や鑑賞会やお互いの交友があったりして、その時に発見される率も多く、従って早く判明致します。

私共でも一二回こんな話があります。あるデパートで展観即売会を催したことがあります。その時万暦赤絵丸香合を三千円でお客さんが買ってくれました。それをデパートの女店員が包紙に包み紐で結び硝子ケースの上に置きました。客はそれを受取りながら、なおケースの中に陳列してある他の品に気をとられて一所懸命に眺めておりました。暫くしてから右の香合を持って帰ろうとしたところ、さて見当たりません。喫驚して場内をあちらこちら一同手分けして探しましたが、盗まれたものか到頭出て参りません。致し方なく、客人にばかりも損をかけられぬので、私共の買元価としてデパートと私共と客人の三者等分の損害としてケリをつけました。

さてこの事件があってから約三ヶ月ほど経ってから、ある客人が私の店へ来て、「ある商人が千円といって持込んだが、買おうと思うが見てくれ」といって来られました。見ると、三ヶ月前に盗まれた品です。箱も紫袱も同じです。早速持込んだ商人を追究し、その先きを調べて行くうちに、盗んだ犯人が水戸の方で処分したものらしく、その犯人は判りませんでしたが、第一番に買った業者に元価の三百円を支払い、種々お世話になった方々にも挨拶して費用を加算して私共の手元から五百円出して、私の方で八百円損として、三千円に買上げて下さったお客さんへ損をかけずに納めました。私の方では結局二千二百円でお願いしたことになったわけですが、元のお客様に無事にお納めできたことが何より嬉しいと思いました。

それから又こんな話があります。ある同業者の店へ大阪の友人（業者）が来て、四五点買ってそれを鞄に入れて、帰阪のため東京駅に行き、足許に鞄を置いて、切符を買うので窓口に気をとられている一寸の隙に、その鞄を盗まれました。早速交番に急報したが後の祭で致し方なく、仕入れた店に早速このことを知らせて、次の列車で帰阪しました。ところが一ヶ月ほど後になって、その業者の店へ若い男が風呂敷包を下げて、品物を買ってくれといって来ましたので、中を開いてみて驚きました。つい先頃大阪の友人に売り、東京駅で盗まれた品物の中の一点です。店主が早速気を利かせて、「この他にまだ何かありませんか」と聞くと、二三点あるとのことで、これはてっきり犯人と思い、早速裏口から近所の交番に店員を走らせて、このことを知らせました。しかし自分の店から縄付きを出すに忍びず、警官と打合せて、「この品物は向きませんから」と断り、表へ出て通りを半丁ほど行ったところで、警官に合図して取押えてもらいました。警察署で調べたところ、まだ一点も処分せず、残品全部家に置いてあったので、そのまま品物を引取り、金銭の損失はなく、このことを早速大阪の友人の許へ知らせて、品物は鉄道便で送ってやりました。

こんなことはほんの一例にすぎず、永年の業界にはよくある話で、こんな風に盗難品が振出しに戻った例は数々あります。

難民を救った美術品

旧幕時代の熊本藩の領主であった細川家の当代の元侯爵細川護立さんが終戦前私の店に遊びにお越しになられた時に、二三の客人と共に古美術についての雑談に花が咲き、細川家の有名な血達磨の幅の話や宮本武蔵の画の事などお伺いしたりしているうち、私は細川さんにお尋ねいたしました。「細川家は三斎公以来有名な茶人のおられた由緒あるお家柄ですから、さぞかしお茶器は無論のこと名器珍宝が沢山伝来していることでしょう。それをぜひ一度拝見させて下さい。お国許の熊本まで何時でも出かけます」と申上げたところ、細川さんの仰言るには、「誰でも皆さんは一様にそう思われるらしいが、ところが始めの頃には相当な名茶器類があったらしいが現在では私の家には、先祖伝来の茶器はもとよりその他の美術品も大して残っていない。そのわけは、何代か前の徳川時代のある年に国許の熊本地方に非常な飢饉があって、領内の住民が大変難渋したことがあるので、その時ある家老が、背に腹は替えられぬと、茶器の名品やその他の美術品を殿に内緒で夜中ひそかに土蔵の中から持出し、千石舟に積込んで泉州堺に運び、これを京坂地方で全部売り払い、その金で各地で米を買集め、舟に積込んで持帰り、それを難渋している人々へ施米して当場の危急を救ったという事が記録にある。その家老が大事な宝物を殿に無断でこんな大それたことを仕出かした罪は千死万死にあたると覚悟して、切腹してその罪を謝するつもりで登城して恐る恐る殿に拝謁を願い、ことの次第をつぶさに言上したところ、それをお聞きになった殿は、家老の言葉を聞き終るや否や、それは良いことをしてくれた、とお喜びになり、お茶器を始め他の美術品を集めるのは、金持の閑人の趣味や道楽の贅沢のためばかりではない、それによって先人の歴史も知り、学問も出来、身に教養をつけることになり、心を豊かにするためである。取りわけ不慮の災害に、集めた美術品が難民を救うのにお役に立ったということは真に茶道の精神に叶ったことで、こんな嬉しいことはない。自分からもあらためて厚くお礼を言うぞ、とその労苦を十分ねぎらい、その家老に対しては特別の加増をされたという言い伝えがある。こんなわけで私の家にはそれ以来茶器らしい物も他の美術品もあまり残っていないのだ」と承りました。

年代を三期に分ける

明代焼物の官窯の名器は、ほとんど江西省饒州府景徳鎮で焼成されました。清朝の康熙雍正乾隆の清朝精器で、西洋人が万金を投じて購い求める品々もほとんど景徳鎮で焼成された物であります。景徳鎮の名は、北宋年間にこの土地に官窯を設置されたために呼ばれるに至ったと称されております。

明代三百年、清朝時代二百五十年間に製作された美術品を、私は前期、中期、後期、と分けてみますと、永楽、宣徳、成化を初期、弘治、正徳、嘉靖、隆慶、万暦初期までを中期、万暦中期より清朝までを末期と見ます。

初期は、漢民族の文化を回復するために日本、南洋、印度、中央亜細亜方面とも盛んに貿易をするようになりましたので、従って陶磁器も盛んに焼成されるようになりました。初期の法花、青華、赤絵、青磁等も、勃興民族の盛り上る意慾の逞《たくま》しさが反映して、形の上にも、文様においても、まことに力強く堂々としています。文様は多少古拙の感じはうけますが、それがまことに味い深く、豪放とも豪快とも譬《たと》えようなき逞ましい感じを受けます。気品の高さもあり、ある器物には多少宋代の形態の名残りもあるように思われます。

中期になると、黄、藍、紫、緑の素釉に金彩を施した物や、緑地黄彩、黄地紅彩、紫地黄彩、紅地黄彩、紅地緑彩等の濃麗な色絵物が技巧的に最も発達した時代で、数々の前期に見られない珍しい物があります。又この時代には前期の宣徳成化の器物が倣造されたのではないかと思います。嘉靖万暦の磁肌や釉彩と同様に感ずる宣徳成化銘の物を見ます。隆慶や万暦の初期の物は嘉靖の延長の如く、釉彩に豪華絢爛なものがあり、万暦赤絵と称して明代赤絵の総称の如く呼び慣らされていまして、一般の愛好家からは非常に悦ばれております。茶器に多く用いられている焼物は、この中期の作品が一番多く、そして市場価値も一番高いようです。

明末期になると、明の衰退により民芸品を多量生産した関係からそろそろ品質が落ちてきます。特に万暦の官窯物は、明の衰退期によることも原因の一つでしょうが、形態は崩れ文様にも生彩を欠き、芸術的に何ら美を感ぜぬ無気力なものになり、魅力を感じなくなります。

私の友人の業者が、万暦最後の年号を干支で入れた「大明万暦己未年製」と銘ある八寸ほどの、茶に用いるためには適当な無疵の象《ぞう》耳《みみ》赤《あか》絵《え》の花生を持っていましたが、ある大名から珍品ゆえ、相当高く買ったといって御自慢で見せられました。なるほど最後の年号のは珍品です。品物も間違いなく万暦時代のものです。しかし形は崩れ、文様は生彩を欠き、少しも良い所がない。ただ万暦末期の真物の花生というのみで一向感心しません。ところが本人のいうには、有名な画伯の二三に見せたら、これはいずれも贋物だといって手にも取らない、素人という者はやはり駄目だネエ、とのことです。しかし、これはもっともの次第で、いかに万暦の真物でも、末期のデカダンでは、芸術家は何ら美を感じないから、諸氏の心を打たない。従って贋物というのも無理がない。業者は品物が真物だから真物といいます。これはお互いの立場が違い、両方に見方のあるのが当然だと思いました。結局それは万暦赤絵の美術品の芸術的価値は高く評価はできぬが、万暦も末期になると頽廃してこんなに悪い焼物が出来たかという時代の参考になるから、参考品値段ならよろしかろうといいましたら、大変御機嫌を損ねました。

天啓はほとんど銘が入っていても、民窯で多量生産の輸出向に造られたためか、すべてがお粗末で、まことに野性的で、形や文様が自由奔放であるため、用いるにも鑑賞にも気楽に愛玩できるので、日本人には特に悦ばれます。呉須赤絵も天啓と同様民窯の雑器で、多量生産の輸出目的に焼成されて当時日本始め南洋方面に貿易品として数多く輸出されたものです。野趣があって、文様も自由奔放なため、わが茶人に古くから親しまれ、数々の物が茶器として採り上げられています。日本人の好みは茶の侘び寂びから見る関係上、款銘あるきちんとした官窯製品よりも民窯の野性的な自由奔放なものや崩れたものを好む人が多いが、反対に外人は、例外はあるが、一般は官窯ですべてきちんと整った器物でないと悦ばず、完器のあやまってできた疵は許すが、生れながらの窯疵は好みません。無論民窯の崩れたものも賞美しません。

成化官窯磁については、文献等には色絵五彩磁器のあることを見ますが、遺品がまことに稀少で、中国でも日本でも、これが成化五彩であると、確信する物を見ず、ただ一二点文献から見て、又他の年代の五彩と比較して、これを成化五彩と見なければ、他にこれ以上成化に持って行ける物がないと思う物を某家で見たのみです。まことに自信のないことですが、いまだ研究が行き届かず、仕方がありません。いかに成化の銘があっても、明中期の釉肌や五彩釉と同じものでは成化とはいえず、清朝の仿造に至っては問題ではありません。

昔は明初の赤絵や染付物は余り研究されなかったことにもよりますが、値段が安く、却って万暦や明末の呉須赤絵の方が高く売れていました。明初の物は年代も古く品物も少ないせいもあります。やはり相当に数がないと一般的にならず、買おうと思えばある物の方が、稀少品より値が高くなるわけで、呉須赤絵等は日本に多く入ってるので、愛好家の手にひろくわたり高くなります。明初の赤絵染付物より明末清初の赤絵染付の下手物の方が粗雑で虫喰があったりするから、銘の有無は別として、明末清初物の方が古いと近年まで思われていましたが、今日では欧米でも日本でも研究され、相当権威ある書籍や図録が出たので、明初の物が高く評価されるようになりました。これは悦ばしいことです。

価格を三段に付ける

嘉靖、隆慶、万暦の百年間に製作された焼物は非常な数ですが、この品物を特別に研究している審美眼の持主は別として、一般の蒐集家及び業者間でも、用途がよくて（茶器として使えると）、形がよく釉上りがよいと、嘉靖初期作品と万暦末期の作品とを同じ価格で売買しておりますが、これがまことに不思議千万で、業者の私からいうと、商売上まことに損になることで、商売人は売って儲ければよいのだから、学問的なことや審美的なことは学者に任せて理屈をいうものではない、商人は儲かればよかろうとお叱りをうけますが、いかにも矛盾したことだと常に私は考えております。それゆえ客も業者も十分研究して、いずれの時代であっても構いませんが、優れた物を優れた値段で売買をなし、末期の形態や文様は同じでも頽廃的の品は安く評価せねばならぬと思います。また初期の、芸術的に良い物でも少しの疵があると安くて、万暦末期のデカダンの無疵の方が高いということも、将来審美的な見地から訂正さるべき要があると信じます。

嘉靖にも良い物と悪い物があると同時に、万暦にも良い物と悪い物があります。しかし嘉靖の初めから万暦初期の物は、万暦中期後明の衰退を来たした以後に出来た悪い物よりは少ないと思いますから、これを初期、中期、後期と三期に分け、相撲の番付のように三段に評価すべきではないかと、私は一般に実行できぬことと思いながらもいつでも考えております。

このことが清朝の物にもいえると思います。康熙、雍正、乾隆の器物を光緒時代や現代に仿製したものが真物の中に入り交って仿製や贋物が真物の値で盛んに売れております。これらは比較的近世の物ですから鑑定も難しいことにもよりますが、まことに困ったものです。細密にいうなら、清朝でも康熙、乾隆の如き六十年も続いた時代の物も三期三段の値に分かちたいと思います。必ずしも初期に尤品が製作されたというのでなく、概ね康熙の物も乾隆の物もその時代を代表した尤品が、まあ初期に製作されているように思うので、こんな愚考を述べたわけです。

それから焼物とは別に関係のないことですが、私はこんなことを常にむすびつけて考えてみます。即ち徳川三代、家康、秀忠、家光の三将軍は、初代家康は三河の小大名から立ち上り戦に勝ったり負けたり幾多困苦努力して三百年の徳川の基礎を築いた人で、家康の創業の努力は関ヶ原において豊臣を破って、徳川の揺ぎなき基礎を定めた時までが、家康が最も苦しんだ時代でしょう。一家を創業する意慾の逞しさや豪快さを持つ焼物を、これを明初の赤絵や青華に比しますと、関ヶ原後から大坂夏冬の陣を経て江戸城完成、天下平定までを秀忠の時代と致します。しかし秀忠も父家康と共に戦争の苦労をしてるからどこかに家康と同じような山葵《わさび》が利いております。弘治、正徳、嘉靖、隆慶、万暦中期までを秀忠に比します。次に秀忠から天下を承け継いで、聡明であるが祖父や父親の如く苦労がない家光を、万暦中期後から末期に比します。祖父や父の建設した家を継いだ家光の万暦中期後は、譬えてみれば祖父の時代から続いた有名な徳川屋の菓子屋が、太平になれて苦労なく唯伝統を護り、現状を維持しながら、少しずつ頽廃している。つまりこの名物羊羹《ようかん》が、売れるからとて砂糖の中にサッカリンやズルチンを交ぜて作ってあっても、味覚即ち審美眼のない者には結構な徳川屋の羊羹を食べたと思うのと同じで、万暦末期のサッカリン、ズルチンの入った頽廃美術品を、創業者家康の作ったのと同じ値かそれ以上の値で買うのと同様で、これでは創業者の家康もたまりません。話が思わず飛んだ脇道へそれました。

俑と現代芸術

二十世紀の前半に、中国の三代、秦、漢、六朝、隋、唐各時代の石、金、銀、銅、鉄、錫、硝子、陶瓷等で作られた工芸美術品が、各時代の古墳から発掘された数は夥《おびただ》しいものです。これらの品々はひろく欧米方面や日本にも紹介されました。それが各国で珍重され、現代の彫刻や絵画にもかなり影響して、各芸術家の作品に貢献したことは甚大なものがあります。世界各国の美術館や蒐集家に所蔵され世界に比類ない優れた中国四千年の古代美術品は燦然《さんぜん》と光り輝いております。我国にも明治末年頃からこれら発掘の美術品が中国から将来されましたが、特に河南方面で鉄道工事のため地下に埋れていた古墳から副葬品が発掘されたのが動機で、その後土民が畑仕事よりこの方がボロい儲けがあるので、発掘を商売にするようになりました。完全な墓の形をした所まで追々発掘し出したので、目新しい石製品、金属器、陶瓷器等の名器珍品がさかんに出て来るようになりました。この発掘はやがて各省にも波及して、各地からも発掘品が北京上海等の大都会に集って参りました。これまで見たこともない物が続々出土するので、世界各国の学者方も研究のために中国に来るようになりました。また各国の商人もこれら発掘の美術品を仕入れるために争って北京上海に沢山集って来ました。終戦直前まで彼等はさかんに買漁ったものです。特に西安や洛陽付近からは、漢、六朝、隋、唐時代の加彩や三彩の明器副葬品の俑《よう》(日本の埴輪に相当するもので瓦器に彩色や釉薬を施したもの)や家屋、家具、獣類等の種々な形のものが出土しました。それを私共業者は永年の間に沢山仕入れて運んだものです。その中には後に重要美術品や国宝に指定された物も相当にあります。しかしこれら俑を持って来た当初には、これを研究される学者方か、極めて少数の理解ある愛好家か、時代の風俗や服装の参考にされる僅かな芸術家の方々に買って頂くだけでした。

時にお素人方が、始めて見られる物珍しさでこれら発掘品をお買いになっても、古墳から出土したということが禍いして、せっかく喜んで持ち帰られた品物が、無理解な人のために返品の憂き目に逢ったことが幾度かありました。三井物産の重役さんに六朝時代加彩俑の武人一対をお買上げ願ったので喜んでお届けしましたところ、出入りの骨董屋さんがこれを見るなり、「旦那、こんな縁起の悪い物を飾ってはいけません。

お墓から盗んで来た物だから、死人の祟りで碌《ろく》なことはありません」と悪口を言ったので、翌日早速戻されました。鐘紡の重役さんに唐三彩の馬をお願いしましたところ、女中さんが掃除の時過まって尾を折ったので、喫驚して「申訳がないからお暇を頂きたい」と泣き出す始末に、奥さんから「こんな危険な品物は買うのを止めて下さい」と苦情が出て、「済まないけれどすぐ引取ってくれ」と言われて戻されました。またある時兜町の株屋さんが有名な某画伯と来店され、画伯のお勧めで唐時代の三彩共蓋壺《さんさいともぶたつぼ》（米を入れて副葬し、死人がこれを喰べ万年の後まで霊が生きているという意味から万年飯壺と言います）を買って行かれました。ところが、奥さんやお嬢さんが、「こんな土の付いた汚い骨壺を床の間に飾っておけない」と小言をいわれ、「まことに気の毒だが、何か他の品物と取替えてくれ」と戻されました。また漢や唐の瓦器の壺を学術参考品としてお持帰りになったところ、奥さんがこれに水を入れて花瓶として床に飾られたため、水が漏って床の畳が濡れて、苦情が出て戻されたこともありました。大同や龍門の石仏の首を売ったところ、獄門のさらし首を見るようで嫌だと家族から悪口を言われて戻されるなど、せっかくよいお客が出来たと喜んだのも束の間で、幾度となくこんなことがありました。今から思うとナンセンスですが、初めの頃は発掘物は評判が悪く四面楚歌で困りました。こんな時には、はるばる中国まで出かけて苦労して買って来て、お客に分りにくかったり、嫌われたりする品物を売るよりも、日本にいて新画か中道具でも売買している方が、どれだけ気楽かも知れないと幾度か考えたこともあります。

しかし古代の優れた美術品の価値は次第に認められ、後には蒐集家愛好家も殖えて来ました。私は終戦前まで三十年近くも中国からこれら明器の俑を沢山紹介致しましたが、今でも目に残っているものに、河南洛陽から来た唐時代の俑があります。極彩色に金箔を施した一尺ほどの婦人の立像です。彩色がこんなに完全に残っているものを、私はかつて見たことがありません。当時としては破格な値段でしたが、買求めて帰りました。当時細川さんに御覧に入れましたところ、非常に喜ばれ、御買上げ頂きました。今は同家の家宝になっております。この婦人俑を参考にされて、梅原龍三郎先生は豪華艶麗な唐美人を描かれました。また小林古径先生もこの俑を参考にして、絢爛高貴な唐美人を描かれました。孰《いず》れも高島屋と清光会の展覧会に出陳されましたから、御覧になったお方もあると思います。また昭和二十六年の五月に尾上流の家元尾上菊之丞さんが、新橋演舞場で新作舞踊劇「邯鄲」を上演されましたが、その時盧生の夢の中へ現われる王妃の絢爛華麗な衣裳の文様及び髪形や髪飾り等すべては、前田青邨先生が小林古径先生のこの唐代婦人俑を写生されたものをお借りになって、御門下の木下春子、守屋多々志両先生を御指導になり製作されたものでした。引続き六月歌舞伎座で水谷八重子さんが演じられた「楊貴妃」の髪形や髪飾り、あの目もあやな美しい衣裳等も、梅原龍三郎先生の描かれたこの唐代婦人俑の画や私が先生にお納めした六朝加彩俑等を参考にして益田義信先生が美術考証をされたと承りました。又序幕の居室に飾られた壺や水注等の装飾品も唐代の陶磁を取り入れられたと同先生から承りました。

菊之丞さんの舞踊に、八重子さんの演劇に、一個の唐代婦人俑が参考となって、古代中国美術の美しい夢が舞台に実現され、観客の目や心を楽しませ喜ばせました。私は昔を振り返って、この唐代婦人俑を紹介しておいたことが、一流芸術家方の御役に立って、すぐれた絵画を生み、舞踊演劇に更に華を添えたのを見て、心から嬉しく思っております。

梅原先生の陶器の絵

先生は、三代銅器、鍍金仏《ときんぶつ》、石仏、唐三彩、壺、俑、宋青磁瓶、明各代の赤絵、染付瓶や壺皿鉢等を材料に静物を描いておられます。そしてそれはいずれもその器物の持つ特徴を至極端的に表現しておられますが、三代銅器の持つ強さや時代の銅色味まで良く表現され、銅器の牛や馬の絵がありますが、今にも歩き出すようです。唐三彩のあの上品な、きちっとした壺の形のデフォルメは、少しも不自然な感じがせず、上釉の柔らかな、たたけば釉薬がポロリと飛ぶかと思われる唐三彩の釉薬や、器物の軽やかな感じが、美しく表現されております。

明代の陶磁器は、各時代の物が一見してその時代が判ります。初期赤絵の古拙な逞ましい形や文様、嘉靖万暦の黄金時代の陶磁器は、色彩釉薬が豪華絢爛で、目を奪うような色彩と大らかさは、実物の赤絵青華三彩に見ることのできぬものです。何ともいえぬ複雑な釉薬の味を感じ、高台《こうだい》の形や渋釉など、簡単な線でちゃんとその持ち味が出ております。その表現にはまことに驚き入ります。こんな名器があるなら、何をさておいても買わねばならんと、思わず商売意識が出て、カンバスに両手を突込み、品物を引出してなでながら裏銘を見たくさえなります。

宋青磁の素釉（一度釉）物など、宋瓷独特の形の厳しさや、上品な青磁釉――私共の最も悦ぶあの難かしい釉薬を深く観察して、品物の実体感と釉薬を心憎きまでに表現されております。

呉須赤絵は明末の民窯で、多量生産の下手物雑器ですから、製品が自由奔放で絵も自然暢《の》びのびと描かれて、釉肌も白肌や黒肌まちまちです。この呉須赤絵を描かれたのを見ると雑器の感じがよく出ております。さりとて雑器の持つ品の悪さが少しもなく、釉肌の黒いもの白いものいずれも現品の持つ地肌を的確に摑み、美しく私共の目に訴えて来ます。

永年これら陶磁器を数千点数万点見たり扱ってきた私の目や手に、花瓶、壺、鉢等それぞれの持つ重量や、唐三彩、波斯、明磁等が、軽い物は軽く、重い物は重くそのまま感じます。また手触りによる各時代の陶磁器の肌の持つ温かささえ感じます。的確な把握は、確かに火の中から生れ出た焼物であり、たたけばチャリンと音が出ます。従って商人の私から見ると、その描かれた品物の価格さえ現われています。ですが、その描かれた現品を買うと、必ず損をするようです。それは余りにも、品物が描かれた焼物に遠く及ばぬからです。これは先生の芸術の力によって生れた焼物だからでしょう。私は何ら絵に対する知識もなく批判力もないのですが、平素先生の作品から受けた私の感じをそのままに申しました。

古径先生と古陶磁

私が先生を始めて存じ上げてから、もう三十年以上にもなりますが、今日でも先生の御愛顧をうけております。若い時から商売上専門の中国の古陶磁、金石を扱う以外に、茶器、古筆、古画、蒔絵等をはじめ現代の洋画や日本画も好きで、十代の時から小僧奉公の寸暇をみては、博物館やデパートその他の展覧会を見て来ました。近年現代作家の展覧会の時にはいつの場合でも、日頃から御懇意な先生方の作品には親しみもあり、特に深い興味をもって拝見しております。

とりわけ古径先生のお人柄や作品に対しては古くから尊敬していますので、過去二十数年の間大小の展覧会に出品された作品はほとんどもれなく見て来ました。時によって初日に出品が間に合わぬ時など、忙しい中を二三度も出かけ、それでも見られぬ時は、先生の作品を見たいばかりに、最終日に行ったことも幾度かあります。

先生が描かれる風景、動物、花鳥、静物などは、自然を徹底的に観察し、それを絶えず追求し、掘下げ、把握された、いわゆる全身を打ちこんで、それから生れた作品の前に立った時、画面の奥に含まれているものが湧き出て来る芸術的なおおらかな気品の高さとでもいうのでしょうか、その美しさに思わず魅惑されてしまいます。

先生は私の店にも時々お越しになりますが、お目にかける三代の銅器、漢・六朝・唐の鍍金仏や石仏や俑、宋、元、明代の陶磁器、また光悦、宗達、乾山、光琳の絵画や工芸品、古九谷、古伊万里などをいつも楽しそうに眺めておられますが、何を御覧になる時も丁寧で、特に気に入ったお好きな物は熱心に見つめ、心を打ち込み、渾然として全身が物に溶け込むかのような態度をしばしばお見うけします。それは剣聖の構えというようなものを彷彿させられます。

先生は審美の感得から自然に洩らされる言葉でしょうが、「このところが随分いいね。ここがなんともいえなく美しいじゃないの」と言葉少なに申される折毎に、思わず私どもはその個所を眺めます。名伯楽に急所を衝かれたように、優れた審美眼による批評の的確さには驚くと同時に教えられるところが多いのでありますこれは古今東西を問わず、偉大な芸術家に共通する特有の優れた天分によるものと思いますが、特に先生の眼や心に強く映じた品物を凝視される態度は、美を楽しんで無我の境地に在られるように思われます。

私なども名器珍什に接した時、これを買おうと自分のもつ経験と資力を傾け、全神経を集中し、体当たりで行く、これが私どもの名品を入手する時にいつも体験することでありますが、先生が名品に接せられた時の、徹底的な厳しい美の追求の結果生れる作品が、鑑賞家の目に先生の芸術の美しくそして豊かな感じを与えるのではないでしょうか。

先生が壺や鉢などを画材に描かれたものを近年時々見受けます。宋の磁州窯《じしゅうよう》の雲に鳥の絵の壺にチューリップを生けたのを描かれたのを見ましたら、現品の壺の絵は極度に減筆された絵ですが、先生はその絵を更に簡略して表現されていました。しかも摑むところは充分に摑み、形や陶肌や味を現品に見る以上に美しく、宋窯特有の冷厳な端麗さを、一層おおらかに品よく温かな感じを与え、時代感はもとより質感や量感の表現にも成功していました。私は思わず画面の壺を撫でてみたくなりました。また宣徳青華水花魚文の輪花形鉢の絵があります。磁肌の感じをよく生かし、宣徳特有の蘇泥勃青の色合いを日本絵具で絹紙の上に現物以上の美しい感じを出し、器物の磁肌にマッチして文様が溶け込んだ、現品以上の名器の感じを表わしております。古伊万里の壺や古九谷の瓶なども同様に、日本物の図案文様の繊細で優雅な姿を、それぞれ先生の好みで現品に見られぬ先生独自の美しい器物として表現されています。

他の方が描かれる陶磁器の絵を時たま見ますが、多くは骨董品の忠実な模写かその範囲を出ていないもので、それならば現物の方が絵よりも立体感があるので遙かに鑑賞価値があると思いますが、古径先生の場合には、描かれる陶磁器はすでに描かんとする前に充分に自己の全身に消化されているので、骨董品を二歩も三歩も脱け出た先生自身の美しい芸術的陶磁器として絹紙の上に再現するのですから、骨董品ならざる宋磁、宣徳であり、古九谷、古伊万里であります。

梅原先生の宋磁や明の赤絵、染付の絵を見る時、時代特有の形や文様を豪華絢爛に表現した先生独得の焼物の美しさに打たれ、讃歎することがありますが、古径先生の陶磁器の絵の格調の高い清楚でしかも豊かな感じにも、私は心から打たれるのであります。

ある時先生が店にお越しになり品物を御覧になって店を出て行かれた後へ、入違いに某画伯が来店されました。このお方も少しは古美術の愛好家です。古径先生が御覧になった品物がまだ後片付けせずに室にそのままにしてあったので、幸い御覧を願ったところ、扱い方や見方がぞんざいなので、私ども今しがた古径先生が丁寧に御覧になったばかりなので、一寸面白からず感じましたが、疲れておられたのかそれとも興味がないのか知りませんが、あくびをしはじめました。その画伯が帰られたあとで、店員がさきほどの古径先生の見方や態度に感心していたのに、そんな態度だったので、「今の先生は物の見方がぞんざいだから、絵もまずいでしょうね、だから売れないのでしょうね」というので、私は「あの方も大家だから、お客様に対して生意気にそんな失礼なことをいうものではない」とたしなめたこともありました。

またある時私が大沢家伝来の有名な乾山筆草花の名幅を買いまして、これは極彩色で乾山独得の美しい画ですが、先生にお目にかけましたところ、大変お喜びになりました。志賀直哉先生も御覧になりお褒めになりました。後に先生の随筆「早春の旅」にこの乾山筆草花の絵のことを書かれました。これを古径先生の懇意な方が御覧になって、「自分には好きな画だからほしいけれども、何分丈けが長すぎて家の床の間には懸らない」と躊躇されておりました。先生に相談されたところ、先生は「何も考えることはないでしょう。床の間を直せば懸りましょう。名画は一度逃したら二度とは手に入らぬと思い、買うべきでしょう」と推薦されました。今では益々評判がよく、同家の名物になり、先生の厚意を感謝して愛蔵されております。

品調査と評価

帝室博物館に横河民輔博士が多年蒐集された古陶磁を寄贈された時に、多くは中国の美術品であるため博物館から私に価格の査定評価を依嘱され評価をいたしました。国立博物館になった今日までの間には、素人の方から購入するに当たり、その評価を幾度か依嘱されましたが、私の品物を納入する時は自分の自信ある値段で納めますが、他から入るものの査定については、国民の税金で買うのだから非常な責任を感じます。ある素人の方が高く評価してくれれば相当御挨拶しますという人もありましたが、しかし国家での購入となれば、私情を棄てて自分も納税者の一人として正しい評価をせねばならず、頭をつかい却って心配しました。時としては納まらぬこともありましたが、とにかく今日まで無事責任を果し、今まで振返って自己に恥じる点はないと思っております。

支那事変勃発の昭和十二年から終戦までの間に、中国全土、泰《タイ》、ビルマ、比島、蘭印諸島等各方面から軍人、軍属、個人等がその国の美術品を持帰ったものを調査するため、昭和二十二年九月文部省社会教育局の嘱託を仰せつかりまして、博物館にある品や、その他各方面にある個人所有の品を約一ヶ年ほど調査致しました。

太平洋戦争中に大陸に出張滞在された大官、軍司令官、軍団長、軍政官、軍属の方々が、赴任中に中国の大官やその他の各国から贈られた美術品を、頼まれて拝見に行ったことがあります。又それらの品々が競売されたのを見ますと、いずれも箱はまことに結構で立派ですが、中の品物が大抵はつまらない物か贋物ばかりです。贈る方に鑑識がないためか、金を掛けないのか、それとも承知の上か、判りませんが、中国人はお義理で儀礼のしるしで贈呈することが往々あります。肚ではその人を別に尊敬しているのでないから、偽礼でつまらない品物を贈ることもあります。それよりもこの方々が自分の金を出して信用ある店で買われた品物に、相当良い物を見受けました。やはり貰い物には総じて良い物がないのでしょう。

美術品の保護

有史以来の敗戦による経済界の大変動で、財産税、新円切替え等により余儀なく皇族始め旧大名、各財産家が、財産整理や生活のために屋台骨から大きく揺すられたので、今まで売ったことのない旧家の門外不出の名器も、その土蔵の中から各方面に流れ出ました。

私は永い業界生活中にもかつて見たことも、聞いたこともない結構な品々をも見ました。その時日本は流石は古い広大な美術国だと思いました。これを思うと日本全国の大中小の都市が百数十も空襲で焼失して、沢山の美術品も焼けました。私でさえなけなしの品物をほとんど焼きました。残った名器の数々を見るにつけ、心から日本は有りがたい国だ、伝来のあの優れた美術品は、各自の美術愛護心から、あの猛烈極まる空襲の危険の中を、しかも運搬の困難にも拘わらず品物を疎開したり、土中に埋めたり、ある人は肌身離さず我が命と共に彼方此方と、幾度か家を焼かれても持ち歩いて完全に護り通した人もあります。この精神は、敗れたりと雖も美術の貴さを知る日本人の真の心掛けであり、誇りであると思いました。

数々の名器が遺ったことを悦ぶと同時に、われわれも利にのみ走らず、敗戦国の悲しさには沢山の美術品も国外に出て行きますが、日本に遺さねばならぬ品物は、努めてよき保護者の手に納め、次代の人に渡して貰い、優れた美術品は文化国家のため永久に日本に留めて、名実共に美術国日本の誇りにしたいものであります。

北京往来

古都北京の思い出

私は大正の中頃に始めて北京へ仕入れに行きました。この当時には、清朝に仕えた老人で、頭髪を断ち辛いので弁髪を後に長く垂れたまま満州服を着こんで、子供に鳥籠を持たせ、自分は長い煙管をくわえながら、ぶらりぶらりと公園や街路を散歩しているのどかな姿を、彼方此方に見受けました。何となく前清時代の名残りがありました。

この頃すでに先輩諸氏がよくいっておりましたが、北京へ世界各国からこんなに沢山の人が入替り立替り古美術品を仕入れに来たのでは、品物が如何に沢山あっても出て行くばかりで入る国でないから、いかに古い広い中国といえども、近い将来には品物が絶えて、商売にならなくなるだろうと聞いて、中国通いを始め出したばかりの私は、その当時何だか心細くなりました。ところが従来三十年に亘り往復致しましたその間、北京の商人が数年がかりで遠く新疆、甘粛、四川等まで仕入れに行く者もあり、陝西、山西、山東、河南方面に仕入れに行く者もあり、又その地方地方から品物を持込む商人も数多く来るので、各時代の金石、陶磁、玉器、書画、木工、古衣等あらゆる古美術品（伝世・発掘品）が毎日のように市場に入荷して、北京は名実共に美術品の大集散地となっておりました。

今日某旅館に山西から荷が入った、某店に山東から荷物が届いた、河南から来た荷物を、今駅の税関を済ませた所だ等々と知らせることを商売にして、口銭を取ってる案内屋（仲人）がおりました。これらの知らせをうけると、私共はお互いに逸早く自動車や人力車を、飛ばして我れ先に品物を入手しようと東奔西走まことに忙しいことでした。その中からポツリポツリと名品が出て参ります。これを各自が競って買い争います。いつの間にやら持参した仕入れ資金もなくなるので、後から出て来た品物を買うために、内地から金を取寄せねばならぬことになります。これが一度ならず二度三度と重なると、初め来た時には何か名品が出てくれればよいと願った気持も、後には名品が出たと知らせをうけると、反対にどうか自分に向かぬ品物であってくれればよいがと思うようになりました。これは仕入れに行った者の誰しも経験した感じです。

北京は仕入れに行く度毎に何か始めて見る珍らしい品物に出遭います。流石四千年の古い歴史と広大な土地を持つ中国には、実に様々な美術品のあるのに驚かされます。狭い日本では想像されぬところです。

北京滞在中に業者がそれぞれ名品を入手した噂を毎日のように聞きます。昨日城内で甲が砧青磁香炉を買った、今日は乙が城外で万暦赤絵花生を、丙が蕎麦花生を、丁が三代銅器、石仏、鍍金仏を等々あらゆる範囲の美術品の中から自分に向く品々を、各自資力に応じて適当に仕入れて帰ります。中には雑貨的なガラクタを沢山仕入れて帰る者もあります。各自が持って行った資金を残して帰るということは恐らくありません。それほど品の多い所です。買おうと思えば何ほど資金があっても足らぬのが中国の偉大なところでしょう。

これが又品物の買入れに当たって、一流から二三流商人に至るまで中国人独得の駈引きをするので、なかなか苦心を要します。中国人が懸値をするから自然こちらも値切る、値切られるから懸ける、この場合一番困るのは、日本向きの名品の出て来た時に一流商人などどこで入手したのか――又おせっかいにわざわざ届ける日本人もおりますが――双軒庵、藤田家、川崎家、前田家、鴻池家等の大入札目録の、しかも丁寧に高値入のを出して、すでに品を買っておりながら、これと同じ物を他で見たが、いかほどで買うかと訊くのにはまことに閉口です。安くつければ見せてくれず、品物を見て値を訊けば、高くさえいえば売損はないとばかりベラ棒な値段をいうので、そんな高くては値の付けようがない、というとそれは私の値段ゆえ貴方の希望の値をお付けなさい、不要心（構いません）という。競争相手の滞在していない時はよいが、いる時などはまことに頭を悩まします。その場で解決しなければ他に買われる心配もあります。さりとて中には又如何ほど高く付けても、二三人に見せてからでないと絶対に売らない商人がおります。こんな手合にぶつかると、値を付けずにおき、他の客に一巡見せさせてから値を付けねばならず、先に見た者必ずしも買えるともきまりません。相手の癖をよく呑みこまないと、飛んでもない失敗を致します。こちらも種々痛い目に遭うと段々利巧になります。中国人との取引はまことに複雑多岐です。

私が始めて北京に行った頃、駅で赤帽に一個の荷物に規定の十銭をやると、又手を出すので、さては足らないのかと思い又拾銭渡し、後で聞けば、一度貰ってももう一度手を出して、くれればそれだけ得をする、くれなくとも元々だという考えらしい、そこでこちらも、始めトボけて五銭渡すと、五銭足らぬというから後で五銭やると、これで赤帽が好々《ハオハオ》と帰って行く。冗談のようですが、こんな呼吸も必要です。国交問題も同様で、敗戦で領土を失った今日、昔を思えば夢のようですが、日本の国威が旺んな時代に、北京の小学生の持っている排日扇子に書いてあるのを見ると、「失地回復」「租界を戻せ」「旅順を返せ」「大連を返せ」「青島を返せ」「満鉄を返せ」というようなことが書いてあります。宣伝の力で少しでも自国に有利になれば、それだけ得だからと、何事にも大きく書き立てるのだからたまりません。中国人の性情をよく理解せず、日本人のセッカチや潔癖症から問題を解決しようと思ってあせって交渉してはなりません。重要外交の交渉の時に、阿片好きな外交官に阿片を吸わせずに交渉したためにさっぱり交渉が捗らず、事々に失敗した例を耳にしたことがあります。これなどは先方の民族性を知らない所から起った失敗でしょう。ですから、郷に入っては郷に従えで、何事もその国の気風を研究調査して、よく呑込んでから交渉や取引をしなければなりません。駈引敗けせぬようにこちらも肚をしっかり決めてかからねば、必ず向こうにしてやられ、飛んでもない損をします。しかしこんな複雑な取引の中にも、永年の間には、好みの違いや、用途（特に茶に使える品）の違い等で、中国人がいかに高くいっても、楽々と買える品物にぶつかることも時々あります。こんな時は、遠く苦労して来た甲斐があったと、内地では到底味わえぬ悦びを感じます。

　北京の真夏は百度以上の暑さになり、真冬は逆に零下二十度以下になります。そうした馴れない大陸の気候に苦しみながら、朝寝ている所を起され、品物を持ち込まれて風呂敷包を開けた途端、それこそ目の醒めるような名品にぶつかりびっくりして言い値で充分買えるのに、先方がいつも駈け引きするからそれを値切って買うのも興味の一つで、こんな時は一層嬉しくなります。また琉璃廠《ルリチャン》や炭児胡同《タールフートン》で名器を安く買って、人力車の前に積み、帰途高く晴れわたった北京の秋空を仰ぎながら、そよ風に吹かれて帰り、卓上にその品物を置いて、それを肴に湯上りのビールを楽しむのもまた一興で、こういう時に、骨董屋なればこそと感ずる悦びがあります。しかしこういういいことばかりではありません。逆に慾張って名品だと思って間違って贋物を買込み、返すに返されぬ時などは、御飯もろくろく喉に通らず、やけで飲むビールもほろ苦いこともありました。

　中央公園に美しく咲き乱れた牡丹花、芍薬花を早朝見に行ったり、北海《ペイハイ》に舟を浮べて釣をして、池畔の料亭に上って美味しい北京料理を味わい、老酒に陶然と酔った頬を風に吹かれ、時には二三の友人と万寿山に上り、中秋の名月を眺めて、故郷はどこに当たるだろうと阿倍仲麻呂もどきに、思わず感傷的になったことなど、数々の忘れがたい思い出は尽きないものがあります。

中国語を品物に替える

私は業界入り当初から中国美術に関係深く（主人も元中国通いをしました）、主人に死に別れてから以後は特に中国美術が好きで一層専門に取扱うようになりました。若い間に充分勉強しておきたいと思って、独立後間もなく本場の北京に出かけました。日本を出る時には少なくとも一ヶ年以上滞在してまず何はおいても中国語を知らねば不自由するからと思い、北京に着いて下宿住居をすると同時に、夜分中国人の教師に来てもらって早速中国語の勉強を始めました。昼間は紫禁城内にある故宮博物院、武英殿、文華殿等を参観したり、時々郊外にある万寿山（当時沢山の美術品が各室に陳列されてありました）を見学したり、北京の城内、城外に数多く点在する古玩局（骨董屋）を隅から隅まで見て歩きました。街路に並ぶ書店から夜店はもとより、天橋にある古着市場や崇文門《ツオンウエンメン》外にある俗に泥棒市と称する夜明前に始まる朝市なども、カンテラをつけて見に行きました。恐らく古い物を扱う場所は隈なく廻り歩きました。それがまた私の仕事でもありました。

言葉が全然話せぬので、隔日に教えに来てくれる教師について習おうと思うが（月謝五円前払）、何しろ朝から晩まで骨董品を見るために飛び歩いているから、いつも教師の来る時間には滅多に下宿におらず、いても疲れて帰るから一向勉強に気が入らず、それよりも品物を見て歩くのが面白くて夢中です。いつでも教師をスッポかすので、教師も怒って到頭来なくなりました。かえってこちらはこれ幸いとばかり、満足に言葉も話せぬのに毎日骨董屋をひやかし歩き廻っているうちに、未だ鑑識の足りぬ青二才の分際を忘れて、多少お客さんに向く品物がわかっているとばかり、手まねや足まねで自分に手の届きそうな品物をボツボツ買っているうちに、狭い室の中に品物が殖えて来ました。小僧奉公の時代から十四五年もかかって貯蓄した持参金が、北京に来てまだ一ヶ月にもならぬのに、いつの間にやら品物に替ってしまいました。気がついて吃驚し、これは大変な事になった、大体北京に来た最初の目的は、将来中国通いをするために中国語の勉強をすることと品物の見学に来たはずなのに、全然中国語を学ばずに骨董ばかり見て歩きいつの間にか品物を買込んでしまいました。もはや滞在したくも金はなし、帰る旅費さえ危くなってきました。これは帰るより致し方がない、そう思い付くと早速荷造りを始めました。北京に着いてから一ヶ月足らずで、品物を処分するため帰ることになりました。品物を買っている時には多少自信もあり、調子に乗って面白く愉快でしたが、さて考えてみると十数年も倹約して溜めた命から二番目の虎の子の金が一ヶ月足らずの間に全部品物になってしまったので、さあそろそろ心配になって来ました。

日本へ持ち帰りこれが全部金に替るか知らん、もしも失敗したら千日の苦労も水の泡、こりゃ只ごとではないと考えれば考えるほど心の中からぞくぞく寒むけを覚えます。これはうかうかしてはおられぬ、なんとかして売らねば再起ができぬ、と思うと毎日の船中の食事もうまく喉を通りません。船が神戸に着いて無事税関を済ませ、税金と宿の勘定を支払うと、全く手持金が手ばたきとなりました。東京に戻り品物が着くと同時に早速客先へ知らせると、帰京があまりにも早いので皆さんが驚かれました。お得意様というものは真に有難いもので、皆さんの御同情でぼつぼつ御買上げを願って、一ヶ月後にはどうやら基金の回収ができました。少しばかりの残品が利益となりましたので、やれやれと腹をなでおろしました。これが私の三十年間の中国通いの第一回目の仕入れでした。今でも当時のことを思うと、若い時分の無分別な暢気さに、自ずと冷汗三斗の思いがいたします。

親切と思ったら

北京に仕入れに往復していた時、私より先に滞在していた先輩のTが、先日西城のある骨董屋に行ったところ、君に真向きの万暦赤絵の共蓋の大箱があったよ、二千円なら売るというてたから、貴公買いなはれ、といわれました。着く早々それは有難い、耳よりな話だ、ぜひそれを欲しいから、どこの店か教えて下さい、と訊ねると、よろしゅうおます、取寄せましょう、とのことで、二三日したら、品物が来たから見に来い、とのことで行ってみると、何と無疵の角長蓋物で、内にも外にも文様のある、釉上りの目の醒めるような結構な品物です。私はその値で買いますというと、待ちなはれ、どうせ安く買うてるに相違ないから値切らねば損や、とのことで、買うことを任せて帰ったところ、この男がいつも品物を買う時に汚なく値切ったりいじめたりするものだから、お前さんにはもとより、日本人は嫌いだから、いかに高くとも売らない、と怒って品物を持って帰りました。すると、Tは自分に向かぬ品物なので、あんなゴテ物は誰も安くても買いませんがな、放っておきやす、その中にまけてきまっさ、と——当時は茶器に使える物だけが高く売れて、鑑賞的な用途のない箱などは誰も手を出す人がいなかった時代ですから——いってました。

この男は今日までかつて親切心など薬にしたくも持合せておらぬ男で、茶に使える物だけが名品と思いこんでいるのだから、この親切心が一寸おかしいと思いました。儲かる品物なら人にわざわざ知らせる男でありません。考えてみれば、お前が買うには丁度よい品物だ、何にも使い途のないバサけたゴテ物だからお前に知らせてやるのだと冷笑され侮辱されていたわけです。自分らの扱うほどの品物でないから、お前のような者に丁度向く品物だから買っておけ、と口には出さぬが腹の中で言ってるようなもので、始末のわるい男です。

中国人が売ろうが売るまいが、彼には何等の痛痒《つうよう》も感じない。しかし私はゴテ物でも自分に向いている品物だから欲しいが、持主が売らないから仕方がない、飛んでもない交渉をしてくれたもので、日本人だから私に買えない、已むなくその時は心に残るがそのままにして帰国しました。

それから半年ほどしてから北京に出張した時、その商人がまだ持ってることを聞きましたので、懇意な中国人を煩わして、西洋人が買うからといって頼み、言い値の二千円で買い取りました。その時は丁度銀が最低相場に下落していたので、この前に買えば日本金に直して千五百円になるのが、半年遅れて買ったために、千円近くの値で買えて、頼んだ男が買ってくれなかったために却って得をいたしました。それを客先へ二千円で納め、当時としては相当の利を得たつもりです。

明代の、茶器に使える物以外の花瓶や大壺、筆箱、大皿、大鉢等は、当時日本から仕入れに行った業者は、ゴテ物と称して見向きもせず、寧窯、蕎麦、青磁、白玉、翡翠等の煎茶抹茶に使える花生、香炉、水注等を主に買い漁ったものです。いわゆる大きなゴテ物の鑑賞物には手を出さないので、まことに安価で楽々と買えました。ところが鑑賞物が気運に向いて盛んになり、今まで買わなかった業者も自然手を出すようになりましたので、ゴテ物が値上りして、ややもすると茶器の値を上廻るようにさえなりました。何でも流行さえすれば取扱う便乗商人のこの男が、数年後、前にゴテ物とクサした私の買った万暦赤絵の箱と同形の大疵のしみったれた品物を持っていて、値を聞いたところ、これは名品だっせ、特別五万円にしときまヒョ、といっておりました。その他二三の大皿と壺を見せました。流行すれば直ちに早替りするのに感心いたしました。

昔を思い出すと、おかしいことがいろいろありますが、その当時は何事も真剣で無我夢中でした。

駈引にのる

琉璃廠《ルリチャン》の某店で、店主が今城内の旧家から買ってきたばかりだといって、古赤絵獅子蓋の角形香炉のよごれを洗って卓の上に出して見ているところへ、先輩のTと店に入って行きました。その品物を見ると、実に赤絵の釉上りがよく目の覚めるようにきれいで今まで余り見たこともない形の優れた品物です。ところが、先輩のTはこれを見ても何にも言いません。稍《や》やたってから、日本語は中国人に判らないので、アアこれはよく出来てるが、これは駄目だ、京都製だ、何時の間にここへ廻って来たんだろう、早いもんだナア、こんな物を見ていても仕方がない、サア他へ廻ろう、と先輩に急き立てられて、外へ出ました。しかし私は、よいように思ったが、先輩の目利きが京都出来だといって気のない振りをして出て行くので、よいと思うがナア、しかし目利きの彼がわるいというからわるいのかナア、よく出来るものだナア、と急がされるままに後からその店を出ました。一両日後、今一度見たいと思いその店へ行って見せてくれと頼みますと、西洋人に売了《マイラ》といいますので、アア矢っ張り贋物だったのだと思いました（古赤絵の香炉はお茶につかえるから絶対に日本向きで本値では欧米人には向かないものです）。

私が日本に戻ってから数ヶ月後、私の友人の話に、自分のお得意さんが、北京で私が一緒に香炉を見た先輩Tから赤絵の名香炉を買ったときききました。当時としては相当な高値で、形や文様等全く同一品とより受取れず、始めてこれはしてやられたわいと気が付きましたが、既に後の祭りで、その次に北京へ行った時調べてみましたところ、案の定その店を二人で出た後で、私の姿が見えなくなってから先輩Tがその店へ引返して裏口からこっそりと入って買求め、店の者には私に言うなと口止めして、もし聞かれたら西洋人に売ったと言え、と言い付けたことが判りました。まことに迂闊なことで、先輩Tの駈引にウマウマと乗せられ土俵際で打棄《うっちゃ》りを喰ったわけです、残念だが仕方がありません。あの時私が買えば買えたものを、人の言葉を信じ、自分の目を信じなかったための失敗でした。以後は、自分がこうと信じたものは、たとえ後で贋物とわかっても、人の言葉に左右されぬように努めております。

後の話の李さんや、先輩Tにも始めは腹も立ちましたが、万事は自分が今一歩の勉強の足らなかったせいだと思い、以後は耳で買わず、品物を目で見て買うことにしました。その後の仕入れに当たって、この失敗がよい薬となってまことに参考になっております。これはよく故老からきいた言葉ですが、自身体験して始めて知りました結論は、品物を買う時は耳でなく目で買うことだということを痛切に感じました。しかし、言うことは易いが、授業料は高い、一生勉強だと思います。

紫禁城の不思議

私が中国へ仕入れに通い始めた当時、北京の紫禁城の中を見物に行きました時のことですが、文華殿、武英殿（美術館）を見た後、城内の各建築物を廻って見ると、彼方此方の部屋には国民政府の名で封印の大きな紙を入口の戸にペタリと斜めに張ってあり、錠を下してありました。障子紙の所々の破れ目から部屋を覗くと、数十年間整理もせずにあるためか、埃が堆高く積って、その臭いが鼻を衝きます。部屋の中に明青磁の三尺ほどもある丸形や輪花《りんか》の大皿を幾枚も重ねたものや、その重ねた皿の上に宣徳、嘉靖、万暦と見受けられる赤絵染付の大小の皿鉢等も交り、その側に赤絵染付の大皿、大鉢が重ねてあるかと見ると、隣りには、宣徳、嘉靖、万暦赤絵染付の角や丸の大壺、大花瓶、水瓶、水盤等から大小の香炉、水注が寄り添うように無数に乱雑に置いてあり、大疵物も中に交って、これらが埃一杯被って、丁度瀬戸物屋の倉庫にでも入ったように所狭きまでに足の踏み場もなく置いてあります。障子の破れ穴から見るのだからよく判らぬけれども戸口のごく近いところにあるのを見ると、宣徳赤絵の鉢、紅地黄彩共蓋の大壺や、法花の大壺、瓶、金襴手の水注、角や丸形の香炉のような物も見受けました。その隣室の破れ穴から覗くと、南宋官窯香炉、瓶、鉢や、宋均窯の樹鉢、水盤の大形中形小形の丸、角、輪花のがあるかと思うと、宋定窯の劃花《かっか》印花文《いんかもん》の大中の皿、深鉢が中に重ねてあります。白い定窯が埃のために黝《くろ》くなって見えます。又その隣の部屋には、清朝の三彩、五彩、豆彩、粉彩、寧窯、蕎麦等の素釉の瓶、壺、樹鉢、盤、鉢、碗、文房具等がゴチャゴチャに埃だらけとなって置いてあります。今思うと相当の数でしたが、その時には流石に日本では想像もつかない古い大国だと驚いたものです。

しかしその後その部屋をもう一度見たいと思って行ったところ、どこかへ運ばれたものか、一つも見受けなくなりました。その後永年北京に行ったけれどもそれ以来紫禁城内では見受けず、さりとて市場に現われたことを聞きも見もせず、北京の中国人のある消息通に聞いた話では馮玉祥が北京でクーデターをやった時、宣統帝を紫禁城から追い出し、美術品を沢山の車に積んで夜中密かにどこへか持出したということですから、この品々を持ち出したのではないかと思います。行先は判りませんが、今日世界各国にある陶磁の官窯の名器の中には、あるいはこの一部があるのかも知れません。やがて国交が回復して通商ができるようになれば、逸早く北京に行き、この品々が市場に姿を現わしてそれに廻り合ったならば、手に入れたいものだと、及ばぬながらも今から夢に見ております。

皇族愛用の家具

思えば大正中頃から中国通いを始め、北京、上海方面に終戦近くまで往復しましたが、この間清朝の瓦解によって各皇族貴族の蔵品の売物が数々市場に現われました。恭親王、淳親王、慶親王等の書画骨董家具等も売出されました。

当時麻布鳥居坂の三菱会社社長の岩崎小弥太さんが家屋を新築されるについて、室内家具の調度飾付けの依頼をうけまして、北京において康熙、乾隆の紅樹紫檀の彫刻のある結構な書棚、机、卓、椅子、台等数々を仕入れて、納入いたしました。戦前来朝したホブソン、デヴィッド、ラファエル、ユーモアホプロス等の方々に、同家蒐集の貴重な世界的美術品をその上に陳列して御覧に入れられました。

その時数々の名器をお見せした中に、私が前年お納めした、門外不出を誇った稲葉家の大名物《おおめいぶつ》、国宝の宋《そう》瓷《じ》曜変《ようへん》天目《てんもく》茶碗《ちゃわん》がありました。これを銘々手にとって賞翫《しょうがん》されながら、自分達は今まで稀れに見る逸品とか名品とかと称する物に出遭う度に味わった驚きは、自分達のこれまでの経験から割出して、こういう物は当然あってしかるべきだと想像していた物を見たという感じでした、しかしこの茶碗ばかりは、そうした自分達の想像を絶した物を、今眼前に見ているのだという驚きで一杯です、これは日本の国宝であるばかりでなく、世界の宝だと口を揃えて激賞されました。

それから一同の方々は、いずれも最後に、岩崎家の蒐集品を見せて頂いて、これで日本にやって来た甲斐があった、と大変悦ばれて、その翌日日本を出発されました。

あの戦災のために広大な邸宅が多くの美術品と共に焼失いたしました。自分が依頼されて運んで来たものだけに、一層の愛着が湧いて忘れ難く、今でも目を瞑《つむ》ると頭の中にありありとあの時のことが浮んで参ります。実に惜しんでも余りあることです。

世界的に中国美術の流行をみたので、日本人はもとより欧米各国の商人が北京、上海に仕入れに集まり、その勢いに乗じて清朝の皇族貴族の美術品の売物や、河南、陝西、山西、山東、四川の奥地からも、古くは三代の発掘品の石器、銅器、木器、陶磁器から清朝に至るまでの美術品が集まってきて、毎日のように売物があり、その間私は数知れぬ品物を見ました。欧米人の資力をもって大量に仕入れる人にはかないませんでしたが、自分の目と力に及ぶものだけは買いました。この永い間に、今日ユーモアホプロスやデヴィッドの蒐集品図録中にある名器も、北京でほとんど拝見しております。それからニューヨークのメトロポリタン美術館、ボストン美術館、ワシントンのフリーア美術館、ロンドンの大英博物館、パリのルーヴル美術館や個人の蒐集品等の有名な中国美術の中にも見たものが相当あります。また名器の売物を前にして資力なきことを嘆じたことも幾度かありました。鑑識の点では別に欧米人に劣るとは思えないがナアとは思いますが、資力の点においては如何とも仕方がありません。しかし現在敗戦日本にある美術館が国外に出て行くことの淋しさを思えば、日本の国力の旺んな時だったから相当な名器が先輩諸氏や私共の手で輸入できたのだとひそかに我が心を慰めております。

お茶人の武英殿観

排日の北京へ貴族院議員の方々が清浦奎吾《きようらけいご》伯を団長に二十数名視察に来られたことがあります。その中には、永田秀次郎、根津嘉一郎、石渡元蔵相の父君（敏一）等その他来北の方々の中にお茶人も数人おられました。私は石渡敏一さんには日頃御贔屓になっていたものですが、その石渡さんから電話があって、ホテルに来てくれとのことで、出かけて行きますと、石渡さんの話に、昨日貴族院のお茶人連中と七八人で武英殿（博物館）に行ったところ中を見て廻り、根津さん始めお茶人連中が大したものがないナア、お茶に使える物が一点もない、いつぞや春海もそう言うておった、とろくに見もせずにサッサと出て、中華料理でも食べに行こうかと急き立てられて、仕方なく後からついて出たが、今日は君の案内で一日ゆっくり見たいから、一緒に行ってくれとのことで、弁当持参で朝から出かけて終日参観して帰って来たことがあります。

根津さんほどの名品を数々集めた人が中におられてさえも、茶という立場から見ていられたかと思うと、なるほど伝世物でも茶に使えぬ物は無論のこと、墓から発掘した美術品に至っては、一般に理解されず嫌われるわけです。根津さんも、後年は発掘物の三代の名銅器、古鏡、鍍金仏、石仏、鑑賞陶磁等世界的に優れたものの蒐集家になられましたが、美術愛好家の有力者はほとんど茶に凝り固まっておられたから、古新聞や藁包で中国から持って帰った、茶に使えぬ品や発掘品を売るのに、骨が折れたわけです。当時は発掘物を扱う業者はすべて異端視されたものです。今日中国美術の、伝世発掘を問わず世界的に認められ出したことを思うと感慨無量です。真に美しい物は、一時は虐たげられても、何時かは世に出るものだと思いました。

雲崗の拓本

昭和の初め頃、北京に滞在中、大同府の雲崗へ常に出張して洞窟の仏像を写真に撮って来て、それを北京で売っていた平田という写真屋さんがおりましたが、その人がある時、雲崗の仏像や他の彫刻を拓本にとって来ては如何でしょう、というので、それはまことに結構なことだ、東京で愛好家や芸術家の参考に売りましょう、ということになり、費用を持たせて、寒さに向かうという十月頃に、琉璃廠の本屋の拓本を上手にとる職人三人を連れて、一行四人の者が雲崗に出発しました。

雲崗は十月には既に厳しい寒さです。零下二十度くらいで、日本の比ではありません。四人の者がこの寒さと闘いながら不自由な洞窟で宿泊して、高い場所にある彫刻の、拓の打ち難い所など、梯子はなし、寒さで手が凍りつく中を命懸けでやって、約一ヶ月滞在して二百枚近くの大小の拓をとって来ました。私は早く帰京する所を延ばして、一行の帰るのを待ち受け、これを全部買受けて、日本に帰ってから紙表具をして紫檀軸を付けました。これを美術学校の先生方のお勧めで、学校の文庫楼上に並べて、各方面に案内状を出し、三日間展観をしましたところ、学校の職員方と学生さんと芸術家が僅か見えただけで、まことに淋しい展観に終りました。ほとんど買って下さる人もなく、費用も出ず、その中にある雲崗洞窟入口の両アーチにある動物の上に人物の坐する大拓本を二幅百円で美術学校にお買上げ願いました。この拓本は世界中にこれ以外にはないはずです。今でも学校に遺っております。あとは永年の間に一二幅ずつ処分したり差上げたりしましたが、それでもあの戦災に遭うまで二三十幅も残っておりました。これもあの戦災で全部焼失しました。

その後雲崗研究が盛んになり、一般に認識されるようになったのは、結構なことでございます。余り早く紹介しましたために失敗に終りましたが、しかしこの拓本が芸術家や愛好家の手に遺り、それを時々見る毎に、儲けの成績は上りませんでしたが、仕事は遺りましたことを悦んでおります。

北京の梅原先生

旅券なしで自由に、その日思い立って、あの老樹繁茂する樹海の古都北京に身軽に出かけることができた時代がありました。音楽を聞きながら茶を飲んだり、芝居を見たり、中華料理を食べ歩いたりしてもさして費用も掛らなかった当時の北京は、至極暢気な所でした。旧皇族や貴族、蒐集家から招ばれて、品物を見に行って分けてもらったりして、御馳走になったことも幾度かありました。

梅原龍三郎先生が北京に来遊されて御滞在中に二三回お会いして、先生に連れられて茶亭に姑娘のかなでる音楽や歌を聞きに行ったり、中華料理を御馳走になったことも度々ありました。永年北京に往復している私共の少しも知らない珍しい料理を出してくれる家にも案内して頂きました。そして先生と二人で骨董屋を漁り歩きました。

商人の私が利益を得る目的で品物を見る立場と、芸術家の先生が美を鑑賞するために見られる立場——特に彫刻や色彩に対して優れた天分を持たれる先生の着眼点とは余程の違いがあり、お供をして歩いて、私の曾つて知らない見方や味わい方を教えられました。芸術家でなくては見出すことのできない所を、お供をして歩いて幾分か学び得て、私は幾日か一緒に暮さして頂いたことを幸福に思っています。

先生の作品に見られる、あの老樹繁茂の樹海の紫禁城の屋根瓦の釉色、城壁の彩色は漢六朝唐俑の彩色であり、宋赤絵、嘉靖万暦の緑であり、黄であり、赤であります。まさに色彩のカクテルとでもいうのでありましょう。北京飯店楼上の最も展望のよい部屋から、紫禁城を目の前に眺めながら製作に余念のない先生の書架の傍には、宋赤絵や明赤絵の色美しい参考品の数々が置いてあります。その色を眺め、その色に憬《あこが》れての制作です。疲れた時には、部屋の中に自分で集められた三代の銅器、六朝隋等の石仏や鍍金仏、俑、宋元明の陶磁等を並べて鑑賞したり、外に出ては姑娘の音楽や歌を聞いたり、芝居を見たり、中華料理を味わったりしながら、心豊かに北京情緒に浸り制作意慾の動くままに描かれるため、そこに生れ出て来る紫禁城には実在のあのペンキ塗りのあくどい、汚ない城壁の色とは違って、なんとも言葉ではいい表わせない美しい色が出ております。樹海の中に聳え立つ、どっしりと根から生え抜いたような雄大な紫禁城が表われております。

私は三十年近くも北京へ仕入れに往復し、春夏秋冬に亘って滞在しました経験がありますので、北京の気候風土やそこに住む中国人の日常生活の情景が頭の中にしみこんでおります。先生の描かれた紫禁城や長安街は、滞在中毎日のように通って眺めているので、描かれた季節もよく判り味うことができます。秋天の美はもとより、その絵から、中国人の生活のさんざめきや、阿片や中国人の体臭までが身近かに感じられて来ます。雲中天壇なども、夏の日射しを浴びて紺碧の大空に聳《そび》え立つあの楼閣の紫色の甍《いらか》が、太陽の強烈な光に反射して眩《まば》ゆいばかりにきらめくのを感じます。赤く塗られた建物とその建物の下を取巻く大理石の欄干の純白の色とが調和して、譬えようのない美しさで天壇が右に左に動くかの如くに感じられます。これは真夏の天壇を実際に仰ぎ見た人ならば誰でも感ずる所でしょう。

私は今でも北京の思い出を忘れかねて、先生の北京の絵を部屋に掲げておりますが、これを眺めると心は常に北京にいるようです。あの懐しい北京の姿が恋しくて、何時になれば又行けるかと、いつでも憬れの夢を見つづけております。

最後の北京

終戦の前年の五月に、汪精衛政府の顧問をしていた友人と共に、その時来朝中の外交部長緒民誼さんと南京博物館長超張さんの両氏に帝国ホテルでお目にかかりました。その時に両氏から、南京に来るようにとお勧めをうけました。南京博物館に蒐蔵されている美術品を全部見せるから、その時に君の意見を聞かせてもらいたいと話されましたので、かねてその中には蔣介石氏の時代に北京の紫禁城内から沢山の品物が南京に移管されたものもあることを聞いていましたので、未だ見ぬ品物が見られることを楽しみにして、南京行きをお約束しました。

六月に友人と共に東京を出発、当時は玄海灘に潜航艇の出没する危険な時でした。途中京城、奉天、新京、大連、旅順、錦県、天津各地を廻り、博物館やその他の蒐集家を訪ねて見学して北京に着きました。事変のために約二年ほど北京を見ない間に、着いて見ると、北京の町はすっかり日本色に変わり、喫茶店、ダンスホール、料理屋、一膳飯屋、おでん屋、そば屋などが門並に出来て、看板や暖簾がぶら下り、町中に日本着物の女や男の通行が多く、ラジオは日本語ニュースや日本音楽、歌謡曲等を放送する所へ、また喫茶店、料理屋、ダンスホールから蓄音機のレコードの声が流れてくるので、まるで日本の延長で、目にも耳にも北京に来た思いが致しません。在住日本人や朝鮮人を加えて十五万人というのだから賑やかなわけです。私が始めて北京に来た時は、在住民六百人という少ない時代でした。まるで夢のような変わり方です。

中華料理店に行っても、中国人の姿が見えず日本人ばかり、そのせいか、日本人好みの料理ばかりで、昔の純粋の北京料理はどこの家でも味わえません。聞けば、日本人に向くようにと、スープなどは鰹節や、味の素を使っているとのことで驚きました。

友人の紹介で日本の役人や事業成金の蒐集家の所に行きまして美術品を見せてもらいましたが、筋の良い蒐集家もありましたが、多くはいずれも美術の本場にいながら、鑑識がないのと、掘り出しの吝な根性で買うので、相当金を出しながら一向感心せぬ物ばかりです。

北京の骨董店を久方振りで訪問、一巡した所皆元気で私を迎え悦んでくれました。その後買い入れた品物をどこの店でも見せてくれました。なかなか尤品もあり、金石や陶磁器にも買いたい物がありますが、北京はインフレのため、何万何十万というので手が着けられず、永年北京に仕入れに来て、金はあるが向く品物がない、また品物はあるが金がないということばかり多かったものですが、今度来て、欲しい品物はある、北京で事業してる友人や知人達でインフレで成金になった者がいて、金はいかほどでも貸すから好きな品物は買って帰れといわれるが、私が日本で売ろうと思う値段の大概十倍以上です。これでは何ほど品物があっても、金の貸し手があっても、商売にならず、仕入れは断念しました。その時私の見た品で嘉靖赤絵鉢の名品を、ある方に勧めて買わせましたが、終戦後財産税の時に役立ち大変喜ばれました。

南京に飛行機で出発する矢先、日本にいる間食糧不足で栄養失調を来していたため、北京に来てから急に毎日招待されて中華料理の御馳走攻めに、到頭胃腸をこわして病気になりました。この体で無理に南京まで飛行機で送って貰っても、体が続かず、南京で白木の箱に入って戻るよりは、それより早く日本に戻り養生せねばならぬと思い、南京博物館を見ずに中途で帰ることはまことに惜しいことではありましたが、体には代えられず、友人に別れて帰京しました。今でもその時見た品の中に、一尺五寸ほどの越州窯鳳凰頭《えつしゅうようほうおうのかしら》の水瓶がありましたが、これは製作は極上ではないが形の優れた良い物でした。恐らく世界に類のない逸品でしょう。五十万元といっていたが、これなど頭に残っています。今はどうなっていることやら、品物と金があって一点も買わずに帰ったのは、中国通いをしてから始めてでした。いかにインフレが強かったかが判ります。

終戦後に新聞で知りましたが、南京で会うはずの緒民禎さんは、国民政府によって戦犯として銃殺されました。まことに淋しい思いが致しました。唯一度の面会でしたが、まことに良い人柄で、温かい感じをうけました。あとから聞いた所では、自分の所信を堂々と述べ実に立派な死に方をされたそうです。中共政府が北京に移ってから間もなく、北京の骨董店は美術品全部を家屋共没収され、放逐されたと聞きました。今頃は老朋友《ラオポンユウ》達はどこにどうしているやら、昔を思うと懐しいことです。再び会うまで無事でいてくれることを祈っております。

知らぬが仏

私が北京へ仕入れに出張中常に滞在していた旅館が、崇文門《ツオンウエンメン》内の八宝胡同《パアパアオホトン》（町名）にありました。その地続きが三元庵《サンユアンアン》という胡同でした。この三元庵に出張所を持っておられる山崎さんという方がおられました。京都に住まわれ、中国の古代衣裳や裂地類を専門に仕入れに来て滞在しておられました。また時に西洋向きの雑貨風な骨董品も買っておられました。私は懇意にしておりましたので時々遊びに出かけましたが、碁が好きで、素人としては強い方でした。御本人は日本棋院の初段だとかいっておられましたが、北京在住の碁打ちの天狗連中がよく同家へ集って、手合せをしておりました。その中に時々中国人の十三四の紅顔の美少年が一人、この山崎さんと対局している姿を見受けました。始めは山崎さんが白石を持って打っておりました。しかしこれは少年が老人に対する遠慮から黒石を持ったので、実際は少年が二三目強いようでした。山崎さんは、「この少年は碁の筋が良いから将来強くなると思う。見込みのある少年だから、日本へ連れて行って仕込むと良くなるが」といっておられました。暫く経つと、メキメキ上達して強くなったので、誰でも遂には何目か置かなければならなくなりました。進みが早くて最早北京には誰も相手になる者がいなくなりました。その後山崎さんに会ったところ、「少年は紹介される方があって大倉男爵のお世話で近日日本に渡り、瀬越さんの指導を受けることになりましたので、私も付いて行きます。この少年を日本で十分勉強させたら、将来この中国人の少年に本因坊の称号を取られるかも知れません」といわれましたが、その時の山崎さんの言葉を私は今でも覚えております。この少年こそは後年の呉清源九段でした。山崎さんは数年前故人になられましたが、同氏の先見の明に感心しております。

この呉清源九段の少年時代に北京で教えを受けた一人にSさんという私の友人がおりました。Sさんは呉少年と井目《せいもく》風鈴付きで打ってもらっておりました。普通こんな場合には本気では打ってくれないものだそうですが、呉少年は常に真剣に相手になってくれるので嬉しく思い感謝したところ、呉少年は、自分はいつも勝負を離れて碁の研究をしているつもりで打っているのだからいかなる相手にも常に真剣になれます、と言ったということを話してくれました。

さて話は変わりますが、日本から北京へ骨董品を仕入れに出張している同業者に伊藤という男がありましたが、これはまたヘボなくせに飯よりも碁が好きで、しかも自分では大の天狗です。自分で初段以上だといっておりました。私は碁は知りませんが、商売で彼が買入れる品物の目筋の悪いところから見ると、無論碁の筋も大したこともなく、多分ザル碁の類だろうと思っておりました。この男と偶然日本に一諸に帰ることになり、同じ船室におりました。数日間の船中生活に退屈を感じ、両人で船中をあちらこちら散歩しながら貴賓室の前まで来たところ、向こうの角で碁を打っておられる人の姿を見つけて、彼はノコノコと入って行き、側で見ておりましたが、一方の老紳士の方が打ち下した碁石を見るが否や、突然無遠慮に声を張り上げ、「あッ、まずいなあ。そこへ打たずに、こちらへ打てばよいのに」と助言をしました。その方は静かに「あそうでしたかなあ」と返事をしながら対局しておられました。私は碁に興味もないのでその室を出て、かねて懇意な船の事務長さんの室へ遊びに行き、種々雑談しておりました。事務長さんの話によると、有名な段棋瑞将軍が政界を隠退して天津に住んでおられるが、碁が好きで、先頃方円社の有名なN八段を日本から招いて、将軍邸で数日対局して教えを受けられたが、今度この船でN八段は帰途につかれた、との話を聞いて、私は「どの室におられるお方ですか」と尋ねたら、「今貴賓室で門弟を相手に対局していられます」との話です。つい今し方同業の伊藤がその方の対局中に、打たれた石に対し注意をしていたのを思い出し、本人に知らせてやろうと、急いで貴賓室に来てみると、誰もおりません。自室に戻ってみると、伊藤は昼寝をしているから、これを起して、事務長さんから聞いたことを話してやったら、彼は驚いて、日頃の自慢にも似ず、顔色を変えてきまりわるそうにしておりました。それからはN八段に顔を見られるのが恥かしいのか、船が神戸へ着くまで一歩も船室を出ませんでした。

後年私が、段将軍からN八段に記念のために贈られた美術品の鑑定を頼まれて拝見致しましたところ、箱は真に立派でしたが、中の品物は夜店で売っているようなごく詰らない新しい焼物でした。これは段将軍が鑑識が無いので、人任せにしたからでしょう。中国の有名人から贈られた品物を時々見ますが、詰らない品の多いのに驚きます。

しかし人ごとではありません。私にもこれに似た失敗談があります。ある時北京から帰国するので天津から乗船しましたところ、私の室の上段に清水さんという方がお入りになり神戸まで同室したことがあります。この方が中国人の少年を連れておられました。清水さんはこの少年と流暢な中国語（北京官話）で話をしておられます。あまりお上手なので、「私は中国語がわかるのではありませんが、中国人そっくりに聞こえますから、貴方は中国語は余程お上手なのですね」と褒めましたら、「恐れ入ります」との挨拶でした。しかしふと考えてみると、なんだか毎晩ラジオで中国語を教えていられる先生に清水さんという方がいられたことに気がついたので、早速お尋ねしたら、「それは私です」とのことで、外国語学校の中国語の教授をしていられる清水先生だったのでした。いやはやこの時ばかりは啞然として二の句がつげず、体中に冷汗をかきました。知らぬが仏とはこのことで、「まことに失礼いたしました」とお詫びしましたら、清水先生は、「私と中国少年の会話がわかって頂ける貴方も、相当中国語を話せるのでしょう」と申されて、私は大変閉口致しました。まだ忘れ難い失敗の思い出の一つです。その時清水先生は、「私は中国語を学ぶために、青年時代に北京の上流家庭に寄宿して、家族の一員として四五年間は日本人との交渉を一切断って、身も心も全く中国人になったつもりで勉強しました。今度暑中休暇を利用して久々で北京に来ましたが、某中国人の友人の子供を日本で教育することを頼まれましたので連れて帰るところです。日本に帰ったら、私の家族の一人として、中国人との交際を避けて、まず日本語を覚えさせ、日本人の生活になじませて教育するつもりです」と、話していられました。

先輩と故老

蜀桟道を旅する二人

北京在住五十数年の歴史を持つ菊池栄一翁と、中国古代金石美術を業とされる江藤濤雄翁とは共に若い頃からの親しい間柄でしたが、これは両翁がまだ若かりし大正初め頃の話です。

江藤さんは日本の雑貨や薬品類を販売するため、陝西省の奥地まで出かけて、漢中（陝西省東部平原の都）に数年間滞在していましたが、傍ら古代金石美術品の仕入れをやっておりました。こんな辺鄙な奥地には無論日本人はほとんどおりませんし、また訪れる者もなければ旅する人もありません。昔、竹添井々先生が朝鮮公使の時代に、従者を連れて蜀桟道を越えて四川の成都に出られたのが、日本人としては始めての壮挙で、これは有名な話です。竹添先生にはこの時の旅行記「桟雲峡雨日記」という御著書があります。

ある時北京の菊池さんが、陝西省の西安地方に名銅器を求めに出かけました。その時漢中まで来て付近の河の中から発掘された三代の名銅器の罍《ライ》を入手し西安に向かわれたと、漢中の江藤さんが後で聞いて、それは会えなくてまことに残念なことをした、久々で懐しい旧友に会いたかったと、いても立ってもいられず、早速菊池さんの跡を追いかけたが、どこを尋ねても友の姿は見当たらず、一昼夜というものは一睡もせず飲まず喰わずで、険しい蜀桟道を追いかけました。道中の各部落の宿舎を隈なく探したが、さっぱり見当たりません。歩き疲れて足を引きずりながら尋ね廻ること三日間、やっとある部落の宿舎で会うことができました。

ただ旧友に会いたさの止むに止まれぬ一念凝って到頭廻り会ったわけですが、その精神力には驚きます。やっと菊池さんに会えた喜びに、顔を見た途端に、久々の対面の懐しさの余り、いきなり菊池さんの体に抱きつき、暫くの程は声も出ず、お互いに手をしかと握り合い、嬉し涙が頬を流れるばかりでした。異郷の奥地の同胞の誰一人おらぬ土地で親友同志が久し振りで対面した喜びは、まことに想像を絶するものがあります。

宿舎に会した喜びの友二人は、漢中で入手した三代の名銅器の罍を鑑賞しながら、それを酒の肴に懐旧談は尽きず、夜を徹して老酒を飲み交わし語り明かしました。やがて菊池さんは、江藤さんと別れて、この罍を駕籠に乗せ、西安まで十日間、西安から河南の洛陽までは馬車で悪路を一週間、それからは鉄路（汽車）で北京に戻りました。この名銅器の罍は、その後菊池さんが日本に持帰り、京都の林新助さんに売却されました。林さんは更にそれを関西の有名な銅器の蒐集家F家へ納めました。爾来今日まで同家にあって世界的に有名な罍こそ、この時の苦難の陝西旅行の収穫でした。

私共の先輩渡辺松次郎さん、繭山松太郎さん、その他多くの先輩諸氏の四川、山西、陝西、河南、山東の各方面に仕入れのために旅行された際の苦闘は並大抵のものではありません。それにまつわる数々の面白い思い出話も聞いております。先輩の松沢さんが陝西省の首都の長安に仕入れに行った帰途、洛陽に向かうため馬車を雇い、膝の前に仕入れた品物を積んで、悪路を上下左右にガッタンゴットンと十数日間も揺られ通しで、体は綿のようにくたくたに疲れきって、手足も動かせねば口さえも利けず、そのまま旅を続けている時の話ですが、途中で膝の前の天龍寺青磁の皿（釉上り極上で相当儲かる品）が馬車の動揺につれてズルズルと車外に落ちて行くのを目の前に見ていながら、疲れきっているため慾も得もなく、手を延ばしそれを引止める気力もなく、馭者を呼ぶ声さえ口から出ず、ただ呆然と眺めながら、到頭道路に品物を落してしまいました。その上数十日の間不便な奥地の不潔な所を廻り歩いたので、湯にも入らねば洗濯をする暇もなく、服や身の廻りのものは汚れ放題で、垢だらけの体には沢山の虱《しらみ》をわかして北京に戻って来ました。宿に落着いてその夜私に道中の苦労を話されました。出発してから帰るまで約二ヶ月間の奥地旅行で、買って来た品物の中に砧青磁千鳥香炉がありましたが、これは五十円で掘出したもので、日本に持ち帰ってから関西の某一流業者に二万円で売りましたところ、その業者はまた客に五万円で納めました。それが後年売立に出て十万円に売れました。各自の力と立場と時間によってそれぞれに利潤を得ていることを思うと、実に面白いことだと思います。

昔から我々の諸先輩は、幾多の困難と闘いながら、四川、陝西、山西、河南等の奥地まで慾得づくからとはいえ、生活の相違から来るあらゆる不自由を忍びながら、名器を求めて長い旅をしたものです。諸先輩の将来された名器の数々は、各蒐集家に今も燦然と輝やきわたり、悠久に保存されて、日本人はもとより、来朝の欧米各国の学者や愛好家の鑑賞をうけ、目や心を喜ばせております。

これらの名器は黙して語りませんが、諸先輩が中国の奥地深く苦労して探し求めた足跡や悲喜劇は、将来された名器の一点一点にまつわり、これら数々のエピソードを名器と共に後世に伝えたいものですが、悲しい哉、人命には限りがあり、先輩が次々と世を去られると物語はいつしか世間から忘れられてしまうことを思うと、まことに淋しい心地がいたします。まことに一将功成って万骨枯るの譬えの如くで、名器天下に輝きて扱った美術商忘らるとでも申せましょう。

故老先輩の著書

私の郷里富山市出身で、私共の大先輩で業界きっての大人物、先代好古堂主人中村作次郎翁が、大正八年に著された「好古堂一家言」という本を、当代の好古堂中村さんから一部特にお譲りをお願いして拝読いたしました。この本は翁の該博な知識と多年業界に活躍された経験を基に述べられたものです。当時と今日では時代も大分違って参りましたが、翁の説いておられる事の真理には、古い新しいの差別なくいつの時代でも同じであることを知って心強く感じました。中村翁の哲学であり、我々業者の参考にすべきことや学ぶべき点が多くあります。翁は明治から大正にかけて当時の政界の巨頭や有名な財界の蒐集家や趣味家に古美術を紹介され、かつそれらの方々と交遊もありました。今日の如く古美術の盛んになった原因も、翁の力が多分にあると思われます。著書によると、翁は明治三十三年に農商務省より欧米各国へ美術比較調査の嘱託を受けてまず巴里に渡航され、欧州を巡り米国を経て帰朝しておられます。清国（中国）にも数度仕入れに渡航されました。我々業界における先覚者です。

翁に数々の逸話がある中に、こんなことがあります。感ずるところがあり、永年好きで吸っていた煙草を止めて、毎日のんだつもりでその金を貯蓄したところ、数年後に千五百円ほど溜ったので、その金で桜の苗木五百本を買求め、東京市に寄贈してそれを上野不忍池の廻りへ植付けました。後年それが生長して春ともなれば池畔を美しく色どり花見客を喜ばせました。

それから真に迂闊なことでしたが、次のことも翁の著書から初めて知りました。それは浮世絵愛好家やその道の業者なれば誰でも知るところですが、明治時代に我が国の浮世絵を欧米諸国に紹介された美術貿易の先駆者林忠正さんも、郷土高岡市の出（医家長崎言定の二男）であることがわかりました。林忠正さんは中国美術の紹介に当たっても、山中翁が中国へ渡航された以前の明治十九年にすでに香港、上海、北京、天津等へ仕入れに廻っておられます。そしてその品物を欧米に持って行き、売捌いておられます。これまた我々中国通いの先駆者であり大先輩であります。特に巴里へ浮世絵を紹介されたため、当時画壇の有名な画家たちに東洋風の芸術に興味をもたせ、その画風に大きな影響を与えたといわれております。

今一人郷里富山市出身の書画商として明治時代に東京において名を成した田沢静雲さんがおられます。この方が吉川丑太郎、本山豊実両氏等の先輩です。もと売薬の行商をして全国を廻った人ですが、その後古筆了仲の家僕に住込み鑑定を学び、文人墨客との交際も広く、三条実美公の知遇を得たり巌谷一六先生とも交遊があり、義太夫が好きで摂津大掾の門下となり、花柳といい素人語りの大家でした。大掾の養子は静雲さんを親許にして行ったのだそうです。

又私が旧主人から聞いたことを思い出しましたので、ここに記しておきます。私の旧主人が上京、間もない頃のこと、五十円の金に困り、その借用を頼みに同郷同業の先輩である中村翁の許に行った時に、翁は自分が借金のために同郷の誼《よし》みでかつお得意様である安田善次郎翁（初代）を訪れた際、安田翁に長々と意見をされ、金というものは容易に得られるものではないということを諄々《じゅんじゅん》と説かれたということです。

山中翁の人格

故山中定次郎翁のことは本書のあちこちでお伝え致しましたが、まだ申し残したことがいくらもございます。山中翁の没後、同翁の伝記が刊行され、国の内外の諸名士から寄せられた追憶の文が沢山に載せられておりますが、そのどれを拝見しても、翁の人格の立派であったことに触れておらないものはありません。翁の人格を物語る事実は私の知るだけでも数多くございますが、その幾つかを申上げましょう。

山中翁が北京に仕入れに来られた時に、私も仕入れに行き滞在しておりまして、幾度となくお会いしては種々お世話になりました。山中翁が北京に着かれたことを知ると、北京中の一流の業者から二三流の業者や雑貨屋さんに至るまで一様に活気を呈します。翁は早朝から北京の支店で品物の仕入れをされます。宿舎の扶桑館ホテルから麻線胡同《マアシャルホトン》の支店に翁が着かれる前に、既に玄関入口から奥に至る通路をはじめ広い庭園まで隙間なく沢山の各業者が我先にと風呂敷をひろげてその上に各種の品物をならべます。三代の銅器、石器、陶磁器、各時代の仏教美術、金、銀、銅、錫、砡器、硝子、七宝、象牙、木工とりどりの細工物、綴、縫取等の裂地、書画等のあらゆる新古の美術品全般に渉り、その他玩具雑貨類に至るまで仕入れをされるので、これらの業者が品物をならべた所は実に壮観でした。それらを翁がいちいち目を通し五十仙（銭）一元（円）の物から数千数万元の品物まで買われました。因みに翁は日本でも書画骨董の高価なものを仕入れられましたが、半面には五十銭や一円の根付や油皿、煮〆皿等の民芸品の安価なものまで買求め、欧米に紹介して利益を上げておられました。

午前中にここでの仕入れを終ると、午後からは各一流業者の店や旧家や蒐集家の売物を買いに廻られます。天津、上海、香港等中国全土の銀行などに担保に入っている品物なども幾度か全部まとめて数十万元数百万元の買物をされました。その度に中国全土の業者や雑貨商人のうるおうことは莫大なもので、彼等は皆老山《ラオサン》中《チユン》と尊敬の念をもって心から迎えておりました。そして、あらゆる一流業者の私室には翁の写真の飾られてあるのを私は各所で見ました。日本では、山中家の一族に同業者が多いので以前は天満《テンマ》に住んでおられたため、翁は天山《テンヤマ》さんと呼ばれておりました。

かくして買われた品物を北京、上海の支店で遠く欧州向きと米国向きに別けて発送されます。これらの美術品はもとより雑貨に至るまで、包装、荷造など、実に細心に注意が行きとどき至れり尽せりの荷造をほどこされます。翁の神経が隅々まで行き届き欧米は無論のこと日本における商売でも箱のない物は箱を造り、台や包み裂等も造って品物を送り出されます。いつもその親切な心遣いと丁寧な荷造を見て、誰でも翁に感謝を致しました。我々業者の中には、品物の箱や包み裂や台などが良いと、悪い箱と取替えたり、台や包み裂を取ってハトロン紙や新聞紙と包み替え、おまけに念の入ったのは紐まで外してよこすような不心得な人が往々あります。こんな人の荷造は又お粗末で話になりません。物が不足のためかこれは特に終戦後に多く見られます。

かつて、北京支店の事務所へ私が翁をお訪ねした時、たまたま本社からの郵便が配達され机の上に置かれた途端に封書に貼ってある切手がゆがんでいるのを見られて、非常に不快な顔つきをされました。中を読み終ってポケットへ入れられましたが、いずれこの手紙を持帰りその発信者に対して注意をされるのだなとその時私は感じました。単なる切手一枚でもかかる細かい所へ気の付く翁の心持が広く海外の支店、出張所の社員にも行きわたるから自然と欧米人も山中商会を信用することになります。

私の友人が終戦後渡米して、小都会やごく片田舎の美術蒐集家を訪れた際、誰でもがこの品は山中商会で買った品物であると誇りをもって話されたということを聞きました。美術品を通して世界の美術愛好家を喜ばしたことは民間外交として国際親善の上にどれほど寄与されたかわかりません。その功績は真に偉大なものであります。翁の営業方針が欧米人の性格に一致したとも申せましょうが、これは並大抵の苦心や努力ではできることではありますまい。

翁がニューヨーク支店に滞在中、暇な時などはウインドウの硝子を拭いたり、陳列棚の掃除をしたり、品物を拭いたりしておられたそうです。店員が来客に、あれは誰かと聞かれて、社長ですと答えたところ、聞いた人は驚くと同時に非常に感心したということです。社長が自ら掃除をされるのは、別に店員に対して見せつけのためではなく、商品をばよりよくきれいにして、売る品物を愛する翁の真心です。米国では同じ会社で働く以上は、社長も店員も同格で、忙がしい時には社長が社員の仕事をすることは別に不思議なことではないと聞きました。

翁にある時、ハーヴァード大学の総長から、商人としての立場から見た美術品についての話を何か学生にしてもらいたいとの依頼がありました。その時は同大学から教授《プロフェッサー》の待遇を受けて二三日話に行かれ、話が面白くて有益なので、教授をはじめ学生達が非常に喜んで聴いてくれたと私に話されました。

翁が東上されて各業者へ仕入れに廻られる時には、必ず私に一緒に行ってくれと云われて廻ったものです。ところが翁の買い振りの大ざっぱなのにつけこんで、業者によっては直しものや贋物を見せました。私もまだ若い時なので老眼の障りもなく、繕いや手入物はすぐにわかるのですが、翁は品物を見ると、いきなり「貰っときまひょ」と言われるのでいかにしてこのことを翁に知らしたものかと苦心致しました。その店の主人や番頭が奥へ品物を取りに行くために座を立った短い間に、私は品物を手に取って繕いの箇所を指先で示して手を振って見せたり、贋物の場合には小鼻をチョイとおさえて（クサイという意味）相図をしますと、翁はうなずいて、流石に老巧で千軍万馬の翁は自ら欠点を発見したかの如くに「この品はチョイト考えさして貰いまひょ」（中止の意味）ということになります。以心伝心と申しましょうか、同じ古美術を扱う同業者としてもさることながら、十三歳から骨董屋の小僧生活をして来た翁と十二歳から小僧生活をした私とでは年齢の差があっても、何かにつけてお互いに相通じるものがありました。

又、翁が私共業者をある料亭に招待されました時に、一杯気嫌で冗談に私共に向かい、「皆さんは私を一体目利きと思われるか不目利きと思われるか」と尋ねられました。私共は平素から翁はある品物には優れた鑑識を持っておられるが、古今東西の美術品を取扱われるから間口があまりに広すぎて、目の届かぬ向きもあることを知っていたので、皆の者が無遠慮に、あまり目利きではありませんなあ、と云ったところ、翁はいかにも愉快そうに笑いながら、「そうやろうなあ、私もそないに思う、あまりにも買う品物が多いよってに、さっぱり真贋の見当がつかぬ品物があるので閉口や、あんまり私をクサませなはるなや」と何のこだわりもなく話されました。業者は心から翁に尊敬と親しみを持っているため、常に買物をしてもらっていてもお世辞を云わねばならないなどと思う者は一人もおりません。それほど打ちとけて無遠慮に思うことを話すことができました。

自分の仕入れる品物に目の行き届かぬことを知る翁は、常に専門業者の鑑識や知識を尊重して、その人に仕入れを全部任されました。ここが翁の人格の偉大なる所でしょう。いちいち目が行き届いたのでは売る方からも敬遠されて仕入れが狭くなります。従ってあの厖大な営業振りができなくなるでしょう。仕入れを任した以上は、品物が自分の気に入らなくても、そのまま全部引受けられました。いかなる業者でも神様でないのですから、あるいは間違った品物も納めましょう。それらの品物が山中商会の展覧会に並べられたとて、全部が翁の責任であるかの如く云われるのは少し無理かと思われます。翁に直接の責任があるにしても翁の目の届かぬ贋物を真物として売込んだ業者にも責任があると思います。

村上春釣堂

大阪の高麗橋五丁目に終戦の六七年前頃まで店舗を構えておられた春釣堂村上民二郎さんは、私共と同じ業者で、鑑賞美術品を専門に取扱っておられた、大阪における唯一のお方でした。鑑賞美術特に朝鮮物の愛好家や蒐集家の方ならよく御承知のことと思います。太平洋戦争前に五十歳にならぬ働き盛りで急逝されました。息子さんが小さいため営業を続けることができぬので、廃業されました。

親父さん時代からの骨董屋さんでしたが、親父さんは煎茶器や中国雑貨等を商っておられたようです。村上さんの代になってから、鑑賞美術、中でも朝鮮美術を専門に取扱うようになられました。時々京城へ仕入れに出張されました。当時朝鮮から仕入れていたのは、東京では壺中居、大阪では春釣堂の両店でした。蒐集家や愛好家が両方の店に来訪されるうちに、我々の扱う品物が煎茶、抹茶、中道具のいずれにも属さない物で、特殊な品物を扱うため、お客さんの間にいつの間にやら鑑賞美術品という名称が生れて参りました。

春釣堂さんの店も、初期の頃に芸術家や学者の方々に認められ、興味をもたれるようになりました。その頃住友の建築部におられた建築家の笹川慎一さんが、朝鮮や中国の古美術に対し天才的な非凡な審美眼を持っておられましたので、会社から近い関係もあり、昼休みの時間や帰り途に毎日のように遊びに来られて、自分が買ったり、美しいと思う物を知人友人に献身的に推薦されたりして、指導されました。村上さんの努力と笹川さんの熱心な紹介等により次第に鑑賞美術が関西方面に普及されるようになりました。今日関西方面における鑑賞美術の盛んなことを思う時、一つには山中商会の数回に渉る鑑賞美術展観の力にもよりますが、村上、笹川両氏の黎明時代の功績は顕著なものがあります。村上さんもまた他の追随を許さぬ鋭い鑑識で名器を引抜いて来ては、お客さんに紹介されました。自然蒐集家や愛好家が村上さんの審美眼の確かなことを認め、尊敬するようになりました。美術商としては稀に見る無口で無愛想な人ですが、なんとなく人柄に魅力を感ずるのと、高い審美眼で買い求める品物がものを言うためか、かなり客の人気もあり、常に繁昌しておりました。

私は関西には先輩や友人知人が沢山ありますが、村上さんとは同業の関係もありましたから、商売を離れて親しく交際をしておりました。いつも村上さんと逢うことが何よりも楽しみで、大阪に着くと第一に村上さんの店を訪ねました。業界でも真に孤独な人で、私が行くと心から喜んで迎えてくれました。鑑識の確かな点は業界稀に見る人ですから、私がわからぬ品や疑念のある物などをお聞きしたことも度々ありました。その都度明確な判断を与えてくれました。仕入れに行ったのにお互いに商売そっちのけにして芸術や美に対して相語り相談じ合い、啓発されるところが多々ありました。

ある時村上さんが京都美術倶楽部の売立で李朝初期の焼物で、長方形の祭器（井戸風の陶器）を二十円で手に入れ、それをごく懇意なお客さんに二千円かで売却された話を、当時大阪から上京されたお客さんから聞きました。「よくもあんなくだらない品物を大事なお得意さんに高く売りつけたものだ、暴利も甚だしい」とまるで自分が高く買わされたかのように憤慨して話しておられました。その他二三のお客さんや同業者の口からも同様な話を聞かされました。私はその時村上さんが理由もなしに価値のない品物を百倍も高価に売るわけはあるまいが、これには何か特別の事情があるに違いないと、平素の村上さんを知っているので、皆その後間もなく私は商用で西下したので、寸暇をみて久々で天王寺の市の美術館へ見に行きましたところ、陶磁器の陳列してある室に来てみると、硝子戸棚の中に三代銅器の祭器のような形をした、李朝陶器の祭器が飾ってあります。平水《ひらみず》指《さし》に見立てた物で、形が立派で堂々と力強く、傍に並べてある他の器物を圧倒する威厳のある美しさは、大名物の井戸茶碗を見る以上の感じを受ける驚きです。私はこんな名器は初めて見たので、世の中には優れた器物があるものだと心を打たれ、その前で暫し我を忘れて眺めておりました。帰途村上さんの店に立寄り、今見て来た祭器の感激を話し、「こんな名器を所有者が売ってくれるなら、私には向ける客もあるから、五千円が一万円でも買ってみたいものだ」と言ったところ、村上さんは突然私の手を強く握り「広田君、有難う!! 感謝するよ」と目に涙を湛えて立上るや、「サア、これから僕と一緒に来てくれたまえ」とまだ商取引もせぬのに急がれるままに、連れ立って北の新地の某料亭に参りました。お互いに酒を飲みかわしている内に、村上さんの話すのを聞きますと、「実はあの祭器は京都の美術倶楽部で旧家の払い物の中にあったものだ、廊下の隅の方の屑物ばかりある中に埃だらけになって置かれてあるのを見た時、そのすばらしいのにビックリした。永年朝鮮の陶器を取扱っているが、これだけの名器は見たことがない。自分は非常な喜びを感じたと同時にこれは是が非でも買わねばならぬと思った。誰も気付くまいからヒョッとすると安く掘出せるかも知れぬが、万一もし他へ取られては残念だと思って、五千円まで注文しておいたところ、気付く人もなく幸いに僅か二十円の掘出し値で買えたのだが、お客から望まれるので、五千円以上の価値は十分あると思ったし、また五千円まで注文したのだけれど、日頃御贔屓になっているお客さんのことゆえ、元価が掘出し値段でもあり、特別勉強して自分の踏値の半額以下に納めたつもりだ。ところが物の良さや美しさのわからない方々が、村上がつまらん下手物を理窟をつけて高く売りつけ暴利を取ったと、事情も知らずに勝手な推量をして悪口を言いふらされて迷惑をしている。二千円（当時としては相当な金額）で売った品物のために四面楚歌で気を腐らしていたところだ。いつかあの品の良さをわかってくれる人もあるだろうと確信していた。ところが今日突然予期もしない君から誉められたので嬉しくなった。ほんとにわかってくれた君に感謝するよ」といわれ、私は世間のあまりにもつまらない噂にあっけにとられました。村上さんと別れる時に、「私はあの品物が好きだから、もしも客人が手離されるようなことがあったら、値は君にお任せするからぜひ共私に売って下さい」と頼んで帰りました。その後機会あるごとに、村上さんを通じて買受けの交渉を願いましたが、所有者も愛着が深いためか実現致しませんでした。

その後久々で村上さんが東上されて私の家に来られ、私の愛蔵品を御覧に入れ楽しく話合い、暇を告げて出て行かれてから約一時間後に、青山堂（青山義高）さんの家で脳溢血で急死されましたのには、あまりにも突然のことなので実に驚きました。全く惜しみてもあまりある人でした。心の友に先立たれ、私は暗夜に灯火を失ったような思いがいたしました。東京駅頭に遺骸をお送りして、心から悲しいお別れを致しました。

村上さんが今日まで生きておられたなら、関西の鑑賞美術界も定めし一層進歩し隆盛にもなり、さぞ賑やかなことだろうと思うにつけても、笹川慎一さんの早世と共に、ありし日の村上さんを偲び、我々鑑賞美術業界を始め趣味家の皆さんにとっても、村上さんのおられないことは真に淋しい思いが致します。今日では鑑賞される方々の審美眼の進歩と共に、朝鮮陶磁器に対する理解も深くなって参りました。村上さんが納めた祭器も時と共に認められ、声価も高まり、今では愛好者の間に有名になりました。所有者も一入《ひとしお》愛着深く、無論手離されるはずもなし、よしんば売られるとしても、私の手には及ばないだろうと諦めております。それは私以上に買われるお客さんのあることを知っているからです。今日でも、あの祭器のことを思い出すと、村上さんのことを思い出します。

肚の出来た人

名古屋地方は抹茶の盛んな所ですが、昔は煎茶もなかなか盛んで、煎茶器商も相当ありました。その名古屋に煎茶器商として有名な木村九華さんという方がおられました。誠に人柄で業者間に親しまれておりました。別に大して資力のある方とも思いませんでしたが、買物をされるのに誠にきれいにされるのにいつも感心しておりました。私の主人は特別親しくしておりましたが、主人歿後も私は何かと御贔屓になっておりました。後年この方が病気で臥床中と聞いておりましたところ、ある日突然上京されました。病気の面やつれを見受けましたが、御本人が私の所へお越しになって、今度多年お世話になった方や、永い事お取引を願った皆さんに、この世のお別れに御挨拶に上りました、と言われ、何の屈託もない態度に驚いてそのわけを尋ねると、実は主治医から胃癌の初期で永くとも一年は保たぬ、早ければ半年の寿命だと診断を下されたので、体の動ける間にお礼も申上げたく、皆さんのお顔も見たいのでこの度上京いたしました、と言われました。

死は誰にも与えられた必然的なものですが、人間の最も大切な所に触れた問題です。就中己の死期を知るということは、普通の人には到底できぬ事で、千人万人の中に、この覚悟の出来た者が幾人あるでしょう。誰でも冗談に、今度は死ぬとか、もはや余命幾ばくもないなどと簡単に言うけれども、実際肚の中で死の覚悟が出来ておりましょうか。人の目のゴミは見えるけれども、自分の目のウツバリは見えぬという諺があります。人は己を知ることは最もむずかしいものです。とりわけ己の死期を知ることはまず不可能です。人は死ぬまで生の執着はあるものですが、私共の先輩木村さんは骨董屋をしておりましたが、精神修養により肚が出来ているので、平素仕入れに上京する姿や態度と、何の変わった所も見えず、冗談を言っているとしか思われず、泰然自若として暫し談笑の後お別れに際し、何等の淋しさや哀れさも、また死期の近いようにも私には少しも感ぜられず、愉快にお別れ致しました。帰国後半年足らずで訃報に接した時に、はじめてあの人は他の業者と違い、唯の人ではなかった事を知りました。名僧の覚悟と思い合せて、木村さんのありし日の姿を偲び、感じたままを書いて見ました。できぬ事とは思いながら、自分の死ぬ時にはこの木村さんの如き心境で現世におさらばをしたいものだと思っております。

取柄は弟子より年上

私の常に私淑していた業界の大先輩、京都の玄琢の里に住まわれた、喜寿の土橋翁をお訪ねした時に、翁はこう言われました。

「取柄は弟子より年が上であるということだけでは駄目だ。あらゆるものを広く見て、お客さんや弟子共に遅れぬように、絶えず修業せねばならない。理窟よりも第一に品物を実際に買って見れば、損をしても儲けてもクサン（贋物を買うこと）でも掘出しても、一番覚えるものだ。例えば千円のものを買う時に千円の鑑識が生れ、一万円のものを買う時には、一万円だけの鑑識と度胸が出来、十万円の物を買う時には十万円だけの鑑識と度胸が出来ます。我楽苦多《ガラクタ》を数扱えばガラクタの鑑識、名品を数扱えば名品の鑑識が生れます。それは丁度人が家を建てる場合と同じことで、十万円、百万円、千万円かけて自分で普請して見れば、それ丈の価と苦心を感得できて、他人の建てた家を見てもこれはどれほどかかった家か判り、何軒も建てた人ほどそれがよく判るものです。借家住居ばかりでは、いかに大邸宅や結構な普請の家に住んでも建てた人ほど値打ちも良さも判るものではありません。すべて物事は畳の上の水練では判らない。まず水に飛び込んで見ると、川や海やプール等それぞれの調子と水流、潮流、深浅や水温が判るように、品物の良否や味も判る。これを繰返して行く中に鑑識が出来る。しかしこの授業料が高い、この高い授業料を払ってこそ名人達人の域にも達するのだ。」

これを伺って、私は不世出の大芸術家尾形乾山の言葉「素質徹風霜」を思い出しました。

私を常に鞭撻して下さる学者の方がいわれました言葉に、品物を見ることや買うことは自覚である。全力をもって実在にぶつかれ、鑑賞は知識ではない。全心を対象物に打ちこめ、そこに真の鑑識が生れる。鑑識は力である。自分の魂の求める所の究極まで努力と苦闘をして体験せねばならぬ。例えば寒中冷水で顔を洗う心構えでやれよと言われました。無学の私にもその意味は良く判りました。自分のまわりに、良き先輩、良き指導者を持たねば、結局蒐集家は良き蒐集家にならず、商人は教養ある目利きになれぬと思いました。山中翁や土橋翁の多年に亘る足跡を見ると、なるほどローマは一日にして成らずとは、まことに至言だと思いました。ある懇意な老人が、大臣の掛け替えはいくらでもあるが、両翁の掛け替えはないと言われましたが、全くそうだと思います。

細心にして大胆

私は東京にも京阪にも業界の先輩や友人が幾人もありますが、その中に三十年この方特別懇意にしている先輩に関龍三さんという方があります。この方は十代の時に九州の田舎から上京して某骨董商に奉公しました。二十歳を過ぎて間もなく独立し、あらゆる苦労をして今日の地位を克ち得た人です。三十歳頃第一次欧州大戦の好況時代すでに業界の先輩諸氏を抜いて僅かの間に大金を儲けた事があります。先輩諸氏が古画、南画、円山、四条派等の金儲けのむずかしい物を扱って苦労しているのに、自分がその時に売行きの早い雅邦、春草、栖鳳等の新画で楽な金儲けをしているため、先輩諸氏が馬鹿に見えたものだ、と若かりし日の思い上りを述懐しております。人生は七転び八起きとはおよそこの人のために出来た言葉かと思われるほどです。大正初期から今日までの間に幾度か不況時代や好況時代の荒波に浮沈みのうき目に逢いました。品物を沢山買込み突然パニックの大暴風雨に逢い、底しらぬ値の下落のために首の廻らぬほど借金を背負い込み、その解決をするために高利貸の金を借り入れて、返済するのに十数年間も苦しみ非常な苦労をなめつくしました。しかし彼に言わせると、苦労というものを別に苦労と思ったことも感じたこともなかったそうです。彼の性格は細心にして大胆です。従って大金持の気分や心をよくつかむことを知っております。それゆえ大金持の信用を受けます。お客がつきますと、書画骨董の名品なら何品によらず自分の専門外の品物でも扱います。細心である彼の性格を見る例は、たとえば自分の専門の書画の場合でも、雅邦や春草の幅を仕入れますと、多年自分が数手がけた経験で充分鑑識もあり自信もありますが、さて客先に納まることになると、雅邦は秀邦に春草なれば大観に一応見せて鑑定を受けねば売らぬことにしております。自分の鑑識と資本で自信を持って仕入れた品物ゆえ、別に改めて秀邦や大観の鑑定を受ける必要もなさそうなものだと思いますが、彼のいうところを聞くと、「調査する機関がなければ致し方がないが、現在秀邦や大観が健在で鑑定してもらえる間は徹底的に調べておくことが一層自分の勉強にもなり自信も加わる。客から適当な利益をもらう以上は、充分責任を持つことです。絶対間違いなしという自信の上になおかつ大事をとっておくに越したことはない。石橋をたたいて渡るようなものですが、それが客に対する業者のつとめであり親切というものです」と。またこんな話もあります。九州出身の画家で岡本豊洲という竹田の画の贋物を描く天才的な男がおりましたが、自作の贋物を真蹟物の中へ交ぜて骨董屋さんに売っておりました。骨董屋さんは買った物が儲かるから喜んで付合っておりました。しかし彼はこの男に対して、「困った時には面倒を見るから、自分の家へ出入りすることを止めてくれ」と断りました。彼は鑑識があるから贋物には絶対ひっかかる心配はないのですが、自分の家へ贋物を描く男が出入りすることがお客さんに知れて、疑惑を持たれては信用にかかわるのと同時にお客さんに安心感を与えるための心づかいからでした。

二十数年も前のことだと記憶しておりますが、私は彼の店で芋銭《うせん》の人物横物の幅を四十五円に買ったといわれて、それを向こうの言い値の五十円で譲ってもらい持ち帰ろうと思うと、一寸四五日待ってくれないかというので、大して高くもない品物をすぐ渡してくれぬのを不思議に思って聞くと、彼のいうには、「芋銭の真蹟に間違いないと自分は信じているけれども、君は書画の方は素人だから、たとい安物とはいえ、君がもしお客さんに売った場合に、後から贋物だといわれては君の商売の信用にかかわると気の毒だから、念のために一応芋銭の所へ送って鑑定を受けてから届ける」とのことに、私はこの時僅か五円の利益よりない五十円の芋銭の幅を鑑定書と手紙まで添えて届けてくれた彼の責任感と親切には感心しました。最上の注意は最上の勝利なりと彼は常に言い、同時に商人はかくあるべきだと教えられました。このことがあってからは、一層私は彼を尊敬し信頼してつき合うようになりました。彼は又私を心から信用してくれます。彼は私の専門の名器を素人や業者から買入れると、必ず見せてくれます。永年の交遊で数々の名器を見せてもらって非常に眼福になり、鑑識を高めることができました。自分に判断のつかぬ品物でそれが私の専門品だと必ず私に意見を求めます。その場合私はいつも自分の金で買う心がまえで見ます。充分責任を持って腹蔵ない意見を述べます。永年の間に私は彼を信用して随分得をいたしました。彼もまた私を信頼して何らか得るところがあったと思います。これもお互いの友情と信頼によるところです。業者は大概彼の真価を知らないので、糞度胸で自分の専門でもない品物をなんでも無茶に高く買うと驚いています。盲目は仕方のないものだと批評しております。しかし彼は常に用心深く、いつでも自分は気が小さい男だからといっています。永年専門に扱っている品物さえ充分にわからないのだから、まして専門外の品物を買う時ほど心配になるから、調べられるだけ調べて、自分の心に納得がいかなければ買わぬことにしている。充分納得ができ、安心ができたなら、他の人が買う値の倍が三倍でも買う。人は誰でも万能の目利きではないから、自分は専門外の品物は自信がなく目が届かぬことを自分が一番よく知っている。美術品には公定価がないのだから、買った値が相場であり、原価です。買った品物が高ければ売れるまで持つまでです。品物を買うまでは細心な注意もし心配もするけれども、自信を得て入手した以上は決してあわてません。

今日まで数多くの国宝や重要美術品の名器を扱って来た彼はまた言うのです。「品物を買うのは、値の高い安いではなく、第一その品物が真物であること、第二は品物が名器なりや否やということ、第三は芸術的な美の有無、しかる後に相場が出て来るものです。相場は買う人の鑑識と好み、資力の如何によるものです。美術品を扱う以上かかるところへ充分気をつけることが肝要であり、最も考えねばならないところと思います。細心な心づかいがあって初めて大きな度胸も出ます。細心なきところ大胆なく、単なる大胆こそ俗にいう糞度胸です。自分に鑑識のない品物を高く買ったとて、それは度胸とはいえません」と永年の経験から喝破して言うのです。更に曰く、「世の中に目利きはおらぬものだ、自分は盲目だから永年の勘で信用した業者から自分が良いと思う品物を買うことにしている」といっておりますが、わからないと思うことが彼を目利きならしめている所以です。彼はいつも心から何にもわからんと言っています。別にてらって言っているとも思えず、謙虚な真実の心からの叫びなのです。業界を見渡して彼ほどの目利きは他にないと私は思います。

彼はまた業者との付合いについてこんなことをいっております。「商売には多少の嘘（駈引）はあっても人間に嘘のない者には付合えるけれども、商売に嘘があって人間にも嘘のある者には付合えぬ。品物の贋物はシャべらないから発見しやすいが人間の贋物は上手に口をきいてゴマカスから却ってわかりにくい。品物のウソより人間のウソの方が恐しい。手段を撰ばぬ不徳の業者と付合うと丁度フグの丸喰いをするようなもので、中毒もすれば死ぬこともある。それが一番恐ろしい。自分だけ旨いことをして、相手に対して煮湯を飲ませて平気な者がいる。自分はよくても相手も生きているから死ぬこともあれば火傷することもあるのを知らねばならない」と。

彼は古画、南画、四条、円山の諸派から、明治、大正、現代作家の作品でも、若年、中年、晩年の如何を問わず、その作家の一生の力作や名画なら、寸法の大小やはやりすたりに拘泥せずに買います。現代作家の作品は出来の如何によらず、客も業者も一般に新作の書き下しの寸法のよいのを望みますが、彼は現存作家の作品といえども名作なれば若描きでも好んで買います。洋画も号数で価格を決めず小品でも優作は高く買います。資力があるからばかりではありません。金のない若い時からの一貫した今日までの信条です。ある時私は彼と今一人先輩の目利きと三人で地方のある有名な某蒐集家の品を買うために行ったことがあります。沢山の品を出されて全部買いました。その中にはガラクタも相当にありましたが、それを一点一点丁寧に調べて値入れをしている彼の態度には感心致しました。客から処分を依頼された以上は、どんなガラクタが交っていても、十把一からげに評価しないのは、流石に一流商人だと思いました。ところが最後に、値を高く買ってくれるならば売ってもよいといって、名器を四五点出されました。先方の希望値を聞いて、他の先輩は値が高いのでこれは儲からないからやめるというのです。それは先に買った五十点ほどの金額よりも倍も高価なため商売にならぬからです。その時彼は、「このような名器を高いからというて残しておくべきではない。残しておいて後で他の業者に買われでもしたら、商人としてこれほど恥しいことはない。また不愉快千万でもあるから、儲からなくても買うたがよい」といって、我楽苦多を沢山買うことには一言の反対もせずにいた彼は、この名器の買入れに対して真剣な態度で先方の言値で全部買取りました。値打ちがうつる品物にはおそらく名器はない。名器には値のないものだ。名器であればあるほど彼は強気です。名器を買求めて帰京し東京駅で一同が下車したところ、彼は突然に今降りた列車の中へ戻って行きました。さては何か大事な物でも忘れたのかと私は振返って見ていると、網棚に上げてあった小田原で買った駅弁の喰い残しの箱を懐に押込み降りて来ました。

親分肌の鷹揚な風格で、人生の苦難を踏越えて来た貴い体験から時々商売のことを語るのを私はききますが、一言一句がすべて彼一流の立派な美術品売買についての哲学です。彼の哲学が一般に行われれば、業者は贋物をつかまず、客は鑑識がなくとも安心して良い品物が買えます。これは単に我々美術商にのみあてはまるものでなく、あらゆる商売に通ずるものと思います。ある日彼の家を訪ねた時、奥の室で身内の大学を出た二人の青年を前にして何事か話しております。青年は頭をうなだれております。私はなに気なく聞いておりますと、「君等が早く良い就職口がないと言ってボヤキながら遊んでいるが、いかに大学を出たからとて、各所にある職業紹介所の前に毎日列を作って職を求めている人々と何等変わるところがないのだ。大学を出たと言う気位が自然条件の良い就職口を求めることになるから、なかなか職にありつけない。気位を捨て、月給が安くとも、月給以上の働きをする覚悟さえすれば、どこでも働く所はあるものだ。とかく楽をして給料を余計に貰える所を望むから、口が見付らない。野球をやるのに練習せずにヒットさえ碌に打てない者が、ホームランを打ちたいと望むようなものだ。たゆまずヒットを打つ練習をする者こそ、二塁三塁打となり、やがてホームランが出るのを知らねばならない。月給以上の働きをする者をば、会社が人員整理で社員を馘首する時でも、君は残ってくれ給えと雇主の方から頼むだろう。会社が栄えてこそ社員も幸福になれるというものだ。我々の商売にも言えることだが、客を生かして（良品を納める）自分が生きることだ。客を殺せば（贋物を納める）自然自分が死ぬことになる。常に相手が生きていると言うことを決して忘れず、何事でも無理をしてはならない。相手を生かすことが自己の生きゆく唯一の道である」と青年に説いておりました。

ある長老の夜話

私がある年の秋の夜長に、永年の間業界に活躍され、大小の売立、入札会等にも札元をされた方で、始終私を贔屓にして下さった、業界切っての大者でもあり苦労人であったK翁の所へ御機嫌伺いに行った折、お茶室に通されお茶を頂いて、四方山のお話に花が咲いた時に、K翁はしみじみと次のような話をされました。

私は父親の代からの道具屋で、子供の時から父に教えられ、五十幾年の間父から種々の話を聞かされて来ましたし、又私自身にも商売の上に種々なことがありました。私共業者の中には、鑑識も秀で心掛けの良い立派な人もおりますが、又中には研究もせずに唯儲けのことばかり考え、大事なお客さんへ贋物や繕い物、手入れ物を売込んでお客さんに迷惑をかけたり、品物を引出して代金を支払わず費いこんで行方を暗《くら》ます者もおります。私も随分この手合にはやられました。

ところで、今日は永年の間に種々なお客さんに接し感じたことをお話し致しましょう。こんなお客さんがありました。ある時、私を普段から御贔屓にして下さる御得意さんが私の店へ友人をお連れになって、「この方に何か良い物があったら世話をして上げなさい」と紹介されました。伺えば、相当高い品物を買っておられるらしいので、私も手持品の中から、今まで手離さずにいた名品を御覧に入れ、特別勉強して一二点お願い致しました。その方は喜んでお持帰りになりました。ところが後から間もなく品物を戻して来られました。親友の紹介でもあり、あれほど喜んで買って行かれたのに、どうも可怪しいと思い、調べてみますと、同家へ出入りしているお茶人があって、「これは茶には使えません、取合いません」とかなんとかいって、他から入れる品物に就いてかれこれ言うらしく、一方このお茶人の紹介で出入りしている道具屋がいて、この男が私の出入りするのを嫌って、「昨今お買いになる旦那様に良い品物を売る訳はございませんよ。こんな品物なら幾らでもあります。お邸でお買いになるほどの品物ではありません。第一値が高すぎます。これ以上の品物をもっとお安くお納め致します」と商売の邪魔を致します。せっかく御得意さんから御紹介を受けましたので、良い物をお納めしたいと思いましたが、心配してお願いしましても、こんなことで二度三度と返品されては、商売でもあり儲けたいとは思いますが、私も腹が立ってそのうち諦めて行かなくなりました。

又こんなお客さんがありました。買ったばかりのウブな品物を買って行かれて、僅かずつより支払わず、半年でも一年でも延ばす方がおられます。それでも払って下さる方は未だ良い方で、払わずにおいて散々催促さした挙句、結局金をくれませんから、戻して下さいと言うのもわるいから、「あらためて御利付けしますから売って下さい」といえば、「買った時よりも値上りになっている品だ。一体どのくらい利付けをするか」と、無茶を言う方があるかと思えば、永いこと金を払わずにいて、品物が飽きたからと平気で戻される方もあります（ただし値が高くなっている物は決して戻しません）。これでは丁度、生きた魚を売ったのに、殺した上おまけに腐らして戻されるようなものです。たちの悪い人になると、遠の昔に友人や他の業者に売つけて儲けていながら払わない方もあります。ある方は又品物を内金を少し入れて持って行かれたきり、あるいは内金を入れて店に預けたきり、何年もそのまま解決しないお客さんもあるので、品物は売るに売られず、これなどはまことに商売人泣かせです。

又少し高価な物を売れば、先に買われた品物を必ず下物《したもの》に出される方があります。商人としましてはお願いした責任上御引き取りするのが当たり前ですが、こういう方に限って大抵、良い物や、買った時より値上りしている物は出されずに、飽きた物や値下りしている物を出されます。それに又こんな方は却って玄人よりもよく相場を知っておられます。それはよいとして、その下物を楽しみ料として何割か値引して出して下さる方はまだ良い方で、反対に御自分の鑑識で買った物は必ず間違いなく儲るものと思いこみ、「買ってから何年になるから、金利を見ても何割の利益を付けて引取れ」と言われる方があります。お楽しみにお買いになったことを忘れて、投資と間違え、金利のことを言われます。こんなお客さんに限り、儲かった物は棚に上げ、お願いした品物を御処分の時少しでも損が行こうものなら、「あの道具屋は悪い奴だ、俺に高い物や贋物を売りつけて損をさした」と怒られます。損が行ったのはまるで道具屋の罪ででもあるかのように悪口を言われる方があります。

道具屋だとて、神様や仏様でもなければ、仙人でもありません。儲かる物ばかり納めるとは限りません。時には目が行き届かず、間違った品物を売ることがあるかも知れません。しかし道具屋だとて、霞や泡を吸っては生きていられません。人様並に飯も喰わねばならず、お上へ税金の御奉公もせねばならず、何かと費用も随分要りますから、相当儲けも稼がねばなりません。

お客さんが買われてから年数が経ち、時勢のために値上りのある品物は別として、お買いになって間のない品物を売られるとなれば、商売にしている玄人でさえ儲からないのですから、いかに鑑識があっても、お素人の買われた品物は、業者の生活費や税金を加算して売ってありますから、すぐ処分されれば必ず何割かは損の行くのが当たり前です。お客さんが買われてから一二年の間に処分をすれば、それが格別のインフレ時代ならともかく、大抵の場合は何割か損の行くのが当たり前です。買われた元値に売れれば上等だと思います。それは道具屋の儲けた生活費と税金の加算分だけはすでに値上りになっている訳です。お買値に利益が付かないだけのもので、楽しまれただけお得というものです。御損をするのがお厭やなら、骨董買いを止めて、確実に儲かる公債を買うか、銀行へ預金することですね。お素人で楽しみながら品物を買って金払いの悪い方が、逆に品物を処分される段になると大抵は、「すぐ金をくれ」といわれ、支払いが少しでも遅れると、火の付くように催促をされます。こんな風に商売人の弱さから下手に出れば出るほど無茶なことを仰言るお客さんが往々あるので困ります。

又買物をされるのに、金が相当おありの方だから名器を買えばよいと思うのに、我楽苦多ばかり買っている方があるかと思えば、金があるのに値切らねば絶対買わぬ方もあり、また幾ら以上の品物は絶対買わぬと決めてかかっている方もおられます。そうかと思えば、大した金持でもないのに、名品を月給や手当や配当の前借りまでして買う方や、あまりお金がなくてもきれいな買い方をなさる方もおられます。

又品物を売る時に、一度甲の業者に見せて値踏みをさせてから、次に乙丙丁と順ぐりに値踏みをさせて、その中で少しでも高い者へ売るという方もおられます。これは玄人でもお素人でも、少しでも高く売りたいのが人情で致し方がありませんが、散々持廻った挙句、他の業者の値が安いと、ウブの脱けた品物を元の業者の所へ、「もう少し買上げしろ」と持込まれる至極虫のいい方もおられます。何のことはありません、いつでも秤にかけられているようなものです（こんな人はお客さんばかりでなく、私共業者の中にもおります）。こんなお客さんは業者にとって一番苦手です。

お客さんが好きな品物を見せられて、金がないことを知りつつ、つい我慢ができず買われるお気持もよく分ります。それがため金が遅れるのも無理ならぬこととは思いますが、しかしいつでも仕入資金に汲々としている者にとっては、お金を早く下さることはまことに有難いことでいかに高く買って頂いても、お金が遅れたのでは困ります。ですから、現金で買って頂けると思えば、もっと頂けると思っても、つい安く売ることになります。

私共永年の間には幾度か財界の変動がありました。最近の例では終戦後のインフレなどもそうですが、この際美術品の値上りに当たって、お素人で多少鑑識のあるのをよいことに始めから儲ける目的で買って、利益があればどしどし売られます。楽しみながら儲けるのだから、これほど面白くて愉快なことはありますまい。玄人はだしのボロイ儲けをされる方もあります。大きな店を張って雇人を沢山置き、入費を多く掛けて、種々気苦労をしたその上に、税務署からはいじめられ、つくづく廃業してお素人同様に楽しみながら金儲けをした方がどれだけよいかと思いました。

またこんな話もあります。私が終戦後の財産税当時友人から頼まれて、東北の某蒐集家の品物の調査に出かけたところ、その中に箱もない薄穢い唐津の茶碗がありました。それが私にはたまらなく好きな品なので、「お譲り願えないでしょうか」と御主人にお話ししましたら「いかほどならお買い下さいます」と聞かれるので、友人から紹介された手前もあり、安く付けては失礼に当たると思い、「一万円（お客に売っても勢一杯の値）にお譲り下さい」と申上げたところ、御令息と何か相談されていたようでしたが、そのうち「この度は種々御世話にもなりましたから、せっかくの御申出のことゆえお譲り致します」とのことで、その御礼にお菓子を頂きましたが、それよりも、儲かりはせぬが好きな物が手に入ったのが何よりも嬉しく、それを持って悦んで帰京致しました。ところが、同家へ私を紹介した友人が、数ヶ月後に帰郷して聞いて来たといって話すのを聞くと、私が一万円に譲って貰った茶碗が、五百円か千円ほどに値を付けたならお礼に差上げようと思ったが、余り高く値を付けられたので気が変わり売る気になった、と打開け話をされたとのことでした。自分が好きで値打があると思って良心的に値を付けたのですが、こんな結果になることもあります。

しかしこれなどはお客さんの心が正直で却って好感が持てます。先ほどは商売人泣かせのお客さんのことを種々お話しましたが、そうかと思うとあるお客様の如く、品物をお買いになっても代金を支払わない間は自分のものになった気がせぬからとて、品物をお持ちにならない物堅いお方もおられました。又私の父が永年お出入りをしておりました御得意さんで、九州の方で事業をしておられる方がありましたが、この方が書画骨董がお好きで、毎日のように沢山の道具屋が出入りしておりました。金高の物を買われぬから、自然我楽苦多物が集まりました。時には素人の売物を一山で買われたりしたので、後には幾棟もある大きな土蔵が一杯になりました。そのうちそのお客さんも亡くなられ、私の父も死にました。ところが跡を嗣がれた御令息（当代の御主人）が、土蔵に余り沢山品物があるので、「父の買った物だから遺しておきたいとは思うが、余りにも点数が多すぎて困るから、その中から君が見て良いと思う物を少し、父の集めた記念に遺し、あと全部処分をしてくれ」と頼まれました。それで僅かばかりの品物を残してほとんど処分致しましたところ、いかに我楽苦多でも、時勢の値上りで、相当な金額になりました。さて御主人の申されるには、「差当たりこの金を使うあてがないから、この金で美術品を、数少なくてもよいから何か良い物と買替えたいと思うが、僕には何も分らないから、君に任せるから良い物があったら世話をしてくれ給え」と言われましてなア、それからボツボツと私がこれならと思う物をお勧め致しておりました。品物も値段も全部私へ任せきりです。イヤハヤ任されるということは困ったもので、「これがよろしゅうございます」と申上げれば「ああそうか」、「値段はこれこれでございます」といえば「ああそうか」、「これをお取りおき下さい」といえば「取っておこう」と仰言られる始末で、有難いやら頼りないやら、何とも言えない気持でした。ところが、買っておられるうちに、お歳が若くて研究もよくされるし、その上勘がよいから、めきめきと目が進んで来られました。後には此方がお勧めするまでもなく、「僕はこれが好きだ」と抜かれる品物が、私共が感心するほど鑑識が出来て来られました。こんなことで、お父上の買われた品の処分金が全部また別の品物に入替ってしまいました。

物がお分りになり好きになられたので、その後引続き買って頂いておりました。五千円ほど品物をお願いすると、「一万円今手元にあるから渡しておく、後で又何か貰うから」と置いて行かれます。二、三万円物をお願いすれば五万円下さいまして、「残りは預けておくよ」という工合です。いつもこんな風で始終余分にお預りしておりました。かつてお買物の勘定が預り分になっているのを聞かれたことがなく、却っていつも「いかほど足らんかネ」などと聞かれる始末です。一度も「値段書を出してくれ」とも、「受取りをくれ」とも言われたことがありませんでした。私が前にお勧めした品物より良い物を手に入れた時お願いして、その品物を下取りする時でも、「君、損をせんように引取り給え」と言われます。

いかに金持でもこうは行かぬものです。私を信用されたことにもよりましょうが、お人柄にもよると思います。まことにお歳の若いにも似ず良く出来たお方です。伺えば会社の御事業もお父上の時代よりも盛んで、社員や工員方の評判もよく、御発展の様子に承わりました。名品や珍品が入ると、まず第一番に御覧に入れることに致しておりました。一流品をお納めする時、その都度二番手物を引取り、ほとんど入れ替えを致しました。私が死ぬまで手離したくないと思うほど好きな品物で、他のお客さんから「値は君の希望に任すから、これだけはぜひ僕に譲ってくれ」といわれてもお断りしていた品でも、時には商売気を離れて、儲けを頂かなくても、この方の御蒐集が良くなるためにはと思ってお納め致して来ました。これもみなお客さんが私を信用して任されたことと、その御親切にほだされ、私が心から感激したからに他なりません。事実、品物をお納めする度に、自分の蒐集が良くなるような悦びを感じました。お客さんから信用されればされるほど、私共としては層一層重い責任を痛感致します。しかし業者にとっては、これほど生き甲斐あり嬉しいことはありませんネ、私はほんとに幸福者です。とK翁は老いの顔をほころばせ、しみじみと昔の思い出話を語られました。

私はこのお話を伺っている間に、次のような結論がこの長老の夜話から導き出されるのではないかと思い至りました。それは、お客さんが商人をいじめて買えばいじめた蒐集しかできず、愛して買えば愛して買っただけの蒐集ができるということであります。

真贋と鑑定

雲崗・龍門・天龍山の贋造

世界的に有名な中国山西省の大同雲崗、天龍山、河南省の龍門、武安磁県の響堂山等の石窟仏像は、六朝から隋唐に亘る仏教芸術で、昔から千古変わらざる端然たる姿で、あらゆる娑婆のあらしをよそに見まもって来た各石窟の仏像が、近代半世紀足らずの間に、手のとどく個所はもとより高所にある深浮彫りの仏像、薄浮彫仏像、仏陀物語彫刻等が無惨に破壊されて、多く海外に散逸しました。真に惜しいものです。

私は永年中国に出張して、これ等各石窟の貴重な石仏頭始め仏陀物語の石浮彫刻断片等を数々見て参りました。しかしこれ等仏頭や彫刻断片を各石窟から運び出すのは、如何に乱世の中国といえどもそう易々とできるわけのものではなく、真に至難なものです。蒙古風の吹く大荒れの俗に黄塵万丈咫尺《こうじんばんじょうしせき》を弁ぜずという一歩先も見えない時や、猛烈な吹雪の日を特にねらって、人影もない、槌音も聞えぬ時を見はからい、盗み取り、暗夜ひそかに運び出して最も近くの駅まで持出し、大きな重量あるものは兵隊を売収利用して貨物列車に積込ませたり、小形の物は列車ボーイや車掌を使って車内に持込んだり、運転手に金をつかませて機関車の石炭の中に埋めたりして、北京まで運び持込みます。そうかと思うとまた、死人の棺桶に死骸を入れた如く見せかけたり、味噌や漬物桶に入れたり、さまざまな方法を考えて持込みます。その苦心には驚きます。石窟で盗み取った元金の要らないものですが、道中危険を冒し（捉えられると重罪）命がけで運ぶのですから沢山の費用もかかります。それですから相当高く売らねば引合いません。それを秘密裡にこの苦労がわかり品物がわかって高く買ってくれる一流商人に売ります。その商人がまた欧米各国や日本から仕入れに来ている業者で一番高く買ってくれる者に売却するのです。それゆえ各石窟の仏像を取扱う商人はきまっておりますから、めったに他の商人の所へは出て来るものではありません。品を運んで来る者が見付かって投獄されたり罪を得た時には、買う商人が家族の面倒を見たりしております。もし二三流商人の店に出て来て値でも安かったら（高くても）、それこそ気をつけて見ねばなりません。事情をよく知らない新米の商人で、一流の店では掘出しがないからと慾心から手を出したのや、掘出根性の客がよく引っかかります。たとえば信州諏訪湖の水は天龍川にはそそぎますが木曽川には流れぬのと同じで石窟から盗み取ったものが最後に流れ入る店はちゃんと定っております。この事情を考えれば、一流の店から贋物をつかまされる心配は絶対にありません。それゆえ掘出しという物も恐らくありません。真物の買えない二三流の店では、大金をかけて苦労をするよりも、贋物を造って売れば大儲けができますから、北京の近郊の山に雲崗、龍門、天龍山、響堂山と同質の砂岩石、黒石があるので、この石材を利用して最も客の好む真物の仏像や釈迦物語等の姿態を参考に彫刻して、それを適当に風雨に侵された如くあるいは自然に破損した如く見せかけ、時代色や味を加えます。雲崗石窟の第二窟の東、南、北壁面、第三窟南壁面、第五、六窟等にある釈迦伝の人物鳥獣の深彫や薄彫（浮彫）、龍門石窟の賓陽洞浮彫行列図、古陽洞の交脚仏、天龍山石窟の飛天女鳳凰蓮華等や各石窟の羅漢、菩薩、普賢、観音、文珠等の真物の拓本が北京に沢山ありますから、これらを各石窟と同質の石材に貼り付けて彫刻をいたします。これも前に述べたように石窟から取りはずした如く適当な所で打割ります。

それを再び元の形につぎ合せます。贋物の満足な形の物だから思うように割ることができます。これを真物の如く顔面や手足等に売るのに差支えない程度にしかるべく疵を造り、真物のままの風化の味や時代色や古びを付けます。さてこれまで念を入れて造った物は、真物を数見ていないと鑑別が非常にむずかしくなります。

真贋を如何に見分けるかといえば、やはり真物を十分に見ておくことです。千古の彫刻は現代人の贋作では到底足許にも及ぶものではありません。幽玄の趣きの深さは、真似られるものではありません。一見粗造の如く荒作のように見えても、彫刻した各刻面や線に力強い所があって、冒し難い威厳があり、美しい迫力があります。これは贋物ではとうてい及ぶところにあらず、静寂の中に躍動あり、姿態が生きております。贋造物は見れば見るほどすべての線や刻面に動きがなく、死んでおります。仏像の顔面は真物の特徴をば故意に強調するから、却っていやらしい感じを受けます。高く売って儲けるのが目的ですから、最も大事な顔面などには大きな疵はあまり造りません。人工的につけた時代色や香煙燻等で味を付けたのは、水につけるか、彩色を取って火に燃して見れば、自然についた年代の古い香煙燻の味は石に喰込み取れ難く、彩色の若いものは、混ぜ物の燃える匂いでわかります。石質をよく気を付け見れば、真物を見ている目にはすぐ判断がつくはずです。疵跡を見ても、千古の間に自然に出来た疵か、自然風化によるものか、古く見せるための人工的風化か、造った疵か、その痕跡を注意して見ればわかります。仏像や浮彫の表面を見れば、盗掘による取った跡か造った取り跡か仔細に見ればわかります。真物は短時間に盗掘するので思うよう満足には取れず、予期しない所から取れているようです。私が雲崗へ見学に行って各石窟内を見て廻った際、仏像や浮彫の欠取った痕跡を見たところ、鼻から下が残ったり、額から上が残ったもの、片頰や片手だけが残っているのなど、あちらこちらに多数無惨な姿がありました。如何にあわてて盗んだかがわかります。仏頭や薄浮彫の如きは頭部、胴、手、足がバラバラに欠取ってまとめてあるから、従って不足の個所もあります。割合細かに割れた物には贋物が少ないように思います（細かに割れては高く売れぬから）。雲崗、龍門、天龍山各石窟の真物の拓本を貼り付けて造った贋物は、真物が石窟に一個より存在しなかった物で同じ姿の物が幾つでも彫刻されて、欧米各国の美術館や愛好家の所に納まっているのをカタログ等で見受けます。無論日本にも来ておりますが、写真ではいずれが真物か実物を全部見なければわかりません。今なお各石窟に厳然と無事な姿で残っている物が、拓本によって贋造されて真物として扱われているものもあります。たとえば法隆寺の壁画を切取ったと称するようなものでその場所に唯一つよりないものが、欧米各国や日本等に真物として何点もあるようなものです。まことにその不思議なのに驚きます。その他中国各地に散在する漢代から唐代に至る有名な古墳にある画像石（山東省嘉祥県の武梁石室又は孝堂山の如き）などと同質の石材をもって、真物の拓本を貼り付けて贋造した深彫や薄彫をしたその時代の生活風俗、花鳥、動物の姿態や漢代以後の仏教関係の文様を彫刻した大小の画像石があります。これなども前に述べたと同様の点から注意して見ればわかると思います。石窟から取った仏頭や全身の仏像を見る時に、仰向けにして見ると、贋造は良さがないから如何に入念に作ってあっても引きつけられません。時代が確かで優れた仏像はなんともいえない威厳があり引きつけられます。永年の経験から、仏像を買う場合や真贋を見る時に、仰向けに寝かした悪い姿態にして見た方が、立てて見た時よりも一層真贋と彫刻の優劣がわかるような気がいたします。

本場物も御要心

第一次大戦当時某成金さんが、自分の経営する満州の工場を視察のため出張いたしました。インフレ景気で金が儲かり、大変羽振りのよい時でしたから、奥方を始めお出入りの道具屋、幇間、お茶の宗匠等を数人お供に連れて、豪勢な大名旅行で北京見物にやって参りました。各所の見物も終り、いよいよ帰国するので、友人知己になにか北京の土産を贈りたいと思い、別に美術品に対して趣味もないが、「なんでも北京は骨董の本場だと聞いているが、琉璃廠《ルリチャン》とかいう所に骨董屋が沢山あるそうだから、君等に任すからしかるべき適当な品物を十点ばかり買って来い」とお供の連中が仰せ付かり、委細畏まり琉璃廠から前門《チエンメン》大街の骨董屋を廻り、棚に並んでいる立派な紫檀箱に仕込んである青磁や赤絵の香炉や花瓶でお茶人たちの最も喜ぶ形の良い品物を選び、一同相談の上買って来ました。

成金さんが日本に帰ってから右の品物を友人知己へそれぞれ記念に進物にいたしました。さて贈られた連中が、成金さんがわざわざ北京から買って来てくれた品物だから高価な物だと思い、大変喜んで愛玩しておりました。それで各自が骨董屋や趣味家に見せると首を傾ける者が出て来たので、これは少し変だと思って、鑑識ある専門の業者に見てもらったところが、いずれも京都製の青磁であり赤絵であることがわかりました。お供の連中は真物と思って買ったのですが、鑑識がないための失敗でした。骨董の本場北京だから真物だと信じて買ったことが間違いのもとでした。

始めての北京見物で事情を知らなかったから無理もありませんが、あまり日本人に向く品それも特に茶人向きの品を狙ったために自分等の眼にピッタリ合う日本製の品物を買って来たわけです。成金さんがせっかく金を費い親切に贈った品物が、逆輸入の日本から渡った京都製だったので赤恥をかき、貰った人はがっかりいたしました。

ある客が長崎へ旅行して南蛮美術を買いたいと思って、土地の道具屋さんに尋ねたところ、徳川時代から続いた旧家にある品物をお世話いたしましょうといわれて買った南蛮人蒔絵の硯箱を持帰り、古代蒔絵の専門家に鑑定してもらったところ、近年の仿作品で、時代味を付けて古い箱に納めたものでした。

平泉の中尊寺見物に行った時、付近の都市で昔中尊寺から出たという秀衡椀の揃い物を買求めて来たら、最近東京から廻った品物だったことや、鎌倉で有名な某寺院の払い物を買ったといわれて鎌倉彫香合を求めて来たところ、それが古びを付けた現代製の贋物だったというようなことなどは、枚挙に暇のないほど聞いております。

要するに、古美術品が造られた原地へ来ると、そこにある品物はみなその土地の旧家や古社寺から出たか原地で造られた古い物だと自ずから信ずるからでもありましょうが、一つは地方に出かけるとその土地の古美術品に憧れをもつため、つい何かないかと自己の鑑識を過信して腕試しに買ってみたくなるものです。従って掘出し気分も出るから、生兵法でとんでもない怪我をすることになります。この場合売る方に悪意があって贋物を売るとばかりは考えられませんが、相手に鑑識のない時には、自然買った者が迷惑することになりますから、どこの土地で買物をするにも、鑑識がなければ、信用のおける店から買求めるか始めての土地でそれがわからねば、如何に好きな品物でも買ってから後悔するよりも、まず買わずに我慢する方が安全でしょう。ただし他流試合をしなくては目が進まぬから、たとえ贋物を摑んでも致し方がないという覚悟のお方はこの限りではありません。

骨董裏おもて

骨董とは

いったい骨董という言葉はどういうことなのか、というおたずねをお客様方からよく受けますが、私などはもとより無学ですし、東京に出て来て小僧奉公をする時にも、骨董屋とはどんな商売をするのかも知らずに参りましたようなわけで、御説明申上げる資格などありません。以前はノンキなもので、店の主人も小僧達に骨董の講釈をするわけでなし、その場その場で行き当たりバッタリに覚えて行き、最後には一向に疑いもせずに骨董の世界の中に生活して何も怪しまないようになってしまいます。従って骨董とは妙な字だなどとも思わなくなってしまいます。

幸田露伴先生のお書きになりました「骨董」という御作がありますが、それによりますと、骨董というのは元来シナの田舎言葉で、字には意味がなく、ただその音を表わしているだけである、と申されております。私のように無学の者には、露伴先生のような大学者のおっしゃることに、何とも申上げることもありません。そういうものでございますかと思うばかりでございます。

これはもと東京美術学校校長を永くお勤めになりました、故正木直彦先生が、私共の業界の雑誌に古くお書き下さいましたものの中で拝見して、今でも覚えております御説明の受け売りを致しましょう。

骨董とは中国の俗語で、ゴチャゴチャといろいろなものを雑然とかき集めたものを申しまして、ゴッタ煮の料理を骨董羹という、という風に考えられておりました。ところが明の董其昌が「骨董十三説」というものを書いて、その中で骨董という字の解釈を致しましたのだそうです。それによりますと、骨とはいわゆるホネである、ホネは肉に包まれ、その上に皮がかぶさっている、その皮が摺り切れ肉が破れて中から骨が出て来る、即ち骨董の骨という字は上のかぶさっているもののとれたナカミと申しますか、シンと申しますか、あるいは本体とも本質とも申せましょう、そういったものであるというのであります。これはどういうことかと申しますと、品物を愛玩する時、頻りに手で撫でたりさすったりしておりますと、角がとれたり中から生地が出たりして参ります。道具を使い込むということを申しますが、使うために作られましたものは、やはり使わなければ、味と申しますか、その良いところが出て参りません。長年使っておりますうちに「なじむ」とか「落ちつく」とか申しますが、こうして使いよくなりましたものは、手にとりましても自然に快く手におさまりますし、ただ置いて見ても美しく目に入ります。こうなりますまでには長い年月を必要と致します。この古びた味を手っ取り早くつけますのが付け味で、薬品などで無理につけました味は不自然でやはりよろしくありません。これは後ほど申上げる所に出て参りますが、同じ頃に同じ所で作られた朝鮮生れの茶碗でも、日本に古く渡りまして永年丁重に使いこまれた伝世の品と、近年発掘によって世に出て来たものに付け味をしたものとではまるで品格が違います。私共小僧時代の仕事といえば、春先のホコリ風のひどい時には終日ハタキを手にしてホコリをはたきますのと、紫檀など唐木の台や棚を磨くことで、そのため仕事着の袖口がボロボロになるまでやらされたものです。北京などでも店先で小僧はいつも念珠や竹製品などを手でこすっておりましたが、どこでも同じものとみえます。さて、このように愛撫愛玩されたものですから、もちろん古物である。しかしただ古い物というだけではいけない。美術として取扱える古物とは、それが出来た時よりも使えば使うほど良くなるというものでなければいけない。使っていればいるほど、愛玩すればするほど物がよくなって価が増すというものでなければ本当の美術品とはいえない、というのであります。これが即ち骨董というのは敷物のことで、以上申上げましたような価値のある骨がその上にのせて飾られる、これが即ち骨董である、とこう申されるのです。

これでは取扱に注意を要する貴重品とか手の脂のつくのをいやがる無釉《むゆう》の焼物などは、骨董に入れられなくなりますが、今日一般に常識としてはもっと広く考えられており、それで少しも差支えないと思います。中国では骨董という字は使わず、普通に古玩と申しておりますから、日本よりは狭い範囲のものかとも存ぜられます。

ところで骨董とはどんなものをいうのかということになりますが、これは大問題です。しかし、書画骨董と一口に申しますと、売買の対象となる古美術品一般ということになりましょう。骨董の範囲と申しましても、これはあげて数え難しというよりほかはありません。別に法律できめるわけではありませんから漠然としていてよろしいわけで、美術倶楽部の売立目録を御覧になれば一目瞭然です。もっとも今日では新画も現代作家の工芸も含まれております。

一寸思い浮かんだものをあげましても、古写経、墨蹟、古筆、歌人・俳人・儒者・文人・書家などのもの、絵画も中国の各時代のもの、仏画、大和絵、住吉派以後の各派から南画、浮世絵、新画から洋画、仏教美術、煎茶・抹茶のお道具、蒔絵もの、陶磁、金石、玉、文房具、甲冑、刀剣、膳椀、棚、台、敷物、民芸品、近頃は縄文式や弥生式の土器、埴輪などから特に戦後は西洋骨董も目立って参りました。ざっとあげても右の通りで、その中の仏教美術とか抹茶関係の品物だけでも夥しい種類があります。永年の間には私共も初めて見るものにぶつかることも屢々ありまして、骨董とは何かということが簡単にはいえないということだけは、よくおわかりのことと存じます。

骨董の価値と値段

いったい骨董品の値段というものはどうしてきまるのかと申しましても、品物は千差万別で二つと同じもののない商品でありますから、これは一言では尽くせません。戦争中あらゆるものが統制されて、すべて値段が先にきめられてしまいました。物の価格は需要と供給で定まるものと思っておりましたのに、公定価格がきめられたものですから、物によっては出廻らなくなってしまいましたことは先刻御承知のことでありましょう。その統制時代でも骨董品だけはマル公で統制することができませんでした。ただ税金が品物によって異っておりました。丼鉢でも茶器となれば物品税六割でした。つまり骨董品というものは不急不要の贅沢品奢侈品だということで、そんなものの商売はしなくてもいいというわけなのでした。こんな時でも全く商売がなくなるということもありませんでした。さて、需要と供給と申しましても、骨董品は問屋があってそこへ行って仕入れて来るというわけには参りませんので、一般の商品のように供給はできず、従って限りのあるものです。需要の方は、後に申上げます競争入札や競りの場合を別と致しますと、その時の流行ということに左右されます。これは時代の変化と申上げるより外ありますまい。明治、大正、昭和と夫々《それぞれ》変わって来ておりますし、殊に終戦後は大きく変わって参りました。今後も変わることと思われますが、これからは日本の国内事情の変化——たとえば茶道が益々隆盛になるとかいう風な——だけによらず、外国で高く売れるかどうかという情勢によって相場が影響されやすくなるのではなかろうかと思われます。早く申せばこの世界でも国際性がものを言うというわけです。一つ例をあげてお話しいたしますと、大正十二年の震災前若州小浜の旧城主酒井家の入札会がありました。この時の最高値は大名物《おおめいぶつ》国司《こくし》茄子《なす》という銘の茶入で二十万円というそれまでの茶入の値のレコード破りでこれは今日大阪の藤田美術館に納っております。当時の貨幣価値を今日と比較致しますことは困難でありますが、当時は大体湯銭が五銭、コーヒー一杯十銭とお考え下されば結構と存じます。その売立で二番目の高値は光長筆吉備大臣《きびのおとど》入唐絵詞《にっとうえことば》という絵巻二巻で、これが十八万八千九百円でありました。これは後に米国のボストン美術館に買われておりますことは、御承知の方も多いと存じます。日本の美術品の海外へ参りましたもので、これと平治物語絵巻の応天門焼討の一巻とが最高のものであろうと戦前戦後を通じての定評と承っております。

今日もしもこの吉備大臣入唐絵詞が売りに出たとしましたら米貨十万ドルでも二十万ドルでも売れましょう。日本金に直すと十万ドルで三千六百万円で、もし又、国司茄子の茶入が仮りに売りに出たとしましてもこの絵巻物以上の値になるかどうかは疑問です。

次に私の実際の経験を申上げます。壺中居開店当時には、資力も少なく高いものも買えませんでしたが、私のその頃の仕入れ値を思い出してみましょう。まず、李朝染付の大壺でも十円まで、辰砂《しんしゃ》の面取《めんとり》や丸壺、鉄砂《てっしゃ》の壺も同値で、飛切り優れた辰砂、鉄砂でも五十円までで買っております。高麗物はその当時でも多くはありませんでしたが、今から思うと安いもので、釉上り上等の高麗青磁《こうらいせいじ》象嵌《ぞうがん》花文《かもん》瓜形《うりがた》の承盤《しょうばん》付き水注（今なら二、三十万円くらいまで買えるもの）を百二十円で買いましたがなかなか売れません。一年以上も持っていて当時鐘紡重役の福原八郎さんにお願いして二十円損の百円で買って頂き、大助かりしたこともあります。朝鮮から李朝の焼物と木工品を貸車に一杯仕入れて来て、それを四谷の貸席で競売した人がありました。李朝の白無地、染付、辰砂、鉄砂の壺、鉢、台鉢、皿、水滴、膳、盆、脇息、青貝入りの文庫など合計五十余点買いましたがその総額が八百円でした。水滴も二十個近くありましたが、最高五円、最低五十銭でした。

今日では、李朝水滴ものによっては五千円、一万円から四、五万円くらいするものも珍らしくありません。今から考えると嘘のような話ですが、実際のことです。本郷のある店で李朝染付山水文扁壺《へんこ》の無疵なのを三円五十銭で買い、これを日頃御愛顧を受けておりましたお客様に十円でお願い致しました。これなどは今出ましたらまず二十万円くらいは致しましょう。朝鮮ものは昔は不当に安かったとも申せます。その美しさを愛好する方々がふえて参り、新しく朝鮮からは入らず品物が少なくなる一方ですから高くなるのも無理ありません。

南宋　官窯青磁耳盃

日本物では瀬戸の油皿、石皿（煮〆皿）、馬の目皿などを買いに、東海道の静岡、浜松、豊橋、名古屋から、伊勢路、北陸方面まで出かけたこともあります。これも最初の頃は最高三円、最低二十銭で仕入れました。そして柳宗悦、河井寛次郎、濱田庄司、北大路魯山人等の先生方にお願いしたものです。これらの品も柳先生の民芸運動で追々値が出て来ましたが、高くなったといっても知れたもので、油皿、石皿が五円からせいぜい十円程度になったに過ぎません。この程度のものが今日では二、三千円くらいは致しますが、まだ安いくらいのものです。これもその美しさを認める方が多くなったためです。なお当時、柳先生の発見推賞によって、木食上人の彫刻が評判になりました。七、八円から二十円くらいまでで四、五体買ったことを覚えております。

やはりこの頃、近くの店に南宋官窯の耳盃《じはい》が十五円で出まして、なんとかして欲しいと思いましたが金がなくて買えませんでした。これを数年後あるお客様から五百円で買い求め千円で売りました。それを戦後に十五万円で買戻しましたが、これは南宋官窯の真価が認められて来たのと数の少ないのによるものです。

大正末から昭和初年頃、古九谷《こくたに》や呉須《ごす》赤絵《あかえ》などの底値をついた時がありました。これは一般の景気不景気にもよりますが、その前に色絵物が急に高くなった時期があり、その時よりも安くなったのです。古九谷の俗に青手《あおて》という塗り溜の手などは、ごく上りのいい逸品でも百円を越す物はなく、呉須赤絵の金彩入の極上大皿でも百円から最高二百円までが止まりでした。図柄の面白い上等物で百円以下、花鳥や竜の普通の図なら二、三十円、印判手《いんばんて》に至っては五円から十円まででこれは望み手はありませんでした。呉須赤絵は、茶に使える小さな香合とか鉢類は、当時でも数千円から万を越すものもありました。それが同じ所で同じ時に生れて美しさは寧ろ優っていると思われるのに、大皿となると茶に使えぬというだけでこんなにも安かったのです。それに数も多くありました。沢山仕入れて一度に運べず、ボツボツ運んではお客様方へ安いから今の中に買っておいて下さい、とおすすめしていろいろな方にお売りしたものです。ある時、越後の売立に出た三十枚近くの大小の呉須赤絵の皿を全部買占めても、ナントその総額は千円になりませんでした。今日では呉須赤絵も万以下というのはまずなくなり、十万を越すものも現われました。

その頃、富山で青九谷の台鉢の逸品を、八十円では高いが我慢して買って来て、あるお客さんに百円でおすすめして買って頂きましたが、終戦直後その品が交換会に出まして五万円で売れたことがあります。

以上申上げましたように、今日高くなっておりますのも時の相場なら、昔は今から考えると信じられないほど安かったと思われるのも（貨幣価値の変動は別として）やはり時の相場です。

ではこの相場は誰が作るのか、どこで作られるのか、と申しますと、よく「目利きが相場を作る」ということをいいます。これは鑑識のある業者が品物の真の価値を見抜いて、この品ならこのくらいの値で自信をもって売れる、という格付けをする所から生れるということです。ですから売り手によって値が違うということも申します。例をあげますと、仮りにある品が甲という店で四千円の札がついていたと致します。後にこの品が乙という店で六千円という札がついていたと致しますと、この両方の店を御覧になったお客様は、どうして同じ品でも店が違うと値も違うのかと不審にお思いになるかも知れません。イヤお思いになるのが当然です。しかし、それには理由があります。もし乙という店の者の鑑識が甲という店の者よりもその品に対しては専門的で優れているという定評のある場合は、その品物に危険がないということになるのです。つまり一流の店になりますと、一応どんなに安いものでも目利きが目を通しておりますから安心して買えるというものです。二千円の差は安心代と申しましょうか、もしもその品を返そうというような場合にも決してお客様に損をかけるような引取り方は致しません。

ずいぶん長い間骨董品をお買いになっていて鑑識も進み、品物の真贋、良し悪しなどはおわかりになるようになりましても、その相場までおわかりになるお素人の方は、まずないと申上げてもよろしいかと存じます。これは当たりまえのことなので値をつけますのは業者の仕事なのです。どんなものをお持ちになっても、いいものならいくら高くてもお客様への売り値まで値をつけます。お素人の方がお売りになります時も、良い品なれば良い店にお持ちになるほど高く買うものです。それは高く売れる自信と客筋を持っているからに外なりません。

骨董の値段のきまり方や骨董の価値というものについては、ざっと御理解のいったことと存じます。では骨董の値というものは上る一方で下ることはないか、といいますと、この世の中がガラリと引っくりかえらない限りは、まず下るまいと存じます。ただ、前に申しましたように物によって値上りの幅に高低が見られるのみです。

これは茶道をお嗜《たしな》みの方々には別に不思議はないと存じますが、お茶道具の値の高いのはどうしてかという御質問をよく受けます。一片の竹で作られた茶杓が、伝来、箱書、持ち主などによって、実質以上の値になっているのではないかということなのです。事実、名物古田織部作虫喰の茶杓が紀州徳川家の売立で昭和二年四月に金一万五百十円、片桐石州作共筒の銘有明の茶杓が昭和三年五月の島津家売立に金二万三百円で茶杓の値のレコードを破りました。これについて、高橋箒庵氏が一片の竹の匙が二万円以上とは不思議なようだが、石州といえば茶杓を削らしては天下第一の名人で、その名人の一生の間に何本も作れなかった中の最高のものであるならば、この値も当然であろうといわれました。お茶道具というものは昔から高いもので、松平不昧公《ふまいこう》なども、名品には当時としても莫大な支払いをしておられます。一つには、戦国時代末より茶道がことの外流行し、武将の論功行賞にもはや与えるべき土地が不足して参りました時に、それに代るべきものとして茶器を与えるという政策が、徳川時代を通じてその権威を持ち続けておりましたからであろうと思います。従って茶器の名品は高いもの、という観念があり、実際にそれらの大部分は将軍家、大名家、豪商の蔵のみに納っていたことも理由になりましょう。それに伝来、箱書、旧蔵者のよいものには流石にまず悪いものというのはないと申せます。何と申しましても高い値がつけられるということは、それでも買おうというお客様あってのことはいうまでもありますまい。これはいつの時代でも同じことで、そんなものはいくら安くてもいらないとなれば話は違って参ります。空襲中の都市で疎開する人が荷物を持てず、ピアノを十円でいいからといっても買い手のなかった如く、明治初年にはこれと似たようなことがいくらも伝えられております。

資産としての骨董

加賀の金沢、越中の富山方面では、資産家はその三分の一を骨董、三分の一を不動産、残りの三分の一を事業資金にすると申しまして、この風は最近まで残っておりましたし、何も北陸方面に限ったわけではありません。骨董を資産の一部としてでも、別に投資の対象として買入れたわけでないのに、ただ持っている間に値上りして、処分したら思わぬ儲けになったというようなことも、また、骨董が一家の経済上の危機を救ったという実例はいくらでもあります。

文化財保護委員の細川護立さんから、いつぞやお聞きしたことがあります。細川家は肥後熊本の城主であったから、定めし先祖伝来の名器を蔵しておるように思われているが、ある年飢饉で領民の困苦を救うために、道具類を処分して米に換えたことがあるので、それ以来はあまり伝っておらない、とのことでした。

今でも有名な語り草になっておりますのが、明治三十六年と同三十九年の、大阪の旧家平瀬家の売立です。同家は千種屋と称する豪家で、時の当主は露香と号して風流の道に通じ、かつ目利きとうたわれておりました。当時銀行の頭取をしておられましたが、銀行の経営上思わざる損失を招き、その補塡のため、蒐蔵の品を二回にわたって入札に付しましたところ、第二回目は日露戦争後でもあり、人気も上って、好成績を収めました。かねて平瀬家の主人を道楽者の如く悪く言っておった番頭共の失敗であけられた穴を、その主人の道楽のおかげでうめられたといわれたものだそうです。只今、根津美術館所蔵で有名な「花の白河硯箱」もこの時に一万六千円の最高値で落札されたものです。

昭和二年の春にはパニックがおこり、その影響は稍々しばらくして骨董界を賑わせることになりました。華族銀行といわれていた十五銀行が閉店せざるを得なくなり、その頭取であられた松方巌氏は財産を提供されましたので、昭和三年に二回にわたって売立をされました。又、同じく島津家もこの年に売立をされ、世の中の景気は必ずしも好くはなかったのですが、いずれもその結果は予想外に良好でありました。

昭和八年の六月と十月とに、双軒庵松本松蔵氏の売立が行われ、文人物の高値が出て大入札会になりましたが、これは松本氏が社長をしておられた九州電軌の危機を救うためでありました。

このような例はいくらもありますが、戦後も所蔵の骨董を処分して、財産税や相続税を納入したお噂はよく伺いました。

焼かないように、損じないようにさえして名品を伝えておけば、子孫のためには美田以上の価値あるものとなりましょう。しかし、それには、贋物ではなんにもなりません。

戦後おなくなりになりましたが、池田成彬さんも骨董がお好きで、晩年に所蔵品を処分されまして、「私のたけのこ哲学」という本をお書きになっております。その中に、自分は書画骨董を買う時に楽しみ、持っている間はむろん十分に楽しみ、最後には売ってまたひそかに楽しんだ、ということを言っておられます。

さんざん使って古くなって、却って高く売れるものといいましたら、骨董の外には見当たらないように存ぜられます。

骨董の動き

骨董屋は問屋のない商売だと申しましたが、それなればどうして売る品が出てくるかということが、お買いにばかりなっていらっしゃるお方様には、よくおわかりにならないかと存じます。私共の商売はみな買入れと販売を兼ねております。問屋はなくとも、お売り下さる方がありますから、品物の補充はつきます。しかし、買ってくれと店においで下さるのを待ってばかりおりましたのでは到底間に合いませんが、まとまって売りに出ることがありますのです。

骨董品が売りに出るのは、経済上の変動期がどうしても一番に考えられます。その昔、大名や富豪の家に、それぞれ伝来の品がそのまま土蔵の中に静かにおさめられていた時代には、品物の動きというようなものは考えられませんでした。たとえ先祖が好きで集め、当主は少しも興味を持っておらなくとも、伝来の道具を売るのは不名誉なこととされておりました。従って某家にある何々という名品をなんとかして手に入れたいと思っても、それは容易なことではありませんでした。かの茶器の名品蒐集で有名な松平不昧公でさえ、雲州松江の城主という身分と、大名に相応した資金と名品入手の熱意は十二分に持っていても、一方ならぬ苦労をされております。前にも申しましたように、茶道具というものは昔から高く価値づけられておりましたので、流石に一国の城主でも、金に糸目をつけぬというわけには参らず、一品の代金を一度に払えず何回かに払ったりしております。それでも代金を支払って取引のすんだものはまだよろしいので、表向きは永々拝借ということにして実は拝領ということにしては貰えまいか、ということを依頼した不昧公の書翰を故武藤山治氏が所蔵しておられました。これは木本という茶入が欲しくて本多伊予守に宛てたもので、その中に、右茶入は世間ではすでに自分の所にあることを知ってしまっているが、御家来衆の手前具合が悪ければ御望みの文句の書付を差上げましょうという意味のことを、くどくどと懇願して書いておられます。この手紙で、旧所蔵者と新所蔵者と双方が各々名誉を重んじて苦心していることが窺われます。

清初　交趾大亀香合

従って、この時代には、品物を動かすことは普通ではなかなか困難なことで、いくら御手許不如意で売りに出しても、勿体ぶって譲渡するというような形式をとり、売主の名誉を傷つけないようにしておりましたようです。

近代での日本の社会の変動期と申しますと、徳川幕府が倒れて明治政府の出来ました時と、この度の太平洋戦争に敗れた以後ですが、骨董の世界では、日露戦争後の我が国経済の上昇期と第一次世界大戦中からの成金輩出の時期を逸することはできません。明治の初期は、御承知の通り旧物破壊の時代で、奈良の猿沢の池にその美しい姿を映しております興福寺の五重の塔が、僅か数十円で売られたというような、今では信じられない一つ話も残っております。禄を離れた士族達が国許へ引揚げるために手離して行った品や、いわゆる士族の商法で家蔵の道具類を売ったりして夥しい数の骨董が出たことと思われます。しかし、旧大名家や公家でもすぐには売る必要もなく、そのままに明治から大正まで持ちこたえたお家柄も多くありました。何と申しましても、明治初期は、骨董の値も上らず、名品も活潑には動きませんでした。その後、日清、日露の戦後から日本のいわゆる良き時代が到来し、一般の物価も上りましたが、骨董界の景気もめきめき上昇致しました。私が奉公に出ましたのが明治四十一年ですが、明治四十五年に大阪の生島家の売立に交趾《こうち》大亀《おおがめ》の香合が九万円で落札され、新聞社で号外を出すほどの大評判となりました。その時私は骨董の高価なことに驚き、子供心にも深い印象を受けましたと共に、将来大いにやり甲斐があるぞ、と深く肝に銘じました。その後、大正に入りまして第一次世界大戦が始まりますと、暫くは好況が続き、成金さんがあちこちに現われました。一方には物価騰貴だの米騒動だのということもありましたが、骨董界の景気はすばらしく、買い手の競り合いで名品の相場はどんどん上りました。この値上りを見て、それまで温存されていた大名家の蔵品が続々と売立に出るようになりました。これが頂上だろうと思って売立てたところ、もっと高くなったというようなこともありました。この間の実情は後に出て参ります斎藤利助翁の書かれた「書画骨董回顧五十年」に詳しく書かれております。

かくして旧所蔵者から新しい蒐蔵家に移った品物も、その後のパニックで再び売立てられるというようなこともありました。これは「資産としての骨董」の所でも申上げましたが、こうしてみますと、骨董は経済上の理由で動くことがよくわかります。大名家や素封家のような大所蔵家でなくとも、一般のお宅でも、家計の困難を切抜けるのには、思い切りさえすれば鍋釜蒲団のような生活必需品と違って、骨董類を処分するのが一番手っとり早い方法です。池田成彬氏も、タケノコの最初の一皮をむく時は、ほかに手がないと覚悟をきめてても実にいやなものだが、その後は案外気が楽になる、というようなことを書いておられます。

好きでお集めになった方でも、お好みが変わったために売りに出される方もあります。中には値上りを楽しみにお買いになって、高くなればどんどんお売りになるというお客様もおありです。これは値上りが趣味と申せましょう。

又、熱心に蒐集された御主人がお亡くなりになり、御遺族の方にこの趣味がないと処分されます。ことに奥さんが骨董嫌いで、生前御主人が買う時に奥さんに遠慮されたようなお宅では、お金はあってもすぐ売りに出されます。御夫婦ともにお好きだったお宅は、なかなかお売りになりません。それでも戦後には、こういうようなお宅のどちらへも参上致しましたが、奥さんもお好きで買う時も応援して下さったお宅では踏み値がつい高くなり、奥さんがお嫌いだったお宅のはついゲソることになります。ゲソるというのはもっと高く踏んでもいいのですが安く値をつけることです。これは甚だ相すまない次第ですが、やはり人情でどうにもなりません。ところが、御主人が集めていた時には反対これ務めた奥さんが、品整理を依頼される時には、反対したことはすっかり忘れて、今度は少しでも高く売ろうとなさいます。そして、こんなことになるのがわかっていたら、主人に何を措いても買わしておくのだったのに、とおっしゃってもそれは後の祭というものです。

今でも噂に残る大売立に、大正六年の赤星《あかぼし》家の三回にわたる総売上高五百数十万円に達したものがあります。赤星弥之助《やのすけ》という方は薩摩出身の実業家で、骨董界の鰐魚といわれ、坐ったままで大きな口を開き、天下の名器名品を呑み尽すといわれたものでした。氏の没後、相続人の鉄馬氏は、所蔵品売立に際して、ざっと次の如き趣意を公表されました。

亡父は生前、蒐集品の取扱いはことの外厳重で、母以外には手をつけさせず、その母も度々叱責されていた。父の没後もその虫干に苦労しているので嫁に手伝わせようとしたが、このような面倒な仕事を嫁にさせるのは本意でないという。自分は道具類には何の趣味もなく、僅かに刀剣を愛好するのみ。その刀剣について思い合わされるのは、心なき者が刀剣を取扱うのを見て往々ヒヤリとすることがある。道具を愛好する者の目から見れば、蓋し同様の感を免れまい。してみれば刀剣にせよ、道具にせよ、愛好者でなくては完全な保護は期待できない。自分は他日道具好きになったらばその時改めて買うとして、今回断然手離すことにした、と。

以上の如き言葉から入札に付されたのでしたが、何分にも蒐集の範囲が広く、名器名品が揃っておりましたので、一万円以上の品が百七点もあり、第一の高値は、梁楷《りょうかい》の「雪中山水」で二十一万円でありました。今日、根津美術館所蔵で有名な「那智滝図」もその第一回の売立に出たものでした。

このような売立は、時に盛衰はありましたが、昭和十七年の根津家の売立で一応終止符が打たれました。

戦後漸く軌道に乗り、入札売立も美術倶楽部で月一回行われるようになりましたが、到底往年の盛大さは見られません。その他、各地で交換会や市が催されましたりして、品物が動きます。

私共は買出しや仕入れにも出かけます。東京でも京都、大阪、金沢でもどこといわず同業者の店を歩いて自分に向いたものを買って参ります。私は運動旁々《かたがた》健康の許す限り、歩き廻ることにしております。仕入れが目的で地方に旅行した時でなくとも、遊びに出かけました時でも、同業者の店があれば必ず見に入ります。こうした機会に買った一点の品物で得た利益で旅費を全部賄った上になお多少の小遣銭くらい残ったこともありました。時にはバスの中から見て、途中下車して戻って買ったことも数回あります。私共商人は、骨董屋に限ったことはありますまいが、「常に戦場に在り」の気構えでおらなくてはいけません。そして真剣勝負のつもりで、いいと思ったら機先を制してパッと買わなくては後れをとります。これは後に私の失敗談が出て参りますからお読み下さい。

中国、朝鮮のものは、古く渡って来たものを除きますと、悉く《ことごと》明治以後に日本に入って来たものです。中には該地に在勤したり旅行した方々のお持ち帰りになったものもありますが、大部分のもの、殊に名品は私共の先輩諸氏をはじめとする業者の仕入れて来たものです。私も大正の中頃から終戦近くまで、北京通いを致しました。その都度京城で下りて朝鮮ものも仕入れました。今日ではもう日本に入って来る道がなくなりましたから、従来入って来た品が国内で巡っているわけです。中には海外に出て行くものもありますので、国内には数が少なくなる一方です。従って名品ならずとも、現在では貴重と申さねばなりません。

土中と伝世

土中品は大名物の中興名物等、朝鮮で生れた井戸、蕎麦、熊川《こもがい》、刷毛目《はけめ》等の茶碗の伝世品と共に、昔焼成された時に窯から一緒に出たが、譬《たと》えてみれば一方は焼成後間もなく土中へ里子にやられたようなものです。永い間外部と何の交渉もなく、発見されるまで陽の目を見ずに来たようなもので、発見されて世に出ても身に何の教養もつけておらず、着物も家も持たぬ丸裸物です。さてこれに対して伝世は、窯から生れ出ると親の膝許で育成されて、初期の大茶人の審美眼によってその持っている特長を認められ、朝夕滋養のある飲み物（茶）を沢山飲まされ、結構な着物（仕覆）を着て、立派な建築の家に住まわして貰い（二重三重の箱）、時代時代の茶人や愛好家の手によって銘を付けて貰い、限りない愛撫をうけて育った品物です。われわれの祖先の優れた審美眼に引き抜かれて、幾代もの茶人の魂が伝世茶碗の中に籠り、器物以上の何ものかを感じさせます。これは祖先からの血と魂の繋がりでしょう。伝世の名器ほど心を打たれます。土中から新たに発見された茶碗とは及びもつきません。

私共が朝鮮からこの発掘物を運んで来た若い時代には、時代を同じくして窯から生れ出た品ではないかと思い、伝世と発掘との百倍千倍の値の違いのあることに合点が行かず、ただ不思議に思っていましたが、年が行くと共に多少侘び寂びも感ずるようになって来ました。伝世の名品を見たり、買ったりしたその目その心で見る伝世の、井戸、蕎麦、熊川、堅手《かたて》、刷毛目等の名碗と姿形の同じ品を土中発掘によく見ますが、ただ何の味いも風情もない、まことに干からびた物です。五年十年使用しても、以前の姿よりは幾らか見られるという程度で、やはり心から親しみが持てません。これを高く売ろうがために無理に仕込んだ付け味茶碗は、いかに結構な仕覆や古い箱に入れてあっても、一目見ると却ってそのいやらしさが先に現われて心持が悪くなります。却って発掘のまま見る方がどのくらい浄らかな感じをうけるか知れません。やはり伝世は伝世の価値、土中は土中の価値、百倍千倍の値の開きは当然なりと遅蒔きながら覚りました。

茶碗はなんといっても茶席で見るのが、他のどんな所で見るより一番その持味が判り良さをよく感得できます。この場合伝世茶碗は茶席にぴったりと不思議に取合い、一服の茶もまことに美味しく頂けますが、発掘茶碗の場合はこれと反対になまじ無理な味を付けた茶碗ですと、他の伝世茶碗との釣合からうける感じは、老人振った若者が中に交っているようで、何かそぐわぬ感じが致します。初期大茶人のただならぬ慧眼には無条件に頭を下げます。

若い頃からこれと同じように、近年まで自分の専門の陶磁を見れば判ったつもりで、平素の慣れから判断を即決したものです。とかく若い時代にはわかったつもりで結論を急いでつけたがるものです。研究を積めば積むほど真贋の判断に苦しむ物が多くあることを知りました。国籍に至ってはなおさらのこと、何と判別してよいか得体の知れぬ物が数あるのには驚きます。古い物だとは判るが、どこの国の物か判らず、年とともに自分の鑑識に自信が持てなくなってくるような気がして、要するに判ったと思ったことが間違いで、判っておらぬ物が世の中には多いのだと判ったのです。先輩の目利きにこの話をしましたら、自分もその通りだよ、世の中には目利きなどはおらないものだよ、といわれましたが、なるほどと今になって思い当たります。自己の鑑識に酔う過大評価で冷水三斗の目に幾度も遭って、以後は自分に判別できぬ品と、国籍のはっきりせぬ自信の持てぬ品物はなるべく避けて買わぬことにしております。国籍の判らぬ品物には、一寸面白い物や楽しめる物がありますが、滅多に大名品はありません。

骨董屋

骨董を売買する商人が骨董屋であることは問題ありますまい。私共も口に出しては骨董屋がとか骨董商としてとか申しますが、名刺に骨董商などと刷りこむ者はほとんどなくなって来たのは面白いことです。看板などにも書画骨董と書いたのはまだ見受けますが、それも最近は少なくなって参りました。これは活動写真という言葉がいつの間にか映画となってしまったようなものじゃないかと思います。今でも活動写真とおっしゃる方がありますように、なかなかなくならないかと思いますが、近頃は多くは古美術商と申しております。

よく道具屋と骨董屋とを同じように思っておいでの方がありますが、これは一寸違います。明治以前はこの商売を道具屋と申しておりましたのは、元来がお茶道具を扱うのが主であったからだと思います。道具といえばお茶道具を指していた時代でありましたのでしょう。茶器の名品蒐集で有名な松平不昧公の蔵品目録に「雲州蔵帳《うんしゅうくらちょう》」というものがありまして、これに品名、伝来、買入年、買入先、代金などが細かに記されております。買入先もお大名のことゝて売上人としてありますが、その中に大阪の道勝《どうしょう》というのがあります。これは道具屋勝兵衛の略称です。因みにこの蔵帳には十数名の道具屋の名が出ておりますが、その中で今日まで代々続いておりますのは大阪の谷松屋《たにまつや》戸田商店唯一軒で、このお店は今でも御道具商としか称しておりませせん。これはお茶道具専門に扱っていることと、昔ながらの格式を今日でも崩さないのでありましょう。

又、中道具屋と申しますのは、掛物、屏風、蒔絵もの、膳、椀、食器等の数物《かずもの》、陶磁器、花生、雑木《ぞうき》や唐木の棚、机、卓、敷物、衝立などを扱います店で、私が最初に小僧奉公を致しました仲通り（詳しくは東仲通り、日本橋から京橋にかけて電車通りと只今の昭和通りの間の通りで以前は骨董屋が軒を並べておりましたことは神田や本郷の古本屋街と同じでした）の薫隆堂《くんりゅうどう》神通由太郎商店もその一つでありました。

今日では一般に道具屋といいますと、古道具屋の古がとれた道具屋の意味に用いております。椅子テーブルから冷蔵庫、扇風機、本棚などから火鉢、植木鉢に至るまで家具の古物を扱い、頼まれれば何でも買うという便利な店です。店の表には嵩高の物を置き、奥には皿とか鉢を棚に細々とした品をならべるといった風な店で、全国的にこういう店が一番多いことと思われます。

戦時中、デパートで売る品が少なくなり、売場が余って来たせいか、中古品売場と称するものが現われました。只今でもこの売場の残っているデパートがありますが、ここで扱う品物は新しくないというだけのことです。他の売場にないものもありますが、家具部なり美術部なりで同じようなものを売っているものもあります。これは未だ使ってない品でも店から一度お客様の手に渡ったものは、たとえ一度も使ってなくても中古品となるわけです。

デパートでいわゆる骨董品を売っておりますのは、東京では東横百貨店の渋谷店と大阪では阪急百貨店だけかと存じます。東横はお茶人の古経楼五島慶太氏が社長でおいでですから、戦後東京のデパートで最初に茶室を設けられました。阪急も同じくお茶人の逸翁、故小林一三氏が社長をされておりましただけに、茶室福寿荘の出来ましたのも二十余年前のことです。御両所とも古美術の大愛蔵家でいらっしゃいますので、流石に他の百貨店に見られない特色かと敬服いたします。なお阪急六階には、美術街と称する一郭を設け、大阪の有名な業者十数店がそれぞれ出張店をならべておりますのは、他のどこにも見られないことで、大いに異彩を放っております。

この商売は昔から二代続かないと申しましたが、明治以前から今日まで引続いて連綿と営業を続けておりますのは、前に記しました大阪の谷松屋戸田商店のみではないかと存ぜられます。東京にも江戸時代からの店は残っておりましたが、もうなくなりましたようです。二代目三代目の店はいくらもありますし中には前よりも盛大になった店もあります。近頃は店を会社組織に致すものが多くなりましたので、今後は店の存続ということは昔と変わって参りましょう。

今日東京、否全国の同業者の長老として畏敬せられている斎藤利助翁（株式会社平山堂代表取締役、東京美術倶楽部社長、東京美術商協同組合長、五都美術商組合連合会長）も十三歳で鎌倉から東京に出て、平山堂の旧主伊藤平蔵さん方に奉公された方です。この伊藤平蔵という方も横浜在の生れで、もとは古本屋から書画骨董の一流商人になられた方です。斎藤翁は最近「書画骨董回顧五十年」という本を出版されまして、身をもって経験されました明治大正昭和の三代にわたる興味深い回顧談をまとめておられます。

私も十二歳で故郷富山県八尾《やつお》から出て参りまして前記の薫隆堂に奉公致しましたが、その主人の神通由太郎さんはやはり富山県の出身で兄弟三人が同じ商売をしておりました。私が二十一歳の頃に主人がなくなりましたが、残された子供がまだ幼いので廃業致しました。私より年輩の番頭達はそれぞれ独立致しましたが、私はまだ独立には早いので、同じく八尾出身の先輩で親戚に当たります龍泉堂の先代繭山松太郎さんの店に入って商売の勉強を致しました。私が独立致しましたのは大正十二年で、店を開いて半年たたない内に関東大震災で焼け出されました。壺中居の開店は大正十三年で、同じく焼け出され同志の盟友西山保君と共同で、当時の神田連雀町にささやかな店をはじめました。ここはもう御承知の方も少なくなりましたでしょうが、以前青物市場がありまして、その裏横の細い道路に、青物問屋の御主人で江戸ッ子で通人の江沢菜魚さんの経営する、両側にバラック建築の床店風の喜雀苑という、店と申しましても六尺九尺の三畳敷の部屋がならんでおりました。そこには十軒ばかり骨董の店があり、私達もその一間を借り受け、壺中居の看板を上げた次第でした。イヤどうも自分のことのみならべまして恐れ入ります。

では今日この商売をしている者はみんな小僧からたたき上げたのかといいますと、そう限ったわけではありません。二代目や三代目もおりますし、中には雅陶堂の瀬津伊之助君などのように、三十六歳の中年からこの道に入って、非常な努力とたゆまず鑑識を深めた結果、持って生れたカンの良さと度胸と相俟《あいま》って、今日では東京で一流業者として成功した例もあります。

ところで、私共の同業者がどのくらいいるものかとおたずねを受けましても、全国はもちろん、東京だけでも一寸見当がつきません。東京美術倶楽部の株主で組織しております東京美術商協同組合の会員はざっと三百六十名で、この中には、宝石、貴金属、時計、衣類、時代袋、古書籍などを扱う者もおります。又、茶器、書画、新画、刀剣、鑑賞物などと専門に扱う方面によって大体に分けられます。共通しておりますことは、すべて古物商として十把一からげに目されていることです。美術品も自転車も靴も古ければ皆同じで、すべて古物商の扱うべきものという立場からきめられるように思われます。しかし、古くなって価値の上るものと下るものとでは同じとは考えられませんのですが、今のところは同様に見られております。この商売を取締る法律では、「古物とは、一度使用された物品（鑑賞美術品を含む）云々」ときめられております。鑑賞美術品という言葉が法律に出て来たことは一寸面白く思われます。又、私共は古物行商人許可証というものを受けておりますが、これは身分証明書のようなものです。商売柄どうしても嵩《かさ》ばる荷物を持ち歩くことが多いので、盗品の疑をかけられた時などに必要になります。地方に仕入れに出かけました帰りなど、以前はよく移動警察の調べがありましたものです。その時、許可証を生憎《あいにく》持っておらなくてゴタゴタしたというようなことをきいたことがあります。

この商売は、品物とそれを買って下さるお客様さえあれば、目が利かなくてもできますので、お素人で骨董屋のようなことをなすっていらっしゃる方もあります。

中国では、骨董屋のことを古玩局と申しております。北京の琉璃厰《ルリチャン》という所は骨董屋と古本屋の多い一郭でしたが、どうなったことかと思っておりました。最近旅行して見て来られた方に承りますと、やはり店はあるそうです。しかし、みな国家と個人の合弁で、すべての商品に正札がついていることが一番の変化だということでした。昔は正札の有無に拘らず、値切って買う懸け引きがありましたが、それができなくなりました。又、八十年以上古いものは何によらず外国に持ち出させない規則がありますので、外国人に買えるものはみな写しものばかりのようです。

最後に骨董屋の手前味噌を少しならべさせて頂きましょう。もしこの商売がなかったとしましたら、さぞ世の中は不便不自由になることと思われます。第一、処分をなさろうとお思いになっても、数の多い時には、それぞれ向いた所へ買わせようなどと考えていたら、いつまでたっても片付きっこはありますまい。又、骨董を買いたいとお思いの方も、どうしたら手に入るかと如何に苦心されてもはじまりません。売りたい方から買い、買いたい方へ売る骨董屋という商売があるので、その間の需給関係も円滑に参ろうと申すものです。時には、世に埋れていた名品を見出して、しかるべき所におさめたり、ほったらかしておけばその真価を誰にも知られぬまま葬り去られてしまうような運命にあったものを救い出して、後世まで永く伝えるといったようなことも、できないこともありません。天下の名器名品にそれぞれのいるべき所を得せしめるなどと申しますと、少し大袈裟でありますが、全くのホラでもないということは、本書をお読み下さるとアチコチからお感じになるかとも存じます。

席入札

美術倶楽部の東両国時代に、私共小僧は、よく札元から頼まれて下見の間二三日、毛氈《もうせん》の上に並べてある品物の見張りをしました。この一日の礼金がなんと一円で、私共小僧の月給と同額で、その上おいしい弁当が食べられる、それが嬉しくていつでも行きたかったのですが、小僧の多い店ではなかなか順番が廻って来ませんでした。

その頃、大正五年の伊達家の入札の時でしたが、席入札というものがありました。この席入札というものについて一寸説明しますと、これは関西ではよくありましたが、東京では滅多にやらなかったもので、普通今もやってる輪入札（アーチ形に坐ってやる）が行われていました。そこでこの席入札というのは、各札元の部屋がそれぞれあって、そこには茶道具を備えて席を設け、札元は各自出入のお客をここに招んで酒や料理の支度をして芸妓まではべらせ大いにキセイを上げ注文をきく仕組になっていました。客はまたその席で作戦をこらして入札し、刻々の開札値段の情報をきいては、喜んだり、悲しんだり、入札をとり消したり、増金をして入札をやり直したりしたもので、お客と札元との間にも商売ずくを超えた親愛の情が湧いて、なかなか面白い入札方法でした。当時はのんきな時代で今日のように三枚札でなく、無制限入札で、札箱（タネ箱）が一杯になると時には第二札箱の出来たこともあります。

それでこの席入札では、各札元の部屋を札箱を持って廻るのが小僧の仕事でしたが、普通品の時は早くすむが、大名物等の名品になると、札元席へお客が来てそれぞれ作戦を凝らすために、一部屋でなかなか時間がかかるのです。そのために札元全部から入札済みの判を貰うのに永くかかって、時には夜が白々と明けるまでかかったこともありました。また席入札にはお客の買い気をそそる長所があります。その点今の輪入札は時間がかからないが、仲間だけの入札なので、注文を聞いた値段を札箱に入れればそれで済み、早く終るわけです。

取引の実情

私共業界の商取引のことは一般のお素人は無論のこと、美術愛好家のお方にでも、一寸おわかりにくいかと存じますが、個人同士の相対の売買以外は、お客の依頼品を処分する時とか、業者同士の手持品を処分するためや交換する場合などに、入札、椀伏せ、競りとそれぞれ都合のよい方法で商取引を行なっております。

先には席入札のことを述べましたが、昔は買いたいと思う品物を入札するのは、入札用紙に何段にも値書をして、無制限に入札箱へ入れたものです。ある業者の如きは百円代から書いて、千円代から何万円まで細かく数百枚も値を刻み書きして無茶な入札をしたので、用紙が札箱より高くて入らなくなったのが動機となって、七枚札に改めましたが、それでも多いというので三枚札の入札と改め今日に至りました。一時関西で一枚札の入札法を採用し暫く実行いたしましたが、一般に受入れられず、うまくゆかないので、間もなく元の三枚札を採用することに改めました。今日では全国どこでも三枚札の入札をしているようです。今でも三枚札が採用されているのは、一つには鑑識がなくて値踏ができなくても安心して買うことができることと、今一つは客も業者も各自欲しいと思う品物が、競争相手がない時には中札か下札の安い値で買える興味が多分に手伝うからでしょう。美術品は他の品物や請負仕事などを入札するのと違って、品物を買おうと思う人の鑑識の有無、客のウブ品、業者のネキ物、向き不向き、好き不好き、客の注文の場合、手張りの場合、各自の資力等によって踏値もそれぞれ違うから、各業者の入札する値にも自然相当の開きを生じます。その点は真に複雑です。金・銀・銅・七宝・硝子・象牙・蒔絵等の工芸品とか新書画洋画等の中にはある程度素人にも業者にも値踏の出来る品物もありますが、仏教美術・墨蹟・古筆・古書画・茶器等でごく僅かの研究家か専門業者以外にはわからないむずかしい物もありますから、誰にも値踏のできる品物は入札の三枚の値を接近して入れますが、特殊な品物で競争者があれば高いしなければ安いと思えば、三枚の札値を大巾に離して入札をいたします。業者の間によくあることですが、例えば自分に真向きの品物をぜひとも買いたいと思って三枚の札に五万円八万円十万円と値を書き入れて入札したところ、競争者がなくて最低札値の五万円で落札したといたします。自分は十分十万円の値打があると思い、その上何割か儲けるつもりなのに、安く買えたことを喜んでいたところ、他の業者から八万円で買うから譲れと言われて出す場合もあれば、又暫く持っていて売れないと、下札の五万円に買手があれば喜んで売る場合も屢々あります（業者は一割引で一ヶ月後払いです）。これなども資力の関係もあり、先の十万円より目前の五万円が有難いということもあるからでしょうが、この点は他の業界に見られない不思議な商売です。

平山堂の先代主人伊藤平蔵翁は業界の重鎮で美術倶楽部の重役や社長を永年勤めておられましたが、この伊藤翁が早くから入札の一枚札論を唱えておられまして、御自分の意見を書いた立派な冊子を発表されました。美術倶楽部の総会にも幾度か入札改革案を持出されました。しかし一般業者は美術品売買の複雑さを考え、実行の困難なことを思って問題にせず、いつも否決されました。ある業者の如きは伊藤翁の持出される持論に顔をしかめ、馬鹿親爺が又も性懲りもなくくだらぬことを持出したと蔭で悪口を言っておりました。

否決されるとその都度伊藤翁が淋しそうに出て行かれました。その後姿を私は見送りながら、伊藤翁の理論は正しいと思いますが、総会の情況を見て、これは一朝一夕には改革はできない、時期がまだ早いと感じました。理想的な正論であるが、賛成者のいない一枚札論を終生説いていられました。私はその熱意と信念に深く感じ、今でも尊敬の念を禁じ得ないものがあります。伊藤翁歿後現在に至ってもまだ一枚札は採用されませんが、時世も変わって来ましたので、将来は必ずや伊藤翁が永年の持論であった一枚札入札は、まず二枚札に改められた後に実行される時期が来るものと私は信じております。

椀伏せ（平たい小椀の中に自分の買いたいと思う値を墨で書き、他へ見えぬように伏せて売手の前へ投ずる）の場合には、売手は各業者の値書したお椀を集め目を通して最高値の者へ売るわけです。売手がお椀の値書を見て例えば十万円が最高値で二番値が五万円ならば、客の依頼品で売値を任された場合とか、売手自身の品物で元価が安く二番値の五万円で売っても儲かると思えば、買う相手にもよりますが、売手の取計い（依頼品の場合）や気持（自分の品の場合）で六万円七万円八万円としかるべく負けて売ります。これを業界では「値を読む」と言います。買う方でも売手が読んでくれる（負ける）と見れば安心して、五万円より踏んでいない品物でも六万円八万円十万円と各自が勝手に値書して投じます。（これをヤラズ値と言います）。売手は沢山のお椀を見てとっさの間に自分が信ずるこれならと思う値を取上げたり、又業者の中で鑑識のある踏値の確かな人の椀書の値を参考にして売ります。ウブな品とか名品だと各業者のヤラズ値が重なり、又読むことの人気も手伝って却って高くなります。これが又売手に不向きな品ならよいが、真向きな品で踏値が高い物にブツかると一層高くなります。その上にヤラズの値書した者同士が幾人かで売手の読んでくれた値（幾人か同値にすることをツカせると言います）に利付けをして、籤引きをいたしますから、買った人が時には非常に高いものになって損をすることがあります。旧家や大名などの古書画茶器中道具のウブ品の払い物を椀伏せする際など、売手がこの調子でヤラズ値を適当に読むから、自分に向きもせねば鑑識もなく値踏さえもできぬ業者が、品物がほしいのでなく利付がほしいために、実力者が椀を投ずると時たま不真面目な者がいて椀に「よろしく」とか丸や三角を書いたり、ズルイ者は二つも三つも値書をして籤引きに入れてくれと幾人も便乗して来ます。売手がたまには又そんな業者の椀を取上げるのもおかしなことですが、この業界だけに許されている情実とでも言えましょう。こんな業者が籤引きで品物が自分に当たると顔色を変え震えているくせに、いざ実力者が籤で取られ改めて利付をするからぜひ譲ってくれと申出て来ると、急に居直って、この品は前から客の注文を聞いているから許してくれとか、売りたくないから我慢してくれとか、足もとを見てつけ込み、幾らでも利付を余分に取ろうとばかり慾張り、素直に売ってはくれません。従ってぜひほしい品物は沢山な利付を取られることもあります。

椀伏せや競り売に荷主のお客さんが品物を委託され、立合いのため往々出席される方がありますが、業者が椀を握りお互いに品物を買おうと真剣に努力している姿や様子を見られて、お椀をツケたり大勢の者が籤引をしているのは、安く買うためやお互いがグルになって値を協定するためでは微塵もないことは良く諒承されましょう。これは椀伏せ売について私が業者の立場から一言弁明申上げておきます。却って荷主のお客さんがあまり高く売れるので微笑されている風景をよく見受けます。

頭を働かせ利取りの目的で籤引きに入って儲かる半面、品物は当たったが値が高いので誰も利付けに来ず、向きもせぬ品物を抱いて大きな損をする者もおります。椀伏せも読むことにせず最高値に売ることにすればかかる弊害は除かれると思いますが、素人から業界に入った人や鑑識もなく値踏のできない人に都合が良い関係もあったり種々な事情から、椀伏せに読んでツカせて籤引にする方法が今日まで採用されております。これは新書画の売買には特に盛んに行われております。一見不合理のようですが、今なお続いているところをみれば合理性が多分に含まれているものとも思われます。これには、一部の目の利く業者だけでなく、一般の業者にも利益を均霑《きんてん》するという含みがあるものと思われます。実力者が真剣に真面目な値を書いても必ずしも買えるとはきまらぬところが、この世界の特異性であり不可思議なところでしょう。同時に私共業界の複雑さを現わしていると思います。

今度は競り売ですが、椀伏せの場合と同様で、お客様から依頼された品物の売値を任された時（成行売）とある値以下に売るなと言われた時（指値）、又は売手（業者）自身の品物である場合などによって売手の気持も自然違って来ます。ただし平素から売手が綺麗に売る人だと、買う方でも五万円まで買おうと思う品物を下から這わずに、始めから五万円と一声で買って入ることもあります。売手の方でも心得てその値がもっともと思えば、他からその上五万五千円とか六万円と競り声があっても（声余りと言います）、五万円で売りましたと綺麗に売ってくれます。これを業界では「鎗をきかせる」と申します。この反対に売手が慾張りで売穢い人だと、少しでも高く売ろうといつまでも引張るから、綺麗に競り声を出しても売らず、無駄だから五万円で買おうと思う品物でも始めは半額以下ぐらいから競り出し、競争相手の声に応じてその上へ少しずつ競って行きます。そして競り相手の声が止った少しその上で買います。

業者はお互いに平素の売買の性質や気風を知っているからそのつもりでかかります。贋物を扱う者、修理品（ペンキ直し）や手入品（後画や窯入）を売る人の品物はそのように心得て特に用心をいたします。しかし売買共にいずれが得かわかりませんが、綺麗な売買はお互いに気持が良いと思います。従って買った品物もその勢いで売るから良く売れるようです。これは一般業者の偽らざる声です。椀伏せもこれと同じで、綺麗に売る人だと思えば一番高値が十万円で二番値が五万円といたしますと、荷主のお客さんにもよく業者にも儲かるように、平素から綺麗に買って入る人には二番値の幾分上で読んで売ります。又平素から穢い買方をする人には、書き入れた値よりあまり読みません。書いた値いっぱいに取られるわけです。穢い売方をする人は、集って来たお椀の値書を見て最高値と二番値の間に半分以上違っていても、慾張って決して綺麗に売ってくれず、読んでくれてもほんの僅かより負けてくれません。

業者のお互いが売買の場合に立場を替えた時、特に自分の手持品を交換しあう交換会の時など、平素自分の品物を買ってくれる人の物は努めて買います。競り売の場合には入札や椀伏せと違って売手にも買う方にも値がわかり、誰でも他の競り声の上でほしいと思えば買えますから、鑑識がなく値打のわからない者には一番買いやすい方法です。しかしこれも時には業者自身の手持品を入札、椀伏せ、競り売等の場合お客から依頼されたウブ品の中へ付け荷をいたします（これを「猫をする」と言います）。他の業者が競り出すと少しでも自分の品物を高く売ろうとその上へ乗って競り上げます（これを「テコを入れる」と言います。しかし相手の声で都合よく売れればよいが、生憎自分の声で止り自分に落ちて来ることがあります。これを「テコ折れ」と言います。近頃は自爆とも言っております）。自分の品を買って分損《ぶぞん》をするわけです。しかし業者はネコかウブ品か蛇の道はヘビでよく知っております。素人のウブの尤品《ゆうひん》はウッチャッといても高く売れます。

競りはお客の注文で買うならば、高くさえ聞いておけば、他の競り声の上に出れば必ず買えるわけです。お互いに向く品物をギリギリまで競り上げて、もはやそれ以上買上げることができなくなる時があります。その場合競争者が幾人かで多少利付けをして（利なしの場合もありますが）籤引をいたします。名品が出て向く相手の少ないと見た時など、利取りのみを目的にする業者の割込みを牽制するため、始めから買おうと思う者が幾人か妥協して、誰か一人が競って買い落します。後からお互いに、品物を取った者も儲かるように、品物を取られた者も惜しくないほど利益になるように、籤引きをすることもあります。お断り申し上げておきますが、荷主の品物を安く買おうがための談合ではなく、日和見をしている業者にたかられるのを避けるためです。

競り売も椀伏せの時と同様に、品物の真贋の区別さえつかず値打のわからない業者が、鑑識ある業者が幾人かで競り合うと見るや、品物が確かな物と思い早速便乗して来ます。競合いの結果ある実力者が買い落すと、買った値近くまで競って実際に品物をほしい人が「一本願います」と声をかけます（利をつけ籤を引かしてくれと言う意味です）。品物に人気があるとか幾分安目に落ちたと見ると、誰か買うだろうと見込をつけ、利益を目的に始めは一人か二人と思っていたところへ、私も引く私も引くと油虫のように五人十人二十人と籤引きに出て来ます。甚だしいのは品物を全然見もせずに入って来る者さえおります。自分が買ったと喜んでいても、今までの業界の仕来りで断るわけにも行かず、自分もまた競って他の業者に取られた時に品物をほしいので引かせてくれと言う場合もあるから、お互いのことゆえ引かせますが、実際に品物がほしいために引きに来る人は致し方がないけれども、一言の競り声も出さない者までが利益が目的のために、平素高い品を買ったこともない者でも向きでない品物を籤引きに厚かましく割りこんで来る業者が沢山あるのには困ったものです。

とかく意地の悪いもので、品物がほしい者に籤が当たらず、利取りに入った者に品物が当たります。こうなると椀伏せの時と同じで、素直に薄利で出す者もありますが、中にはこの時とばかり足許を見て慾張り、僅かな利付けでは出さない者もおります。鑑識や実力のない者が、ただ目先や頭を働かせ実力者に寄掛かって籤引きに入って来る、唾棄すべき寄生虫的業者の存在のために悩まされることは、真面目な業者には真に迷惑千万なことです。入札は一銭高くても買落とせますからはっきりしておりますが、椀伏せと競りにはまだ解決できない問題が残っております。椀伏せで同値についた時、又は競りで同値で声が止った場合は籤引に任せてはどうかという話もよく出ますが、多くの業者に都合の悪い事情でもあるためか未だに実行されません。

安く楽しむ人

骨董道楽は、よほどの大金を持っていなければできないとお思いになるのは、とんでもないことです。大金を投じることがおできになれば、それに越したことはありませんが、その気さえあれば誰にでも楽しめるものです。茶器の大名物を手に入れようとか、世界的な名品を買って自慢しようとかいうのは、生易しいことではできません。しかし、日常の生活を少しでも豊かに、趣味的に生かそうというために身辺に骨董品を置くとか、どうせ使うのなら今出来の新しい品よりも時代のある生活になじんで来たものを用いようとかいう程度で、骨董を楽しもうと思うお考えなれば、さしてむつかしいものではありません。

私共の店においでになるお客様で薄給で乏しい生活の中からでも、時々安い品をお求めになる方がありま す。もちろん、高いものや一番手のものはお買いになれませんことは御承知の上なので、疵のあるものか、二番手三番手のもので、使えるようなものをお求めになります。そして日常にそれをお使いになっていらっしゃるそうです。今出来の新しい品でも結構高いのに、それに比べれば割に安くて、しかも楽しめるとおっしゃっています。毎日の食事に、たとえ粗肴《そこう》を盛っても器が良いものだと気分だけでも高く持てるというものです。又、時には清朝官窯の疵物でもスッキリしていればお買いになり、嘗《か》つて清朝宮廷の卓上に出たかも知れない、あるいはそれと同じものが今日では東京郊外の一蓬屋に光っているのは考えただけでも愉快ではないか、などともおっしゃいます。少なくとも気分だけは王侯貴族に劣らないものが持てるというわけです。商人としてもこういう方に向くようなものが見当たれば心がけて差上げるようにもなります。ただ御注意なさらなければいけないのは、同じ安くても疵はないが、さりとて面白くもないというようなものはお買いにならぬことです。つまり品格さえ落さなければ、安いものでも立派なものだと申すことができます。

又、蒐集ということでも、美術館を作ろうとか、何もかも一通り集めようとか、焼物なれば各窯のものを洩れなく集めようとか、いうのは大変なことで、これは資金だけあってもできるものではありません。何か一つ範囲をせばめて、永年心がければ何かまとまるものです。美を愛する心は人間だけに恵まれたものと思います。せっかく人間に生れて来て、人間だけしか知らない、又楽しむことのできないこの趣味を理解もせず、又知らずに死んでしまうのは、あたら口惜しいものではないかと思います。と申上げるのも骨董商の我田引水でございましょうか。

よいものを見て鑑識を養うこと

ただ商人まかせで買うのもつまらない、趣味なのだから、自分である程度わかって、自分の判断で買いたい、とお思いになるのは当然のことであります。又、それでなければこの道楽もチットモ面白くありますまい。ところで、骨董には贋物というものがあります。お素人の方々には考えられないくらい、この世界には贋物が満ちております。石川五右衛門ではありませんが、浜の真砂はつきるとも世にニセモノの種はつきまじ、と申したいほどであります。後に御参考までに申上げますが、私共業者でも苦い経験をいくらもなめております。骨董が真物ばかりで贋物がなければ鑑識などというものは必要ありません。

鑑識とは真贋鑑定の知識と眼力と申せましょう。これは一朝一夕に養われるものでなく、玄人でも、小僧の時からいろいろのものにぶつかって、教えられ、勉強し努力してだんだんと会得して参りますものです。これればかりは、学校もありませんし、教科書もなし、速成教育もできません。鑑定法などという本もありますが、千差万別の書画骨董の各々の品物に通ずる鑑定法など、あるわけのものではありません。

鑑識を深められんとする方々へ、まずおすすめ致したいのは、真物のよいものを現実に見ることであります。これは、博物館や展覧会の陳列品をガラス戸越しに見るのでも結構です。しかし、できることなら、直接に近くでか、あるいは手にとって見られるような機会がありましたら、のがさないでよく見ることです。近頃は大寄せのお茶会やら研究会のようなものが盛んですから、そのような時に、実物について説明を聞かれるとよいと思います。もっとも、この時に迷解説がとび出さないとも限りませんから、御注意も肝要です。

骨董屋の小僧の修業には、よいものだけを見せよ、ということを申します。真物だけを見ておりますと、この真物はこういうのだという概念が出来て参ります。こうして修業しておりますと、真物と贋物とが入り交っております中から、真物だけを見別ける能力が養われて参ります。と申しましても、百発百中などということは、誰にだってもできることではありません。ただ比較的に識別する力が出てくるというわけです。

よく、生れつきのカンが良いとか悪いとか申しますが、これもある程度はありますけれど、経験と努力を積まなければ駄目であります。カンと記憶力がよくて、経験と努力を重ねれば、正に鬼に金棒です。それと良き指導者に恵まれることが必要です。

私などこの商売に入って五十年になりますが、今でも時々私にわからないものに出会います。自分にうなずけない品物には、手を出さないのが無難だ、ということが長年の経験から申すことができます。

また、鑑識を養うのには、実際に買ってみるのが一番だ、とも申します。買う時は、いくら道楽でも、贋物を承知で買うわけでないのだから、真物と見て買うわけです。それが後で贋物とわかったら、その代金は授業料を払ったのだと思えばいいではないか、というのですが、これは授業料をいくらでも甘んじてお出しになれる方には結構だと思います。しかし、授業料だけ払って、いつまでも進歩しない方もあるようにお見受け致すこともあります。そういう方はほんとにお気の毒だと思います。

しかし、商人の場合は、真剣勝負ですから、買わなくては、いつまでたっても駄目です。私が深く畏敬しておりました、業界の大先輩、京都の玄琢の里に住まわれた、喜寿の土橋嘉平治翁をお訪ねした時に、翁はこういわれました。「この商売は、理窟よりも何よりも、第一に品物を実際に買ってみれば、損をしても儲けてもクサン（贋物を買うこと）でも掘出しても、一番覚えるものです。たとえば、千円のものを買う時に千円の鑑識が生れ、一万円の物を買う時には一万円だけの鑑識と度胸が出来、十万円の品を買う時には十万円だけの鑑識と度胸が出来ます。ガラクタばかり扱っていればガラクタの鑑識しか生れないし、名品を多く扱えば名品の鑑識が生れます。それは丁度人が家を建てる場合と同じことで、十万円、百万円、千万円かけて自分で普請してみれば、それだけの価と苦心を感得できて、他人の建てた家を見ても、これはどれほどかかった家かわかり、何軒も建てた人ほどそれがよくわかるものです。借家住いばかりでは、いかに大邸宅や結構な普請の家に住んでも、建てた人ほど値打ちも良さもわかるものではありません。この経験を繰返して行く中に鑑識ができて来ます。しかし、この授業料が高い、この高い授業料を払えてこそ、高い鑑識は得られるのです。」

これを伺って、商人たる又つらい哉と思いました。

書画骨董の種類は多く、業者でも、その鑑識は自然と専門に分れます。私が従来一番力をそそいで参りました分野につきましては、後に記述致します。

斎藤利助翁は、その著「書画骨董回顧五十年」の中に、古画の鑑定について、明治の南画家下条桂谷翁から教えられた見方として、次のように記されております。それは、第一は用紙、第二に墨色、第三には落款《らっかん》と印をよく見ること、というのであります。つまり、ここに重点をおいて見よ、ということでありましょうが、紙を見てその種類、新古、時代を見分けるには、正しい標準となる古い時代の紙はどういうものであるか、ということが頭に入っておらなければなりません。墨色も落款も同様で、それには、やはり真物をよく見ておかなければならないわけです。

なお、お茶器は岡本房次郎氏に見わけ方の指導を受けられ、同氏の見方は、茶碗は見込と高台《こうだい》を見ること、香合は土をよく見ること、名物はふだんよく名物帳を見ておき、研究の上で買うこと、なお茶器は出所がよくないと駄目である、というのであったそうです。

又、同時に、箱その他の付属品も見ることとです。桐箱の内底には、必ず高台の痕がつきます。これで、箱と中身が入れ替ってるかどうか、わかることがあります。箱だけを信用することはもちろん、箱書や所蔵者の印なども鑑定の対象となります。と申しますのは、箱書のニセモノもザラにあり、鑑蔵印のニセモノすらありますので、箱書のみを信ずることは、大いに危険な話です。

正宗と鉈

永年北京に仕入れのため出張の度毎に、往復とも仕入れをかねて京城に下車するのが通例でした。京城には私の尊敬する朝鮮古美術のある研究家がおられましたが、私はいつもその方をお訪ねしては、蒐集品を見せて頂いて勉強させてもらうことを楽しみにしていました。ある時、その方が申されるには、君は朝鮮の美術品を見る時には、中国美術を見る目で見てはならぬ、例えば中国の物は概して鋭利冷厳、そして端麗な正宗の名刀の如きもので、形といい、姿といい、切れ味も実に堂々として立派なものです。どこの国にも比類のない品格の高い物や豪華な美しさがあるが、朝鮮の物は、一部の官窯の高麗物は別として、特に李朝物などは多くは野性的な鈍重さを持つ樵夫の使う鉈《なた》の如きもので、その切れ味たるや正宗とは全然別箇のもので、中国の物に見るあの洗煉された所はないが、民族性の持つ独自の素朴にして、静かな、そして何ともいえない味があり、何か内に湧き出す親しみある美しさは、正宗には見られない朝鮮物の特徴でしょう。中国から朝鮮に入る際鴨緑江を渡る時、安東県に正宗をおいて、新義州に来て鉈を持った気持で朝鮮に来ることです。これは日本から釜山に上る場合でも同様です。その鉈で頭を切り替えて物を見なければいけない。国民性の違う美術品を見るのに、その国情を知らずに見ることほど間違ったことはありません、と言われましたが、永年朝鮮に住まれて、民族と美術の中にとけこんだ生活をしてよく研究しておられる方の仰言ることだけに、実に至言だと感心しました。骨の髄まで中国美術のしみこんでいる私には、とかく正宗で鉈を見る嫌いがないとは申せません。

用途の違いに御注意

中国、朝鮮や南洋諸島で、日常生活に使っていた品が多く日本に将来され、それが茶器として採り上げられた物に、いろいろな珍器珍什があります。白粉入れや肉池を香合に、薬壺を大名物の茶入に、阿片入れを棗《なつめ》に、嗅煙草入れを振出しに、文房具の大形筆筒を置水指に、小形の筆筒を棚水指に、蓋付きの味噌壺を共蓋水指に、油瓶、醬油瓶、酒瓶等を花生に用いてある物には、なかなか面白い物が沢山あります。

中国や南方の古い物で骨壺等が、水指に用いられたのを見ますが、別にこれなどは汚い物ではありませんから、消毒して用いれば侘び寂びにぴったり来るものがあります。中国の上流家庭の寝室前の土間に沓脱ぎとして用いられている物で、紫檀彫刻や青貝、存星《ぞんせい》、堆朱《ついしゅ》等古い結構な長い箆台《へらだい》があります。これが又形が日本の床の間に丁度うつるので、床へおいて、その上に名香炉を載せてあるのを時に見ます。これなどは実際にこの形のような平卓がありますから、清潔に掃除して用いれば別に差支えはないと思います。

私が戦前に北京の業者の家に行って、知らずに入った部屋が、それは婦人の寝室でした。見ると寝台の前にカーテンが引いてあるのが少し開いているので、なに気なく中を見ると、嘉慶か道光かと思う染付の上りの良い蓋に摘みの付いたおはちのような丸形の壺が置いてあるので、飾り壺にすると一寸よいと思って主人に、あの壺はいかほどですか、売ってくれませんか、というと、ただニヤニヤ笑うだけで何にもいわず、私が何か冗談でもいってると思っている風なので、重ねて、ぜひ売って下さい、と頼むと、それは売物ではありません、婦女が寝室内で用便をした木桶を入れてある物です、とのことで、なるほどそれで市場では見掛けない品物だと思いました。上流の家庭では、染付や粉彩、五彩などのも伝わっているとのことです。ところで、日本であるお客さんの家を訪ねた時、玄関の美しい棚の上に染付のこの形の壺が飾ってあるので、思わず吹き出したことがあります。ある業者の家に行った時に、台所の棚の上にこれが置いてあるから、何に使ってるのかと訊ねたら、主人が、米を入れてある、焼物の壺に入れておくと虫がつかず真に重宝だ、とのことで、なるほど洗って使えばよかろうが、それが便器入れに造られたものだけに、知らぬが仏とはいうものの、中国人が見たら驚くことでしょう。

中国で、尿瓶《しびん》に使用してる物に一寸釉上りの面白い物がありますが、これをある家で水注に用いておられるのを見たことがあります。昔高麗時代に婦人の用いた、高麗青磁舟形の尺四五寸の砂張《さはり》銅の釣舟花生の如き便器があります。京城の骨董屋で以前時々見たものですが、釉上りのよいのもありました。ある時友人に頼まれて某家に品を見に行ったところ、床の間の脇棚の上にこの高麗青磁の便器に剣山を入れて水盤にして花が生けてあるのを見て驚いていますと、奥さんが、花に感心してると思われて、得意顔で、実は家の娘が生けましたので、といわれたので、可笑しくなり、滑稽で挨拶に困ったことがありました。後から紹介した友人にこのことを注意したことがあります。この器物と同形の物を昔ある有名な大臣が、自分がお客を招待した時自慢して使われましたが、お客の中に朝鮮の高官がいて、後から便器だと注意されて、これを打ち破られた話を聞いたことがあります。

民族性の違いで用途の違う物がありますから、採り上げる前に充分この点を調べる必要がありましょう。痰壺に黒塗の蓋がついて水指で御目見得したり、便器が花器に見立られたり尿瓶が水注に使われては、文化国家の趣味人の沽券にかかわります。

買う時は

かねてほしいと思っていた品物に出会いますと、ロクに見ないであわててお求めになる方がありますが、これはお気をつけにならねばいけません。ことに値が割安だと思うような場合は、ことに御注意が肝要です。普通より安く値がつけてあるのは、どこかに疵があるとか、何か欠点のあるものと思わねばなりません。良心的な商人なれば、進んでその由を申しますが、ごまかせる相手だと、それをいわずに売る悪徳商人もおります。素人には一寸わからないような疵もありますから、安いと思う時は、念のためおききになるのも一方法です。

品物を見て一目惚れをしますと、俗に申すアバタもエクボで、気に入って買った点が、後でよくよく落ちついて見直すとイヤな原因になったりすることもあります。こういう時は益々平静になって判断をすべきです。

バカバカしいようなお話ですが、こんなことをきいたことがあります。第一次大戦の好景気時代のことです。ある店に知らないお客がはじめて見えて、青磁の大皿が五枚、店先に重ねてあったのを、これは幾らだ、ときかれたので、千円ですといいますと、それは高い、半値に負けておけ、というので、ひどいとは思いましたが、それでも少し儲るので、よろしうございますと申しましたら、二千五百円払って、大急ぎで皿を車にのせると、名も所もいわずに立ち去りました。これは、商人は五枚で千円のつもりで応対していたのですが、お客さんの方では一枚千円だと勘違いしての間違いで、結局商人の儲け得になってしまいました。

私の経験を一つ申上げましょう。山の手のある同業者の店先に、天龍寺青磁の花瓶がありましたので、店員に値をききますと、現品を持って奥にいる主人公にききに行きました。その返事に一万円だといいますので、釉上りの悪い割に高いと思うので、せめて五千円ぐらいなら買ってもよいがなあ、と思いながら、一寸箱を見せてくれ、といって棚から下ろしたのを見ると、三千円也と書いた正札が貼ってあるではありませんか、あまり無茶なので驚きましたが、主人公に正札を見せて話しましたら、「ああ、そうでしたか、三千円でよろしうございます」と平気で申しました。同業者ですから、むろん、割引かせてもよいと思いましたが、それだけの値打ちがあるので、そのまま買って参りました。

いずれにせよ、物を買う時は、常に落ちついてあわてないことが肝要でございます。

物を買う前に人を買うべし

お素人の方が道楽にお買いになるのと、玄人が飯のために生命がけで買うのとは、当然違いがあります。お素人は、品物が気に入らなかったり、贋物だと簡単に戻せますが、玄人はそのようなことはできません。自分の鑑識で買った以上は、後で贋物とわかっても、戻すことは恥になるのでできません。目はなんのためについているのだ、といわれれば、それっきりです。ここが玄人のつらい所です。

高価な骨董をお買い下さるお客様というものは、多くの場合、功成りとげて、生活に余裕のおできになった方達でいらっしゃいますから、小僧の時から商売をしている玄人より骨董について御存知ないのは当たり前です。ですから、商人がお客様に対して悪いことをしようと思えばいくらでもできます。かりにお客様が贋物をお求めになったとしても、それは別にお客様の責任でも不名誉でもなく、それを納めた商人の責任であり不名誉であります。

それに致しましても、大概のお客様は人を沢山お使いになっていらっしゃる方が多いのですから、ものを言わぬ骨董品にだまされることはあっても、ものを言う骨董屋の人間の真贋は、容易にお見わけになれると存じます。ものをしゃべれば、いつかはボロを出しますし、数回取引してみれば、その人間の如何はおわかりになるはずだと思います。骨董の鑑定はともかく、人間の鑑定がおできにならなければなりません。

もちろん、商人とても、はじめから良き鴨とばかりお客を騙そうという了簡の者は、あまりありません。中にはお客様の側に原因のあることもあります。たとえば、品物の値を聞かれて、一万円だといえば、五千円なら買おう、二千円だといえば、千五百円にまけとけ、という調子で値切られてはたまりません。こちらが真物ですからと申上げても、イヤ駄目だ、こんなものを買うのは俺くらいのものさという風にさんざんこき下ろして値切る。こうなると、商人の方でも、何とかしてお客様がうまく飛び込むように仕掛けようとします。実際の事業を経営するに当たっては、識見も手腕も度胸も立派にある方が、さて骨董屋を相手としての掛合い取引きとなると、まるっきり別人のようになることがあります。商人に対するこのような態度は、やがて贋物売りの商人を作るのではないかとも思われます。

骨董品というものは必ず値切られるからはじめから高く値をつけてある、だから値切らずに買うべきものではない、と思いこんでいらっしゃるお客様がいらっしゃいますが、そんなことは絶対にありません。品物には自ら適正な価格がありますので、仕入れが安ければお引きもしますし、良い品なればいくら仕入れが安くても無暗に値引きは致しません。お売りした以上は、その値に対する責任が生じます。万一その品をお引取りする場合は、その値が基準となりますわけです。たとえその品が疵物でも、相当の値で引取らねばなりません、まして贋物の場合はもちろんのことであります。これは一流の商人ともなりますれば、信用上でもそうせざるを得ません。

ですから、安心してお求めになるのには、まず商人をえらぶことが第一です。ことに、資産として骨董品をお買いになろうと思いになるならば、信頼できる定評のある業者から、お買いにならなければいけません。そして、信頼できるという確信を得られましたら、最後まで信頼して一切をまかせることです。これは商人にとっては、まことに辛い苦しいことなので、一番骨の折れるお客様です。よほど自信をもっておらなければ、品物を一点たりとも納められません。こうしてお求めになっておけば、他日御処分なさる場合も御安心です。商人としては、自分目利きでお買い下さるお客様が一番楽だと申せます。

変わった買い方

十数年前に亡くなられました実業家の、前山久吉という方の買い方もいろいろと話の種を残していらっしゃいます。非常に自信の強い方で、自分目利きでどんどん買われました。金払いがいいので業者が毎日のように沢山品物を持ちこみました。その払いというのも、負ければすぐに小切手を書くぞ、という式なのでした。ですから、値切りもしたが、金もかけるので良いものも入りました。それは没後、売立をしてわかりましたが、すばらしい名品も入っておりました。

ある時二千円というものを千円に値切って買い、即座に小切手を渡しました。翌日、その商人が小切手を持って銀行に行きますと、金の代りに昨日売った品物が窓口に待っていたという話があります。それで、窓口さんといわれたということです。これは前山さんが、自分が頭取をしていた浜松銀行の支店支払の小切手を渡すのでできたことなのですが、品物をよく見ている内にひどい贋物とわかりましたので、銀行に通知して、金を取りに行く前に品物を持って行かせたわけなのです。これも又一種変わった買い方をなさった一人でしょう。

値切らなければ買わぬ客

戦前、朝鮮と九州に漁場を持っていた大網元で成功した、香椎源太郎という方が、釜山においでになりました。この人が書画骨董を沢山に買いこみましたが、これがほとんど贋物だったという大変な人物でした。どうして贋物ばかり買ったかといいますと、それは買い方が悪かったからなのです。商人の持ちこむ品物は、なんでも言い値の十分の一か、せいぜい二三割にしかつけません。あんまり無茶なので、商人の方でも心得て、いくら値切られても儲かるような贋物かガラクタ物しか持って行かなくなったからなのです。それでも毎日出入りの商人の持ちこむ品物を、値切っては買って喜んでおりました。

ある時、出入りの福田という商人が、明時代の鍍金仏を五百円で買いました。黒塗の台が付き、結構な紫檀の箱に入っていたので、まず仏像だけを香椎さんの所に売りに行きました。新羅仏の珍品というふれこみで、二万円と吹っかけ、二千円に値切られ、それでも儲るものを、元が切れるといって頼みこんでもう千円上げて貰い三千円で取引ができ、その場ですぐ金を貰って来ました。数日たって、子分の田坂という者に小遣とりの仕事があるが儲ったら山分けだという約束で、仏像の紫檀箱を香椎さんにうまく売って来いと渡しました。早速それを持って行き、旦那が新羅仏の名品をお求めになったそうですが、こんな結構な箱が見つかりましたので持って来ました、と出すと、これはピッタリ合うに違いないのですから、大喜びで飛びついて来ました。二千円というのを珍らしくひどくも値切らず五百円で買ってくれました。又暫くして、別の子分に塗りの台をこの調子で売りこませましたが、いくら安くても売り得ですから、結局商人に余計に儲けられた勘定です。一回ですむ取引を、いつもあんまり値切って買うので、三回に分けて売りつけられたわけです。

この田坂から青磁の香炉の贋物を買い、他の業者に見せたら高いといわれ、田坂を呼びつけてもっと負けろと後値切をされました。そこで田坂は、旦那、頂いたお金は遊んで使ってしまってもうありません、どうか御勘弁願います、と謝ると、使ってしまってなけりゃア仕方がない、とそれでおしまいでした。そんな点は至極アッサリしたものでしたが、どうしても常識では考えられない珍らしい人物でした。

心得て馬鹿になること

骨董を買うにはバカになれ、ということを申します。これはただバカになっているというのではありません。何もかも承知した上でバカになれということなのです。これは誰にでもできることでなくこういう方はメッタに現われるものではありません。

山中定次郎《さだじろう》翁がよくいっておられましたが、大阪の藤田伝三郎さんという方は買いっぷりの大層キレイな方だったそうです。出入りの商人を一二と限らず、一流の業者からならすべて言い値で買って、一切値切らないという買い方だったということです。こんな大雑把な買い方をすればムダの出ることは承知の上で、時には死馬の骨を千金で買ったわけです。名品だけを撰《よ》って買うということは、昔は非常に困難でしたから、大コレクションというものは、損をしたくないという気持ではできませんでした。業者としてもこんな買い方をなさる方の所へは、名品が出れば何をおいてもお目にかけたくなるというものです。骨董屋から見て、こういう方にお金を持たせたらと思う人に丁度お金を持たせたのが、藤田伝三郎さんだったと、これも山中翁から伺った話です。

これは藤田家へ出入りしていた藤田弥助翁という一業者からきいた話です。この弥助翁という人は、京都の人で、古く欧米に渡り、美術品を紹介し、生来気骨のある人でした。ある時、弥助翁が中国から砧青磁袴腰の香炉の名品を苦心して仕入れて来たことがありました。それを伝え聞いた東京の実業家の某氏がぜひ見たいとの所望で、弥助翁は上京して某氏邸に参りますと、御主人は横になって按摩をとっていた時で、弥助翁の顔を見るとそのままで、オオ道具屋、持って来たのか、そこへ出して見い、と横柄に言いました。その態度にムッとした弥助翁は、心中面白からず、憤然として立上るや、そのまま何もいわず帰ろうとしましたら、そこは流石は一代にして富をなした苦労人の某氏です。早速起き上って坐り直し、これは俺が悪かった、謝るから腹を立てずにその香炉を見せてくれというので、弥助翁も機嫌を直して香炉を出しましたが、では御主人どうぞ御覧下さい、しかしこれは御覧願うだけでお譲りはできませんから、とハッキリ断って見せたとのことです。ところで、この話が当時某氏と事業の上で好敵手だった藤田伝三郎さんの耳に入って、藤田弥助という男は同姓だが面白い男だ、その香炉は俺が買おう、もしやそれが贋物でもかまわん、その心意気を買う、と値も聞かずに所望されましたので、その気風に感激した弥助翁も、そこは人生意気に感ずで、某氏へ売り込みの半値で納めたそうです。伝三郎翁は御自分の号香雪をそのままこの香炉の銘につけて愛蔵されました。これが弥助翁が藤田家へお出入りするようになったそもそもの始まりだそうです。近頃ではこんな話は耳にしたくもありません。

藤田家の蔵品は伝三郎翁の没後、長男平太郎氏、次男徳次郎氏によって更に内容が充実され、財界不況の影響で三回も大売立をなさいましたが、今日では藤田美術館として、東京の根津美術館と相並んで、網島の旧宅あとに茶道具の名品の蒐集を誇っておられます。特に型物香合がよく集められ、その中でも第一は何と申しましても、交趾大亀香合です。これは明治四十五年に金九万円で買われたことは前に記しましたが、これが伝三郎翁の最後の買いものでした。この香炉の名品を是が非でも入手せよという翁の命を受けた戸田弥七氏は、七万三千円と札を入れて最高値で落ちると思いの外、荷主の生島氏は前景気にくらべて安過ぎるから売らぬといい出しました。戸田さんは茶器にかけては一流中の一流と許されていることとて、空前の高値を入れたと思ったのに、それでも値が合わぬとあってはもうこれまでと、一万七千円買い足して九万円で買いに出ました。おそらくこの時、病床の伝三郎翁の俤が戸田さんの頭の中をかすめたことと思われます。ようやくこの値で折り合いがつき、大亀香合落札の報はいち早く病床の翁の耳には達しましたが、品物がとどいた時には、もはや翁の臨終は近く、ついにあれほど熱望した品物を手にとることなく逝去されたとのことです。しかし、ここらあたりが古美術蒐集家の最高の熱意ではないかと存ぜられます。

今日なお藤田美術館に名品の数々が集っているのもまことに故ある哉と感ぜざるを得ません。

業者のうわてを行く客

お客様方にはそれぞれ種々な癖をお持ちの方がおいでですが、私共にとって頗るありがたくない癖をお持ちの方もあります。

某茶器屋さんのお得意さんでこんな方があったそうです。実業家としてはその道で有名であった故某氏は、相当高価な物を買う方だったのですが、買って行かれても平気で小便（返品する）なさるので、業界では鼻つまみでした。買って行かれてから暫くたっても戻されないので、良い塩梅に納ってくれたと思って喜んでいたところが、お茶会に使ってから戻してよこされたのでした。それはいいとしても、だまって戻すのではなく、この品は使ってみたがあまり面白くないとケチをつけたり、何とかかんとか文句をつけて返されるので閉口致しました。こういうお客様には、ウブな品物はあぶなくて、到底お目にかけられないということになります。たまには、買って下さるので我慢も致しますが、ほかに買ってくれる人があれば、多少安くともその人の方へ売りたくなります。こんなお客様は、結局一番損な買物をなさることになります。

又、品物を処分される時に、できるだけ高く買う店にお売りになりたいお気持はよくわかりますが、そのためにとられる方法には全く恐入ることもあります。二三ヵ所の店を持ち廻って、その内のどこかの店にお売りになるのはまだいい方です。値段だけつけさせて、それを標準として、お素人の方に、どこそこの店でこれだけに買うのだから、いくらいくらに買えば安いものだからこれだけに買ったらどうだ、などとおすすめなさる方があります。その品をお求めになった方が、実はこういうわけで買ったのだが、などといって念のために業者の店へお持ちになる方もあったりして、すっかりカラクリがわかってしまう場合もあります。

又、私共を踏台になさるのに、もっと念の入ったのもあります。私の経験を一つ申上げましょう。数年前に四国九州方面を一廻りした時に、某市で初対面の業者でしたが、至極物堅そうな方の紹介で、某愛好家の高麗青磁の花瓶を見ました。それは形もよし、釉上りもキレイで文様も良く、買える品でした。その品はその業者が五千円で売ったものなので、値によっては売るかも知れぬということでした。だいたい二万円くらいで手離すのではないかとのことなので、そんな値で買えるのならぜひ交渉して下さい、それ以上多少高くてもいいから、と頼みましたが、当分は売らないという返事なので、あきらめて帰りました。帰ってからも気にかかるので、その業者に一二度手紙を出して、五万円まで出すから交渉してくれといってやりました。その都度まだ売る意思がないといっているが、自分が納めたものだから、必ず売らせます、との返事がありました。

その後、約二年もたってからのある日、突然その持主からお手紙があり、かねて御所望の花瓶を、この際急に金がいるので売りたいと思うが、いくらで買ってくれるか、値段を知らせてほしい、ただしあの紹介の業者には内密にして貰いたい、とのことです。どういう事情で直接当方へ言って来られたのかはわかりませんでしたが、私は紹介の業者を通して買受けたいと思っていました。しかし、買う以上は、売り主の意志を無視できませんので、自分としては他へ買われぬようにと、思い切って客売りの値の十万円まで値をつけて返事を致しました。この品はお客様へお願いしてもその値以上では無理なので、実は儲らぬ買物なのです。ところが、その後一ヵ月以上たっても、何の音沙汰もありませんので、屢々照会の手紙を出しましたが、梨のツブテです。あの値段でもまだ不足なのだろうかと、いささか驚いておりました。

その頃、私は又、同市に住んでいる懇意な業者から手紙を貰いました。それによると、私が交渉を依頼した業者とは別な業者の所へ彼が来て、私が買い値をつけて持主に出した手紙を見せ、壺中居がこれだけに値をつけている品だから、君のお得意さんに十五万円くらいで世話してくれないか、といって来たが、どうもあの手紙を持ち歩いて利用している様子だ、というのでした。

私は自分の踏み値以上でなら、どこへ売られても未練はないというところまでつけておいたのでほっておきました。すると約二ヵ月ほどたってから持主から手紙が来ました。実は金もほしかったが、つい品物に執着があって手放し難く、わざわざ値をつけて頂きましたのに御返事が遅れて申しわけありませんが、あの値でお願いすることに致します、品物は荷造りの上発送致しますから着きましたら代金は電報為替でお送り下さい、との文面で、私もいささか呆れざるを得ませんでした。あの手紙を利用して、もっと高く売ろうとしても買手がないため、最後に又、私の方へ売るといって来たので、私としては愉快ではありませんでしたが、私の好きな品が私の所へ来るというのも何かの因縁と思い、何もいわずにそのまま買うことにしました。これなどは随分手数をかけたわけで、何もこんなにまでしなくても結果は同じだったのです。

この他に、後で気がついてみたら、踏み台にされていたことが何度もあります。全く油断もスキもあったものではなく、業者の上を行こうとするお素人衆のおいでになるのには驚き入ったものであります。

耳で集める買い方

蒐集家で国重《くにしげ》さんと呼ばれる方がありました。むろん私はその方の本名とばかり思っておりました所、聞けば、目が利かないから、国宝か重美なら間違いなかろうとの考えから集めるので、国重さんというのだそうでした。多分財産の目的で集めているのでしょうが、多少は好きでもあります。仏教美術を始め、古筆、墨蹟、蒔絵、茶器、鑑賞陶器、何でもござれ、耳で集めております。いずれも御自慢の蒐集品です。

ところがその買入れ方が振っています。品物が出てくると、目がないから、早速その道の専門家の学者の家に持って行って意見を求めたり、他の専門業者に見せて真贋と相場を訊ねる、それも必ず二三人に見せねば気が済まず、少しでも評判が悪い物は買った後からでも遠慮なく戻します。これも本人には御都合のよい、わるい手ではありませんが、一々戻されては、商人にしてみれば一番苦手で、買立てのウブな品などはウブ気が抜けて品にケチがつき商売人こそ迷惑千万で、こんなお客さんは遂に敬遠することになります。あらゆるお客に見せて、三十三番ふった後でなくては見せなくなります。しかしこれでも野狐禅的な蒐集家よりは間違いは少なく、損をすることも少ないようです。しかしズバ抜けた名品は追々人は見せなくなります。それでも目筋のわるい蒐集家の品物よりも耳筋のよい蒐集家の品物の方が見られます。

原価を聞いて驚く人

骨董品には、同じ品物がなく、あってもどこか違うものですから、一定の相場というものはありません。ですから、処分してくれと頼まれた時と、当方からぜひお譲り受け申したいと願う時とでは、価格が違うし、また鑑識のあるお客さんと、ないお客さんから仕入れる時でも違います。これは業者同志でも同様で、資力の如何にもより、また入札会や競売や交換会で買う時でも、競争者の有無によって全然仕入れ値段が違うものです。

多年の研究によって独得の鑑識があって、他の者の目の届かぬ品物を掘り出した場合などは、相当の利益を頂戴しても、それが十分その品物に価値があれば、別に差支えないと思いますが、往々にしてお客さんが、買われた後に他の業者の中傷などによって買値を知ると、余程理解ある方でも、多額の利益をとられたように思われ勝ちのものです。これは誰しもそう思うのが人情です。まして品物に自信のない人は、驚いて品物を戻されたり値切られることがありますが、責任を持って売る商人なら戻されてもその品物をまたその値で他のお客さんに売ります。もっとも適当な値段に売ることはよいが、鑑識もなく、贋物や二三番手の品を一番手の値で売って逆に売掘り出しをする商人もありますが、それはいけません。それは納めた商人の責任です。趣味から集める方、財産として集める方、趣味と財産とを兼ねて集める方、蒐集されるお客さんの気持はどうあろうとも、商人の立場はお客さんに対しては、趣味のよき共鳴者であり、また財産のよき保護者であらねばなりません。自分の日頃の研究や努力により、尤品を安く授かった時に、その品物を十倍百倍に、その品の持つ価額まで売っても差支えないと思います。折々聞く話ですが、買われた方が、後で原価が判り、品物のよさを買わずに、儲けすぎると戻されたり、後値切りされては、自信ある立派な蒐集はできません。よく自分の買った品物の出所や原価を調べて歩く閑人がいらっしゃいますが、これなどは実に馬鹿げたことだと思います。

一流の店

一流の店というものは、何商売に限らず、一寸入りにくいものです。入ろうと思って、前まで行っても、何か圧迫感のようなものを感じさせます。

私も高い敷居を思いきってまたいだ思い出があります。

壺中居創業当時、何分に小資本なので高い品が買えず、安物ばかり買っていたので成績も一向上らず、お客様に売っても、少し目が肥えて来ると、下物《したもの》に出され、その品を売るために又一苦労せねばならない、というわけで常に賽の河原で、儲けたのが儲けたことにならず閉口していました。仕方がないからいろいろ考えた末、思い切って関西の一流の店へ仕入れに行こうと思い、大阪の池戸さんのお店へ参りました。さてそのお店の門口まで来ましたが、よい品物のある店とは判っていますが、店構えが堂々としているため、その玄関前を行ったり来たり四五回往復してみても、余りに敷居が高くて怖じ気がついて入れません。ママよ、ここまで来た以上仕方がないと度胸をきめて、目を瞑って敷居をまたぎました。「今日は」というや否や「何か安物を見せて下さいませんか」と高い物は買えぬ自分のひけ目から、「安物で結構なんですが」というと、それを聞いて御主人の宗三郎翁が出て来て「サアお上りなさい」といわれた時には、一寸照れましたが又嬉しくもありました。自分の向きをいうと、沢山いろいろの品物を土蔵から出して室中にならべて見せてくれました。見ただけでも十分勉強になりましたが、その中から懐中と相談して四五点分けてもらいました。が、この品ほどの物が一点も自分の店にはないので、持って帰ると多少の儲けがついてすぐ売れました。次に又出かけて、高いと思って買ってくると、品がよいからすぐ売れます。よい品物ほど売れる、売れる物が結局一番安いことになる、安くとも売れぬ物が結局高いことになる、こんな事なら早く高い敷居をまたげばよかったと思いました。それ以来詰らぬ所を廻ってありもせぬ品を探して暇を潰し苦労するよりも、よい店に行き勉強してもらって仕入れる方がどれほど早道で得か判らぬと覚りました。

高い敷居も一度思いきってまたげば、あとは楽になります。一度でコリゴリ二度と足が向かない、というような店なら、足を運ぶような店ではありません。ただ見るだけでもお客様として扱うべきこそ、一流商店の襟度《きんど》と申せましょう。そして値が高ければ、どうして高いのか、説明をきいて納得なさるべきです。買わなくても勉強になるというものです。よい店の品は、安いものでも必ずどこか見所のあるものでございます。

地を匐う人

むかし築地に三谷というお茶の宗匠がおりました。ある時近くの銀座の夜店で古染付辻堂の香合を二円で買って来て友人のある目利きの業者に鑑てもらったら、これが何と真物でした。それでその友人の世話で某家に三千円で納めて、当時としては非常な儲けをしました。それからというものは、この掘り出しで儲けた味を忘れかねて、暇のある毎に始終銀座の夜店を、何か掘り出し物はないかと探して歩きました。それが永い年月の間には、夜店で買集めた品物が積り積って相当の数となりました。

吉染付辻堂の香合といえば、大正五年五月、第一回の仙台の旧藩主伊達家の売立に出まして、二万一千円で落札されております。それと同じ手のものであったのです。どうして、この香合が高いのかといいますと、「型物香合一覧」という番付に、西の大関に位しておりますのが、この辻堂なのであります。この番付は安政二年に版行されておりまして、その作者も誰かわかりませんが、未だに茶道具界に一種の権威を持っております。交趾大亀香合が、大層な高値に取り引きされましたのも、これが東の大関に坐っておりますからなので、この辺が番付の有する権威なのでありましょう。

さてこの宗匠の死後遺族の者が、友人の目利きで客に納めて儲かったのを忘れ、辻堂香合を掘り出すほどの鑑識があったのだから相当名品があるものと信じきっていたので、いよいよ処分をすることになり売ってみると、何しろ夜店で集めた金の出てないガラクタばかりですから二束三文でも買手がなく、僅かの売上げに終ったので、遺族の者は大変失望したという話です。これは遺族が宗匠の鑑識を過大評価していた思い上りで、いわば一個の染付辻堂香合の掘り出しが一生宗匠の目を曇らせ、これが災いして生涯地を匐って（道路の上でばかり買って）店座敷の畳の上で品物を買わなかったためです。柳の下にいつも泥鰌はいない譬の通りです。

掘出し

骨董には掘出しという言葉がつきものです。掘出しということは、よほど魅力のあるものとみえます。安い価でよいものが手に入ったり、思いがけなく珍品が飛びこんで来たりすれば、これは愉快なことに違いありません。一度味をしめれば、こたえられないのも当然です。では、いったい掘出しとはどんなことでありましょう。

故老の業者の言葉に、素人の掘出しは品物を十分の一以下の値で買ったのであり、玄人の掘出しはこれに対して百分の一以下の値で買わねば掘出しとはいいません、ということです。素人と玄人はそれほど差があっても不思議ではありません。玄人は、見る数も、買う数も遙かに素人より多いのだから、当然です。永年の間に研究努力して鑑識を養っている者によって、時には掘出しもできるので、決して偶然にはできるものではありません。それが証拠には、素人も玄人も、仏教美術、古筆、墨蹟、古画、蒔絵、漆器、陶磁器、刀剣、いずれの部門でも鑑識を平素鍛えてあると、その品物が出て来た時に始めて掘出しができますが、始めから掘出しをしようと思ってできるわけのものではなく、却って慾心の働く所、審美眼が曇るの譬で、贋物を摑むことになり勝ちです。鑑識の錬磨により多年の間に時として掘出し物が与えられるものと思います。

業者が永年の間には贋物を摑み、高い物を買い、度々損もして、お陰で追々鑑識が出来るのですから、その犠牲により授業料の投資が高くついてる訳ですから、その投資を掘出し物の値段に加えたものがほんとの原価になる訳です。掘出して原価の安いことを後で聞かされると気になさる方もありますが、これを考えて頂けば我慢ができるかと思います。

たまには、美術愛好家や業者の中にも、鑑識のない店やガラクタ屋を漁りたがる人がありますが、永年の月日に時には掘出しや格安品もありましょうが、無駄の方がかなり多いと思います。これも趣味だといわれれば、仕方もありませんが、それよりちゃんとした店の方が、旧家や蒐集家の品物を数おおく取扱い、資本の関係で土蔵にある品物をまとめて買うことも時々ありますから、その店に向いた品物は高くも踏みますが、いかに一流業者の達人でも、古美術全体に鑑識の行届くわけのものではありません。不向きの品物はさほどにしませんから、その中には却って一流の店こそ多く掘出しもあれば、格安品もあるわけです。俗にわれわれの方で目違いといって、何といってもお互いの見方が違うために踏み値も違い、案外一流店から楽々と買えることが屡々あります。

私は永年仕入れに当たって格安品は幾度か買いましたが、掘出したと思うことはあまり記憶にありません。ただ一つ三十年ほど前に北京の夜店で、茶器として高く売れる磁州窯《じしゅうよう》の小鉢で、日本でいう絵高麗《えごうらい》梅鉢手茶碗を七円かに買って帰った時、茶道具屋の友人が遊びに来たので見せたところ、いかほどか、ぜひ売ってくれ、というので、茶の方では梅鉢の茶碗は高く売れると聞いていたので、思い切りヒネったつもりで一千円といったら、それは安い、有りがとう、頂きます、というので一寸面喰いました。ところが、その友人が茶碗を持って帰り、味を付けて、古い結構な箱を見付けてこれに入れ、お客で数万円に納めたことを聞きました。自分の専門でない茶器に使える品で、力以上の利益を得たのですから、専門の茶器屋さんがその品で幾ら儲けても、掘出しはその人の実力ですから私は何とも思いません。その友人は儲かったので、その後入合せだからといって相当品物を買ってくれましたので、これで又幾らか儲かりました。

大阪の池戸宗三郎翁は、永年の間に、大入札売立には札元として高価な品物を手がけ、国宝、重美級の名品を数多く扱った一流中の一流の業者でしたが、かつて次のように話されたことがあります。

「掘出しというものは、しようと思うてでけるものやおまへん。すぐに利がついて売れる品を買《こ》うた時が、掘出しというものだす。」

商人の掘出しといえば、まさにこの通りでありましょう。

終戦後は、何せ混乱時代でありましたので、掘出しの噂もよくききました。道端で、土の上に何やらモソモソとならべて売ってる中に、古萩の茶碗があったのでタダのような値で買ったということをきいたことがあります。これは、どうやら焼け跡の防空壕から盗み出して来たものらしく、もちろん箱もなく、これこそホントの掘出しものと申せましょう。

先年、ある若いお客さんが、大明宣徳染付花鳥文の大皿を掘出されました。これは、この方が商用で埼玉のある町に出張された時、その町の骨董屋の店先で見つけられたものです。その時、品はよいとは思うが半信半疑で値を聞いたところ、千円前後の安いことをいうので、まちがっても大したことはないからと内金を払い、私共の店へ見えて、誰か行って鑑てくれ、品物が悪ければそのままにして、品物がよければ持って来てくれ、とお頼みをうけて、鑑に行きますと、ナントそれは真物の見事な逸品で、早速持ち帰りましたところ、大変なお喜びでした。私共の方で、百倍で頂戴致しましょうと申上げましたが、自分の掘出した記念品だから、のこしておきたい、と土蔵へお納めになりました。

ところが、この掘出し物をお母堂がお聞きになり、それはお手柄で結構でしたが、掘出しはこれ一回でお止めなさい、貴方のお父さんが一度掘出したことがあってからというものは、一生この掘出し根性から抜けきれず、亡くなられるまで、何か掘出しがないかとお買い集めになった品物が、家中足の踏み場もないほど一杯になって、後で整理するのに骨を折りました、とおっしゃったそうです。

しかし、もう最近は万事落ちついて来て、あまりこういった噂は耳に致しません。

お客様の中にはよく、あの店は掘出しのない店で、行っても面白くない。詰らないョ、といわれる方がありますす。これはとりようによれば、商売人をこれほど馬鹿にした言葉はありません。言い方を換えれば、あの店の者が盲なら掘出しもあり安くも買えるのだが、という自分勝手の都合のよい考え方です。こういう方こそ、どの店へ行っても値切らねば買わぬ方で、こんなお客様は、ガラクタ屋にある品物よりも、よい品物がしかも安く値付けしてあっても、始めから高いと思い込んで、手にもとらずに高いと観念できめておられます。こういうお方は、目の前に割安のものがころがっておりましてもお買いになれません。

お客様の中には、あの通りにはあの男がいて、毎日探して歩くから、あの通りを探しても無駄だ、絶対に掘出し物がないと思われる方がありますが、たとえばあの川へ行っても上手な釣師がいて、よい魚は全部釣ってしまうから自分達には何も獲物がないと考えるようなものです。世の中には神様でない限り万能の目利きはいるものではありません。目利きの巡ったあとにも目違いといって、掘出しや格安品もあります。美術の世界は広大でかつ無限に深いものであります。

鑑識をみがいて常に心がけておれば、掘出しはできないというものではない、とは申せますが、それと同時に、運がものをいうことが多いということも申せましょう。

掘出しが一生の間に何回もあるとは考えられません。一度の掘出しで味をしめて病みつきになるのが、その後の失敗のもとです。これが掘出しの戒めでしょう。宝くじだって同じ人が二百万円続けて当たったということはきいたことがありません。

他流試合

骨董屋を歩かれたり、多少お求めになって、だんだんに御自分のお好みの方向もきまり、品物がおわかりになって参りますと、面白くなって来ます。この時が一番御注意なさらなければいけない時期であります。一かどの鑑識がお出来になった後なれば結構ですが、そこへはまだ達しない、わかりかけたという頃は、あまり冒険はなさらない方がよろしゅうございます。ただこの時も、目の利いた店（主人か番頭が目利きで、目を通した品を出してある店）をおえらびになって、お歩きになれば、まちがいもありません。

しかし、この時期に、あわよくば玄人からでも掘出してやろうなどという了簡をムラムラとお起しになったりすると、こういう方は最後には玄人にしてやられるものです。場末のガラクタ屋や夜店をひやかして、他流試合をなさりたければ、最初から覚悟をしてなさることです。一太刀二太刀の傷をものともせず、勇往邁進されれば、時には掘出しという勝星を取ったと思っても、実は贋物だったということになると、それはとんだ黒星と申すものです。勝ったと思った勝負が実は負けだった、ということは、よく業者の間でも耳にします。まことの鑑識がなければ、掘出しというものはできません。

処分品の心づかい

私の店へ時々お見えになった客人で、鑑識の優れた方がありました。ところがこの方が若い頃にある道具屋さんから、永年の間に沢山の書画や骨董品を買求めておりましたが、後年その蒐集の品物をある鑑識ある一流の業者に見せたところ、真物が少なくてほとんど九割以上が贋物なので驚かれました。「別に自分で値切ったことも安くつけて買った憶えもなく、信用して全部道具屋の言い値で買った物だが、これは自分に鑑識がなく盲目だったことが、失敗の第一の原因だが、自分が出入りの商人の人柄を充分知らなかったこともあやまちのもとで、その商人の鑑識のなかったことによるものか、又は始めから贋物と知っていて故意に納入したものか、いずれにせよ自分が人間を見る目と品に対する鑑識のなかったことが失敗の原因で、これも致し方がない。納めた道具屋も死んで今はおらず、今さら誰をうらむこともならず、不運とあきらめている。これも考えようによれば、犠牲は大きいが、今日の鑑識を養ってくれた育ての親と思えば腹も立たない」と申されるので、「贋物を沢山土蔵に残しておいてもお邪魔になり気持が悪いでしょうから、しかるべく処分されては」と幾度かお勧めしたところ、「処分することは宜《よろ》しいが、この品を世の中へ出せば、丁度黴菌《ばいきん》をばらまくのと同じで、これがまた悪徳商人の手に渡ったりして、私のような鑑識のない人の手に移り、その人が又ぞろ怪我をされる。それを思うと気の毒だから、いっそう土蔵の中に仕舞っておけば、他へ黴菌をうつさず、私だけの災難ですむからやめておきましょう」とのことでした。贋物といえども売れば数のことですから相当の金額に上るはずでしたが、贋物のため疎開をしなかったので、あの大空襲で土蔵もろとも全部焼失し、この世から姿を消してしまいました。これでせいせいしたといっておられました。数年前その方もなくなられましたが、立派なお心柄の人格を私は今でも追慕いたしますと同時に、かかる高徳の客人に知ってか知らずでか贋物ばかり納めた商人のさもしい根性を憎まずにはおられません。ボロ儲けをしたはずのこの道具屋も、別に金も残さず、貧乏して死んだと聞いています。

取扱いは慎重に

骨董品の取扱い方は、品物によってそれぞれ違いますが、丁重の上にも丁重に扱わなければなりません。私共の方の畑のものは、ことにこわれますと、値打ちのグッと下がるものでありますだけに、よくよく注意を要します。品物を手にして扱っている時に、プロとアマの違いはよくわかります。お素人衆が、こわしては大変とばかり、緊張して堅くおなりになって、扱っていらっしゃるのを拝見すると、ヒヤヒヤすることがあります。又、高価なものを一見無雑作のように扱っている玄人の取扱い方を御覧になって、お素人は危くお感じになるようですが、玄人は決して肝腎なツボは外しません。ちゃんとおさえるべきカンドコロはおさえております。玄人は無意識に扱っているようで、メッタにこわすようなことはありません。お断りしておきますが、プロの真似をアマはなさらない方が無難でございます。これも一種の訓練で、修業中には失敗も致しております。

お素人でも丁寧な扱いをなさる方は、大体目利きの方でいらっしゃいます。今は亡き小林古径先生は、何をお扱いになっても、非常に丁寧でいらっしゃいました。それで、特に気に入ったお好きなものは、熱心に見つめ、心を打ち込み、全身でその物の中に没入されるかのようでございました。そして、言葉少なにもらされる御感想や御批評に、私共は教えられる所が多くございました。

古陶磁で、発掘品は割れをついだり、修理をしてあるのはザラですが、伝世では、抹茶碗には修理したものが割に沢山あります。中にはワザと割ったなどと伝えるものもありますが、井戸茶碗にせよ、楽茶碗にせよ、直しがあっても、高価なものがいくらもあります。このように直した品は、特に気をつけて扱わねばなりません。よく入札会場などに、「拳骨おことわり」と札のついた品がありますが、これはたたかないでくれ、という注意です。品物をたたいて、その音で割れがあるかどうか、すぐわかるのは便利な鑑別法ですが、強くたたけばヒビの入ることもあります。楽茶碗などニュウがあってもわかりにくいので、一寸たたいためために、ニュウが大きくなったりする虞《おそ》れもあります。イキナリ手にとるや、まずたたく人がありますが、これは十分に慎しまなくてはなりません。

お茶席で、片手で茶碗をとりあげて飲む方はないと思いますが、飲まなくても手に持つ時に、片手で持つのは、茶碗に対する愛情がないといわねばなりますまい。茶碗に限らず、こわれ易いものは両手で持つべきです。呼び継ぎや繕いやニュウのある所は必ず避けて、指をかけるべきで、直しの部分だけに手をかけて持ち上げたばっかりに、その物の重さで又こわれることがよくあります。これはお茶を飲むときはもちろん鑑賞の時でも同様です。

品物に呑まれる、ということを申しますが、これは訓練の足りないことから、そうなるものと思われます。品物を手にとる時、手の脂を嫌うものがありますから、御注意なさらねばなりません。たとえば、お茶入の土肌の出ている所とか、無釉の焼物、あるいは銅器のようなものです。お茶道具の拝見だけでも、お稽古なさろうということは、鑑賞法の修練になりますから、それだけでも意味があります。あるお客様のお宅で、女中さんが物をこわしてしかたがないので、御主人夫妻がお茶がおすきな所から、必ず女中さんにも一緒に飲ませることになさいましたら、それ以後バッタリ物をこわさないようになった、と伺ったことがあります。

どう扱ってよいかわからない時は、おききになるか、あるいは中を見せてくれとか、底を見たいとか、おっしゃって業者に扱わせるのも一方法です。しかし、陶磁は骨董の中でも、手にとって見て一番良く感じるものですから、その方の修業も必要であります。

私が小僧時代にした失敗で今でも忘れないことがあります。お客様に見せるため、土蔵の中に、染付の向《むこう》付《づけ》の十人揃という品物を取りに入り、出口で兄弟子の入って来るのと出合い頭にぶっつかり、思わず手に持っていた品物を落してメチャメチャにこわしてしまいました。主人にお目玉を頂戴して、イヤというほど打たれた上、出て行けといわれはせぬかと思うと、帰るにも家はなく、二三日は心配で御飯も喉につかえて通りませんでした。当時月給五十銭の小僧の身で、元価十五円の品物をこわしたのですから、大変なことです。それでも主人が、お前は平素まめによく働くから、今度だけは勘弁してやる、と許してくれた時は心からホッと致しました。これ以来私は念には念を入れるように注意を怠らなくなりました。

世界の宝

壺中居の店を私と共同で創業して相共に経営しておりました西山保は、昭和八年に三十三歳で死ぬまでほんとうに私の盟友でありました。西山君の父親は幸野《こうの》楳嶺《ばいれい》の門下でありましたので、彼も俳画を器用に描き、又、南天子と号し俳句も作りました。お客のないヒマな時にはよく絵筆を持ったり、句作をしておりました。

雨の日雪の日など、つれづれに作った句に次のようなのがあり、今によく記憶しております。

短日や妻子なきとて今日二食

霙れても時雨ても壺を売るたつき

このような淋しい句も作っておりましたが、その西山君が友人の野口栄作君と共に初めて北京へ行った時、途中満州の春の広野を見て詠じた句に

水ひろし楊柳の村桃の村

また北京に着いて茶亭に行っての句に

艶語ただ燕に似て解し得ず

というのがあります。

その時、梅原末治博士著「洛陽金村古墓聚英」の巻頭図版に出ている、有名な河南金村の秦代遺蹟から出た美術品に出会いました。金村発掘品の中第一等品といわれる金銀象嵌の狩猟文の名鏡や彩色鏡、銀人形、銀盃、秦玉等の名品が出ました。それを買うため金が要るからすぐ送れと電報が来たので、あちこち奔走して金をまとめて送ってやりましたが、やがてそれらを入手して帰京しました。早速これを細川さんに御覧に入れましたところ、非常に悦ばれ、全部私共の値段でお買い上げ下さいましたことは、今でも忘れ難い悦びであり、同時に多年私共の扱った美術品中の第一級に位する名品で、今でも壺中居の扱った誇りの一つとなっております。その時関野貞博士から、よく日本に入れてくれました、日本に宝がふえました、有難う、とわがことのように讃辞を頂きましたこ

金銀象嵌狩猟文鏡　洛陽金村出土

南宋　建曜変天目茶碗（銘稲葉天目）

とも、忘れ得ぬ悦びです。その後幾許もなく若くして世を去った西山君も、幼少から骨董界に身を投じ、この世界的名品を紹介したことは、商売上から扱ったとはいえ、この品一点で骨董商になった意義が十分にあり、名誉この上もない事であります。その功績は名品と共に永久に遺ります。死して瞑すべしで、併せて野口さんの御助力を感謝しております。戦前はもとより戦後欧米の学者蒐集家が日本を訪問されたその中に、古代金石に関心を持つ方々が必ず細川さんのお邸を訪ね、この品を見られてその偉大さに打たれ心から感激され、これこそ世界の宝だと激賞されるのを承わる毎に、悦びを新たに致しております。これを思うと同時に、われわれ業者は、いかなる努力を払っても客先には名品を納めねばならぬと思います。

世界の宝といえば、私にとって忘れられないのは、今日では静嘉堂文庫に秘蔵されている国宝の宋瓷《そうじ》曜変天目茶碗《ようへんてんもくちゃわん》です。この茶碗は摂州淀の旧藩主稲葉家に伝来した大名物で、古くより稲葉家に買われておりました。これを私が小野家から麻布鳥居坂の岩崎小弥太さんにお納め致しました。だいたい曜変天目と申しますものは、まことに数の少ないもので、現在我が国にある六点しか世界に見ることができません。京都の龍光院と水戸徳川家旧蔵で現在大阪の藤田美術館に所蔵されているのと共に三点とも国宝に指定されております。その中でもこの稲葉天目が最も優秀であります。濃紫の漆黒に近い釉上に、一種神秘的な不可思議な色を反射する小円が点在して、その美しさは到底口では表現できません。また、いかに優れた原色版印刷でもその真を再現できません。今まで見た陶磁の中で最高のものは、と問われましたら、私は躊躇することなく、あらゆる点からこの稲葉天目を第一に推します。

戦前英国から、ホブソン、デヴィッド、ラファエル、ユーモアホプロスといった中国陶磁の蒐集家として世界的名声を持たれる方々が来朝されたことがありました。その時、岩崎家に行かれて、同家蒐集の世界的名品の数々を鑑賞されました。その名品中でも、稲葉天目にはどなたも驚いておられました。皆さんが銘々手にとって鑑賞されながら、自分達は今まで稀に見る逸品とか名品とかと称する物に出会う度に味わった驚きは、自分達のこれまでの経験から割出して、こういう物は当然あってしかるべきだと想像していた物を見たという感じでした、しかしこの茶碗ばかりは、そうした自分達の想像を絶した物を、今眼前に見ているのだという驚きで一杯です、これは日本の国宝であるばかりでなく、世界の宝だ、と口を揃えて激賞讃歎され、頭を垂れて、この天目に対して心からなる一礼をされました。皆さんは岩崎家の蒐集品を見せて頂いて、これで日本に来た甲斐があった、と大変悦ばれまして、その翌日日本を出発されました。

鑑定のむつかしさ

田能村竹田の「山中人饒舌」に、大雅堂の鑑定をよくした東山の月峰上人が、次のような意味のことを語ったと記しております。「大雅の真蹟で出来のよいものと、偽作の下手なものは、すぐわかる。真蹟の出来のあまり良くないものと、偽作の上手にしたものとはわかりにくい。偽作を真蹟とするのはまだいいが、真蹟を偽作とするのは甚だよろしくない。大雅の描いたものは、だんだんに少なくなって行き、ふえる道理はないのである。鑑定するものはよくよく注意して気をつけなければならぬ」と。
私はこれを読みまして、これは大雅のみならず、書画骨董のすべてに共通する鉄則ではないかと思いました。

よく出来たニセものとまずいホンものについては、私がかねてから考えていることがあります。これは鑑定家ではなく、作家の方々の鑑定に際して見られることなのです。手っ取り早く、実例でお話し致しましょう。今や東京で一流の業者となっている、雅陶堂の瀬津伊之助君は、北大路魯山人氏が中村竹四郎氏と星ヶ岡茶寮を経営されている時、そこに勤めていたのですが、魯山人氏や私共のすすめで、業界入りをした人です。

終戦後まだ何年もたっていない頃、私は真船豊さん、細野燕台翁と共に、北大路さんの大船山崎の山荘をお訪ねしたことがあります。その時、魯山人氏は、御近所にお住まいの中村氏が瀬津君から四千円で買ったという明代の染付麦藁手の向付を私に見せ、「こんなまずい作が明代のものであるはずはない。これは真赤な贋物だ。こんな贋物を売るとは、瀬津はけしからん男だ」といわれるのです。それを私がよく拝見しますと、魯山人氏のいわれるように確かに作はまずいが、しかし明代のものに間違いはないので、私は氏に「先生、これは真物ですよ。明代といえども先生のような名工ばかりはおりませんよ。むろん凡工もおったでしょう。凡工の作った駄作でも真物は真物です。とかく芸術家は物を見て、それが贋物であっても到底自分には真似られないほど上手に出来ていると、真物と思われるきらいがあります。又、真物でも駄作だと、こんなまずい物は容易に自分にもできると思って、真物を贋物と見る傾向があります。先生はこれを出来が悪いから贋だと思われましょうが、私はこれは出来が悪くても、明代の物にまちがいないと思いますから、四千円なら私が買いますよ。なにもこれは瀬津君のための釈明ではなく、品物に対する私の良心的弁明以外の何ものでもありません」といったところ、氏はその時、「君までそんなバカなことをいうのか、けしからん、君も瀬津と同類だなア、それなら君、今に見ていたまえ、これ以上の良いものを作って見せるから……」と、憤然としておられました。

後に、壺中居の階上で、魯山人氏の作品展を催しました時、麦藁手向付とほとんど同じような作品が出ました。これを見て私は実に驚きました。先に瀬津君が売った真物よりも遙かに優れた見事な作で、なるほど、これでは氏は出来の悪い真物を贋物と見られるのも無理はないと、お世辞ではなく、私は舌をまきました。

焼物では青磁と染付がわかれば、骨董屋も一人前といわれておりますが、青磁というものが実に鑑にくいものなのです。青磁については面白い話がありますから申上げましょう。いかに贋物が多いかということがおわかりになると思います。

明治末年から大正時代にかけて、神田の末広町辺に、福田屋という貸席がありました。ここで業者の交換会が時々行われておりました。この会は月に一回ずつ開かれておりましたが、毎会品物を売りに来るハタシ（業者だけに専門に売るのを商売にしてる者）の山口という者がおりました。山ノ手方面を廻る屑屋の買って来た品を買ったり、場末の道具屋などから買ったガラクタ物を集めては、毎会出品しておりました。ある時、山口の品を売っている時に、突然会場が騒々しくなりました。競り声が二百、三百、五百、六百と入り乱れて喚声が上り、最後に千円！　千円と声が止りました。そんな高い物があるとは思っていないので、何のことやら売手の山口にはわかりません。今自分の手の中にある品物を見ると、青磁の一閑人の蓋置《ふたおき》です。それを各業者が、懸命に競っていることがわかりました。僅か何十銭かで買って来た物が千円になったのを知って、思わず呆然としてしまいました。当時の千円といえば大金です。青磁物はボロイと思ったから、たまりません。それからというものは、見当たり次第青磁物を買込み、それをまとめて福田屋の会へ持って来ました。来ていた業者が、どれを見ても青磁物ばかりで、又その全部が贋物なのにも驚きました。そのため山口は大変な損を致しました。なまじ一閑人が高く売れたばっかりに、こんな損をしたわけでした。それ以来、山口は青磁物、特に一閑人のついたものを見ると身震いがするといっておりました。いずれも同じ掘出しの悲喜劇で、今でも業界の笑い話になっております。

次に私の失敗談を申上げましょう。これは今度はじめて打開けますが、私と致しましてはまことに面目ない恥をお話しするようなものです。

私が中国通いをはじめた、まだ鑑識もよくできない初期の頃のことです。北京で、山西から来た周という骨董屋から、天龍寺青磁の上耳の釉上りよい香炉を三千円で買いました。まだ小資本の時で、私にとっては大変高価な品です。これで相当儲ると思って、喜んで持って帰り、某目利きの業者に見せたところ、一寸見たばかりで、テンデ値もききません。私は心配になって来たので、性が悪いのですか、ほんとのことを教えて下さい、と頼みました。すると、それではいうが、君、力を落してはいけないよ、これは京都出来の贋物だよ、早く買った所へ戻した方がいいよ、といわれて、今の今まで儲ると思っていた期待が逆転し、ボンヤリして、泣きたくなりました。それでも慾が手伝うから、彼は贋物というけれども、どうしても真物のように思われてなりません。業者の交換会へ出せば、あるいは儲るかも知れないと思って出して見ましたら、やはり誰も値を入れてくれません。これでは贋物とあきらめるよりしかたありません。こうなると、自信がないから、気がとがめてお客さまには見せられません。自分で見るのもイヤになりました。北京へ持って行き、周君に事情をいって引きとらせようにも、彼のいる所がわかりません。しかし、資本の少ない時に大損をしたわけですから、少しでも助けたいというさもしい気持を捨て切れません。あてもないのに、北京へ持って行ったら、なんとかなるだろうと、再びカバンに入れて、北京へ持ち帰ることにしました。

しかし、船中でよくよく考えてみると、自分の鑑識の至らないために、贋物を買ったのだ、それを助けようと思って、自分の失敗を他人に転嫁するという了見は卑怯だ、こんなさもしい根性をこれから世の中へ出ようとする若い者が持つべきではない。自分は商人なんだ、商人は買った時に、たとえそれが贋物であっても、その時勝負がついてしまっているのだ、負けときまった勝負に未練がましく文句をつけたって、それは恥をさらすようなものだ、なんて情けない心か、と感じました。自分の不覚は自分で責任をもって処理しなければならないのだ、くやしかったらこれから先再びこのような贋物をつかまぬように鑑識を磨くべきではないか、と悟りました。かく悟るや否や、やにわにベッドからとび起き、カバンの中から香炉を取り出し、甲板から暗黒の玄海洋の荒波の中へ、目をつぶって投じ合掌しました。これで一層の勇猛心をふるいおこしました。これは当時としては諦めきれぬ、私の若き日の泣くに泣かれぬ、辛い苦しい思い出であります。しかしながら、今ふりかえって考えてみますと、よくぞあの時あの決意をして断行したと喜んでおります。もし、あのさもしい根性を捨て切っておらなかったら、今日の私は恐らくもっと別の人間になっていたろうとも思われます。

大きな損失

これは失敗の中に入るかどうかと思いますが、儲けることが目的である私共商人の立場では、損失の大きなことはやはり失敗と申せましょう。私共業者がお互いに取引きをした品物を、他の業者やお客さんに一通り向けてみても売れなくて残る場合などは、最後に交換会に出して処分をすることがよくあります。永く寝かせておくうちに、たまには値上りになって儲かる品物もありますが、ネキ物となった品物は大抵の場合は損の行くものと極ったものです。ところが以前に自分の売った品物を相手の業者が売りに出した場合、本人がその場に居合わせますと、自分の売った責任上ある程度の値段までは買って入るべきものです。時勢の変化で大きな値下りの品物なればともかく、前に真面目な値に売ってあれば、相手に大きな損をさせなくても買って入れるものです。もし無責任な売り方をしていると、他の業者は買わず、自分もまた買いにくいので、相手に大きな損をさせることになります。

ある時私は新画の専門家として業界でも重鎮の一人であるTさんから、大観先生の尺五寸の横物で秋景山水の幅を、言い値の二万円で分けて貰いました。もちろん真蹟保証つきです。まことに図柄がよいので気に入りまして、床に掛けて楽しんでおりました。ところがある日、これも新画を専門に扱う友人のAさんが遊びに来て、たまたま床に掛けてあったこの大観の幅を見るや怪訝な顔をして、君！　これはどうしたのだと尋ねるので、実は図柄が良くて気に入ったから先日Tさんから分けて貰って来たのだ、と答えますと、Aさんは、君、これは贋物だよ、Tさんに引取って貰うかそれとも何か他のものと取替えて貰いたまえ、と言われたのには驚きました。新画専門の目利きで通っているTさんが真蹟保証で売ってくれたものを、Aさんに悪いと言われても、まさか贋物のわけはあるまいと思い、戻す気にもならずにそのままにしておきました。

二三ヶ月後、あのAさんが贋物だと言うのだから念のために、売る売らぬは別として真贋を確めるため、新画の交換会（椀伏せ）に出してみました。入る値によって真贋が判然とすると思ったからです。この会にはTさんもAさんも出席しておりましたが、Tさんは全然椀を入れず（値を入れぬこと）他の業者の入れた値を見ると最高が千五百円です。真蹟ならば買った値までは入らないとしても相当の値が入るべきものと思いましたが、買値の一割以下では表具と箱代にもならない値で、あまりの馬鹿馬鹿しさに驚きました。Tさんに今さら贋物だから戻すと言う気にもならず、そのまま棚に上げておきました。業者が四五十人も集る交換会で千五百円より値が入らぬとしてみれば、むろん贋物に違いないと思うと見る気にもならず、持っていても面白くないので、数ヶ月後に処分をする気で、新画の交換会に出しましたら、今度は高値が千円でした。もう致し方がないので、あきらめて売ってしまいました。勿論この時もTさんはその席に来ておりましたが値を入れず、蛙の面に小便でそれを平気な顔で見ておりました。真蹟保証で買ったものゆえ、戻せば戻すこともでき、そうすれば損をせずに済むものを、多少の意地が手伝ったために、とんでもない大きな損を致しました。これは別に自分の恥辱とは思いませんが、Tさんという人間を見る目がなかったことを思い知りました。結局Tさんという人は一流業者の顔はしているけれど、それだけの心構えの出来ていない人だということがよくわかり、以後は信用できないというまでのことです。

私は日頃自分の経験から、専門の一流業者から買えば間違いない損はないと、自分も信じ、人にも説いたりして来ているのにも拘らず、こんな目に逢ったのは、読者の皆さんに対してまことにお恥ずかしい次第です。しかし数ある業者の中には、時としてはあの人がこんなことをするかと思うような者が全くおらないとは申せませんので、自分の失敗を参考までに申上げてみました。

商人と自信

幽篁堂《ゆうこうどう》の御主人故本山豊実氏は、竹荘と号され、一流の業者で、ことに南画方面の目利きで、私が常に敬慕しておりました先輩のお一人です。永い間、いろいろためになるお話を承りましたが、特に印象深く伺ったことに次のようなことがありました。

私共の商売は封建的とでも言うのでしょうか、昔から幇間《ほうかん》と同様に見られて来ました。私は永年の間に種々なお客さんに接しましたが、金持で美術品に対してもよく理解のあるお客さんが買って下さるとばかりは言えず、品物を金にするためには、理解のない金持や成金さんにも売らねばならぬこともあります。金持で鑑識のあるお客さんに売るのは真に楽ですが、世の中はそう都合よくはゆきません。従って商売となればお客さんの良し悪しは言っておられません。買って下さる方に売るより致し方がありません。品物をお見せすると、説明するまでもなくこちらの心持をよく汲み取って下さるお客さんがあるかと思えば、名品をば口を酸っぱく説明して勧めてもわからず、却って勧めもせぬつまらない品物を喜ぶお客さんもあります。こんな時には真に張り合いがなくてガッカリいたします。しかし商売ともなれば、お客さんの気持に応じてお愛想よく売らねばなりません。時世に恵まれて金持になったお客さんなどが、鑑識はもとより趣味もないのに、美術品を持てば紳士の仲間入りができるとばかり、交際上必要な見栄のためや投資のために買う人がありま す。皆さんそれぞれ蒐集の目的が違っております。目利きもあれば盲目もあり、鷹揚な人もあればケチな人もあります。威張る人がいるかと思えば、金払いの悪い人もおります。好きなお客さんばかりはおりません。お客さんの気持をそこねぬように何事も仰せ御尤と調子を合せてゆかねばならず、真に気苦労なものです。譬えてみれば、天狗のお客さんがいて、真蹟物をこの鷺は黒いぞと言われても、時にはさようでございますかなとお客さんのいわれる言葉に従わねばならず、贋物をこの烏は白いのうと言われても、お客さんに逆らうことが不利と思った時には、なるほど旦那様の御鑑定は確かでございます、と儲けるためにはお客さんの自尊心を傷つけず面子を立てて、自己を詐り腹にないお世辞も言わねばならず、そんな無茶なお客さんを相手にしなくともよかろうといわれますが、そこが商売の弱いところです。お客さんの方が間違っていると思って、自分の自信や体面にこだわりむきになって反対したり説明したために、品物は売れずその上出入差止めになって失敗した例も沢山聞いております。商売が大事と思うなら、何事も辛抱していやなお客さんの無理を通したり聞かねばなりません。それが私共業者が営業をしてゆくための務めとも申せましょう。芸妓が好かないお客さんに呼ばれたからとて断ったり、酒席でお客さんに気に入らぬことをされたり無理なことを言われて、怒って顔色や言葉に現してお客の機嫌をそこねるのと同じことで、お客さんに対して悪い感じを与えることは商売上決して良いことではありません。如何に器量が良くて（名品）、芸が達者でも（目利）、自然お座敷の数も少なくなる（売れぬ）ではありませんか。

私は四十代の時に感ずるところがあって、五十歳になったら廃業してたとえ一年でもよいから誰からも拘束されず、自由な生活をしてみたいと思いました。ところが突然大正十二年の関東大震災のために焼け出され丸裸になりましたので、生活のためやむなく営業を続けねばならなくなりました。その時に、心の中で改めて六十歳になったら廃業しようと思いました。さて漸くその時期が来ましたから、平野、鈴木、曾根の弟子三人に幽篁堂の店を譲り、廃業することになりました（翁の業界隠退の折には政界、財界、美術界等の名士や業者が多数出席されて華やかな披露の記念会が催されました）。この後は先ほどお話し申上げたように、如何なるお方に対しても自分の信ずるまま思うまま、鷺は白くて烏は黒うございますと意見を述べさせて頂きたいと存じます。永年商売で種々と苦労をいたしましたから、これから先は気の進まぬお客さんや嫌なお客さまを相手にして御機嫌を取る必要もなくなりましたから、尊敬申上げている方や好きな友人と共に茶を喫み風流を楽しみ余生を送ります、と話をむすばれました。

翁は玉川の畔りにある閑静なお住居に、好きな書画を愛し、茶道、生花を楽しみ、時には句作にふけり、悠々自適、幸福な生涯を送られました。

翁が大震災に遭われた時のお話は、美術商としての翁の一面を物語るものとして、又、我々同業者としては感激なくして聞くことのできないものと存じますからお伝え致しましょう。翁は当時、日本橋矢の倉におられましたが、御承知のようにあの付近は出火も早かったので、まず身をもって逃れることが第一の問題でした。その時翁はかねてから愛蔵していた竹田の亦復一楽帖《またまたいちらくちょう》（田近竹邨先生の遺愛品で、先生の蔵品処分の際に翁が九万三千円で入手されたもの。竹邨画伯はこの帖を手に入れるために一本五百円で五十本合計二万五千円の画会を催されたと聞いております）を唯一点だけ持ち出して背に負い、猛火の中をあちこち難を避けながら、田端の駅までたどり着かれました。見ると構内に客車が駐っているので、その中に入り、まず背の品物をおろして中を開き、画帖をとり出してつくづくと見ながら、「ああ、よかった。何を焼いてもこの画帖を焼かなかったことは何よりも嬉しい。死ぬ時はこの帖と一緒に焼け死ぬつもりだった」と感慨無量な面持ちで語られました。

翁としてもこの画帖は生涯手離さず愛蔵される決心でおられましたが、震災後の復興資金に当てるため、我が子に別れるような思いで、当時東京電灯会社の社長であった神戸挙一氏の懇望によって譲られました。

翁は又こういうことをしみじみと語られたことがありました。「私共がお客様に自分の買った品物を御覧に入れる時、押入や土蔵に入れてある品物はすべてありありと頭の中に描けるようにわかっておらなくてはなりません。いちいち帳簿などを見るようではいけません。それは恰《あたか》も手綱を握れば馬に対して自然に血が通うように、押入や土蔵の中の品物に血が通うようになっておらねばなりません。これは蒐集家の方の愛蔵品にも申せることだと思います。主人がお客様に品物をお目にかけながら話をしている時、その場にいる店員に向って、あの、それ、ナニを持って来い、と言いつけた場合に、品物の名は言われなくても、その場の空気を見て自分で察してすぐに、あの品物のことだなと、おのずから以心伝心でわかるようでなくてはなりません。それも来たての小僧ならいざ知らず、五年も十年も年期を入れた者なら当然のことです。又お得意様や取引先の業者や出入りの職人衆等の平素用事の多い所の電話番号などは、いちいち番号早見表を見なくても、あすこは何番、ここは何番と十や二十は常に頭の中に入れておくことも、主人に言われてそうするようでは駄目です。若い時は不精をしないで記憶力を養い、大いに頭を働かせることです。そして、どんな品物でも良いものは一度見たら忘れないようによく見て記憶しておくことです。そうしておけば、他日同じ種類の品物に出会った時に真贋の鑑定、優劣の判断が速かにできます。これがすぐにできるように平素から十分に努力をして錬えておく心掛けがなければ、到底将来良い美術商にはなれません。この点では、平山堂の高橋清作君（平山堂の現主人）は偉いものです。」これを伺っていたので、高橋さんの今日ある所以がうなずけます。

　昭和八年、松本双軒庵の第一回売立の時に、当時高価なものを買われる某家へ本山翁と私とが注文を伺いに参ったことがありました。本山翁は竹田の名幅「松巒古寺《しょうらんこじ》」を頻《しき》りにすすめておられました。その時、某家の御主人は本山翁に向かい、今日日本で誰が一番竹田がわかるのかね、ときかれた途端に、翁は自分の鼻の頭を指でおさえて、誰彼よりもこの私が一番わかります、と自信満々と答えられた時に、翁の心臓の強さに啞然と致しました。

　多年の間に数多くの竹田を取扱って来た経験と自己の信念から出る言葉なので、御主人もその迫力に打たれ、当時まだ若かった私も翁の気概に敬服致しました。商人はこのくらいの自信と見識がなければならないのだなと、本山翁から生きた教訓を授けられました。これでこそお客様が安心して注文を出してくれるのだと思いました。自分もこの道に精進して、翁の如き確信を持ちたいものだと思いました。それには絶えざる努力と研究が必要であると、心に刻みこみました。

終戦後、昭和二十五六年の頃だったと思いますが、私が万暦赤絵《ばんれきあかえ》盤子《ばんす》の名品を買って持っておりました。梅原龍三郎先生にこれをお貸しして絵を描いて頂いたことがあり、先に出ました某家の御主人が梅原さんからこの品のことをきかれ、私の店へ見に来られました。その時、私に向かってこの品は小山（富士夫）君に見せたかね、小山君は何といったかね、とおききになりました。昔、本山翁に竹田のことでたずねられたのと似たようなことだと思いまして、私はその当時の本山翁の態度を思い出しました。もはや私も当時の本山翁の年配に近くなっておりましたので、ここぞとばかり、別に小山先生にはお見せしてはありませんが、真偽の点なれば不肖私が見てありますから御心配はいりません、とお答え致しました。すると、不孤斎大先生のいわれることはよくわかりましたよ、とのことでした。しかし、一応その方の顔を立てて、小山先生へ電話でその由を申上げましたら、小山先生は、不孤斎さんが見た物なれば良いと思いますから、私が見る必要はありますまい、との御返事でした。私も自分の扱う品に自信を持つべく、研究も努力も致してはおりますが、自信が慢心とならぬよう、自ら尚半亭（尚半ばなりの意）と号して戒めております。

さて、竹田に対してはあれだけの自信を持っておられた本山翁にして、お若い時に竹田の幅で失敗をしたことを告白しておられるのは興味深いことです。美術倶楽部が両国に出来て間もない頃だそうですから、明治の末年のことでありましょう。よく市であう業者から、竹田の山水の幅の名品を質にとって金を貸してあるが、どうやら流れそうだから、流れたら知らせてやる、と吹きこまれていました。そしてついに流れたから、望みがあるなら来て買え、とのことなので、千円というのを七百円で買い、金はないので払わずに、品物を持ち帰ってよく見ると、竹田という字の下に押してある印と、幅の右下の遊印と比べると、その朱の色がまるっきり違うのを発見しました。疑い出して、よく見ると、どうも竹田の印がおかしい、とだんだんと悪い方が目立って来て、これは失敗したと気がつきましたが、小便するわけには行かず、金がないので高い利息のつく金を五百円借りて手持ちの二百円と合せて、その人に金を渡しました。その時に五十円まけてやろうといったが、負け惜しみのようだけれども、まけて貰う必要はない、といって断りました。その時の口惜しさ、残念さというのは、その人を恨むのではなく、自分の目のとどかないのが残念なのでした。つまり至らぬ自分を責める意味においてまけて貰わなかった、というのです。その後は、この失敗を幅物を買う度に思い出して戒めとなさった、とのことです。後できいたら、その幅は三十五円でその人が買ったものだったそうです。平山堂の伊藤さんのお話によると、本山さんを引っかけた人は、当時堂々たる第一流の名を得ていた業者だったそうです。

本山翁の語られた失敗はまだあります。ある時、翁は某茶器屋さんで、古備前の花生のコゲ釉の味の見事なのを求めて帰宅されました。名品が手に入った嬉しさのあまり、湯上りに一パイ飲みながら、それに花をいけ楽しもうと、ついでに洗うべく、花生をかかえてお湯に入りました。手拭で花生をこすると赤肌が出て来ましたので、これは汚れが落ちてよくなることと喜びながらスッカリ洗い落して、湯から上ってよく見ると、なんと今まであった赤味やコゲ味が消え失せてしまいました。結構な出来だとばかり思って買って来た古備前が無味乾燥な赤レンガのような肌一色になってしまい、期待していた喜びが一度に吹っとんでしまいました。

その内、又ある業者の所で乾山の盃台を買求めて来ましたところ、裏面の乾山と書いてある文字の部分が汚れて見にくいので、石鹼をつけて洗ったら、汚れはキレイに落ちましたが、肝腎の乾山の文字も同時に消えてなくなったとのことでした。

私もこれに似た失敗があります。北京に仕入れに行っていた時、河南の洛陽から来たという品物の中に、宋赤絵の魚文の彩釉《さいゆう》の美しい鉢があるので、飛びついて買いました。土中から出たままのように、魚文の上に土が堅く付着しておりますので、宿に帰るや洗面器のお湯の中に一晩つけておきました。その翌朝土を洗い落そうと思っていると、赤、緑、黄の釉で焼付けられたはずの美しい魚文が落ちて、白地の宋磁の鉢になってしまいました。よく見ると、かすかに魚文の痕跡が薄く残っているだけなので驚きました。買った男に掛け合うにも、もはや河南へ帰ったというのでクサミ損となりました。これは釉薬の剝落した上に彩色を加え、ホンものが出る所に一度埋めておいて、売る時に又掘出して、他の真物の中にまぜて運び出すので、生地がよいのと、土の匂が真物と同じなのでよくだまされるのです。

一流商人

京都の美術商で先代の林新助さんは温厚な紳士でした。私共の非常に尊敬していた業者であります。この方は、大名入札を始め、旧家や蒐集家の入札会には、常に全国各愛好家からよく注文を受けておりました。もちろん資力もあり鑑識もあった方ですから、客の注文がなくても自分に向いた品物や好きな品物は、高くても手張りで買っておられました。第一次世界大戦当時、ある成金のお客から十数万円の茶器の注文をうけて落札したところ、そのお客が都合で代金が払えず半年ばかり遅れたので立替えておいたこともあります。客から注文をきいても、名品を数扱い目が肥えていて品物がよく判るために、つい自分の手張り値が客の注文値よりも高いことが往々ありました。先輩などがよく、あの蒐集家の道具は京都の林さんが出入りしていたから必ず名品があるはずだ、などいうほど名品を数扱った人です。林さんが出入りしてるからといって、見なくても品物のよしあしが判るほどでした。

満鉄の総裁をされた、早川千吉郎氏も古美術を集められましたが、途中から林さんがお出入りするようになりました。大正十三年、氏の没後、売立をされましたが、総売上げ百四十万円に達し、中には買い値の倍、少なくも二三割は高く売れたものがあり、それらはことごとく林さんが納めたものでした。流石は林さんは良い品物を納めていたと当時でも評判になったものです。

よくある話ですが、信用のおけぬ店から品物を買って、それが後で贋物と判り、訴訟沙汰になると、その度毎に林さんは鑑定のために参考人として呼び出しを受けたものです。それほど公平な人柄でした。

商人気質

大阪の池戸宗三郎翁は、私がまたぎにくい高い敷居を漸くの思いで越して以来、数々のお世話になりましたが、常々私共に向かってよく次のようなことを言われました。

お客さんあっての商売人だすから、私の家では女房子供以外には非売品はおまへん。女房子供は買手もおまへんよってな。土地でも家屋でも何でも売ります。なんぼ非売品かて、死んであの世まで持って行けるもんやおまへん。お客さんにせいぜい名品を持たせることだす。いくら力んだかて、自分の方にガラクタが残るように道具屋というものはできてるのやさかい、それで生活をして、なおその上に非売品を作るとはチト贅沢すぎます。それではじめてお客さんの人気も得られるというものだす。私は常に思うているのだすが、死んで財産がどれだけ残るだろうではなく、どれだけ足らぬかというのが落ちだす。生きてる間にせいぜい商売をして、自分に扱える名品はできるだけ扱うてみたいのや、それが一番の楽しみだす。非売品など作る必要は毛頭おまへん。名品を数扱い、お客さんにせいぜいすすめておいて、見たければお客さんに見せてもらえばそれでよろしゅおます。お客さんの土蔵にある自分の納めた品は、全部自分のものやと思うて、お客さんと一緒に楽しんだらよろしゅうおます。

いかにも商魂に徹した悟りとでも申しましょうか、深く業者の日常を戒しめられました。商売人でも、好きが昂ずると、とかく非売品を作りたがるもので、自慢らしく見せて、客が値をきくと、これは非売品でなどというのは、まことにいや味なものです。非売品といわれると、素人はなおさらのこと、玄人でも一層欲しくなるものです。商売人の専門家が売り惜しむほどの品物なれば、さぞ良いものだろうと思うのも無理はありません。ですから、非売という以上は見せぬこと、お目にかけたら売ることとです。ところが非売品をふり廻す者に限って、その品物がいつの間にやら手許を離れて、客の蔵へ納っていたり、売立に出て来たりするのに驚くことがあります。つまり玄人の非売品というのは、高く売りたいための下心があって、演出をしているというような意味が多分にあります。それを池戸翁はズバリと喝破されたわけでした。

言葉を解せぬ不覚

私は業界入り当初から中国美術に関係深く（主人もよく中国通いをしました）主人に死に別れた以後は特に中国美術が好きで一層専門に取扱うようになりました。独立後間もなく、最初の北京行をし、その仕入品は、お客さんの同情のお蔭でどうやらこうやら基金の回収ができました。そこで又ぞろ第二回目の北京行を思い立ち、前回の買物で幾分自信も出来、多少顔馴染の業者も出来ましたので、出かけて行くと、どうせ新米で高価な品物が買えないことを知っているから、名品は見せてくれませんが、私に向く品物を考えて買えそうな安物を見せてくれます。小僧の時から修業したので多少品物の真贋はわかりますが、さてほしい品物を出されて、お互いに値段の交渉になると、てんから言葉ができない。特に自分に向いた品物でぜひとも買いたいと思う時ほど困ります。よけいに値切ろうと思うからなかなかラチがあかず、話がつきません。前回も今回も唖の買物で、品物を前にして手真似足真似で交渉するが一向通ぜず、甚だもどかしい思いがいたしました。安物はどうでもよいけれど、少しでも名器を買おうと思うと骨が折れます。仕入れをする上に必要な第一条件の中国語を始めから少しも習っていないのだから困るのが当然です。たとえば大地を歩くのに足が十分地に着いていないのに、気ばかりあせり、頭が先に出るようなものです。中国人特有の複雑な駈引にあたり真に困りました。

ある日琉璃廠《ルリチャン》一流の古玩店延古斎《イエンコツアイ》に行ったところ、河南の洛陽から沢山品物が入荷しておりました。その中に唐三彩貼花文盤子《ちようかもんばんす》の釉上りの美しい優品がありました。自分に一番向いた品ですからぜひ買いたいと思い値を聞くと、指を一本（千元）出すから、私が片手（五百元）を出して「負けろ」というと、手を振って駄目だといいます。両方で話が十分通ぜぬために、私には先方の真意が了解できません。負けそうにも思われ、負けぬようにも見え、今少し値上げをすれば売るという意味にも受け取れます。遠くまで出張して少しでも安く買いたいのが人情ですから、どうしたらよろしいかと思案しているところへ、折よくそこへ中国語の上手な同業者のYさんが入って来られたので、これ幸いと早速事情を話して品をギリギリ結着いかほどまで負けるか交渉して貰いたいと頼むと、Yさんは暫らく何か主人に話しておりましたが、八百元で話が出来たというのです。それなら何も彼をわずらわすこともなかったのです。少し高いと思ったが、通訳をしてくれた手前お礼を述べて品物を受取り、明朝金を支払うことにして宿へ帰って来ました。ところが十分ほどすると店員が来まして、近所に用事があったからついでに盤子の代金を頂きに来たというので、いつ払うも同じことだからと思って金を渡してやりました。ところが丁度その時隣室に下宿して同和会（中国語学校）に通学している青年が遊びに来ておりました。その青年と延古斎の店員が何かしきりに話をしておりましたが、店員が帰った後でその青年が私に話すのを聞くと、「君が品物を買う時に通訳をした人はあまり良くない人だね。君のことを新米のガラクタ買いの商人で、こんな高い品物は買えないはずだが、金をくれるかどうかわからないから、すぐ後から行って金をもらって来るがよい、金を渡さねば品物を取って来い、私が買うからといったそうだ」と聞かされて、この時ばかりは真に驚きました。言葉を知らぬということはなさけないものだと痛感いたしました。私に徳のないためでもありましょうが、彼とは最近の知合いでもなし、日本にいる時彼の店で相当な買物もしたことがあります。高い物は買えぬが、別に今日まで彼に迷惑をかけた覚えもないのに、人を小馬鹿にしていると思いました。昔は下から擡頭《たいとう》して来る若い者を喜ばずとかく冷淡な先輩がおりました。しかし怒ってみても始まらない、これからは中国語をせいぜい勉強するのが大事だと、その時には腹立ちあまりYさんを怨んでそうは思ったものの、それから以後北京や上海に三十年近くも通いましたが、不自由を感じながらも身に言葉を仕入れず品物ばかり仕入れておりましたから、中国語は一向に上達もせずこの年を迎えました。もはや私共は当分中国に行ける見込みもありませんが、昔を思うと種々なことがありました。

　この時仕入れた唐三彩貼花文盤子は当時千二百円でお客さんへ納めましたが、終戦後に十五万円で譲受けたいと交渉いたしましたがお売りになりませんでした。今でも目に残る名品の一つでございます。

尊古斎

私ども業者が中国通いを常にしておりました頃、北京へ品物を仕入れに参りますと、必ず琉璃廠の両側にならぶ骨董屋をひやかし、最後に一服しに落ちつく店が一軒ありました。それは尊古斎《ツオンコーツアイ》という古代金石を専門に取扱う店で、拿櫃《チャンクイ》（主人）は黄伯川《ホアンポチヨワン》といい、役人上りの素人から骨董屋になった人でした。元来学者肌の人物で、学問もあり教養もありましたので、他の小僧上りの骨董屋とは自然一風変わっておりました。店に来る客の中には有名な文人墨客もなかなか多く、そういう人達や業者からも相当に尊敬されていました。従ってお客さんに対してもお世辞を云うでもなく、すべて友達扱いをしておりました。古代金石や考古学的な品物を好きで扱うだけあって、よく知っていましたので、私共業者も文字の読めない物や用途の不明な品物のことをたずねますと、いつも親切に教えてくれる真に調法な人でした。北京に数多い業者の中でも一見識を有していましたことは誰でも認めておりました。

いつも客人や業者の集る室内の一番よく目につく所に一枚の木札を下げ、それには次の如くに書いてありました。

破価者不真客《ポーヂヤーチヨウブチエンコウ》（値切る者は真の客に非《あら》ず）
退貨人請勿来《トイホウレンチンウライ》（小便する人は再び来る勿《なか》れ）

この札の文句を読んで私は黄《ホアン》チャンクイに「小便は絶対にしてはならないのか、又高くても値切れないのか」ときいてみましたところ、「小便をしたければ裏庭に小便桶が何個も並べてあるからそれへ遠慮なくして下さい。又値切らない人を私は好むけれども、しかし値切りたければ勝手に値切りなさい。高いと思って買わない客よりも、値切っても値をつける人の方がお客さんです。不要緊《プーヤオチン》。（どうぞ御心配なく）」となんのクッタクもなく答え、至極平気なものでした。客の方も又客で心得たもので、懸けた札を前にして、気に入らぬ品物は小便する人もあり、当然の如くに値切る者もあり、買手も売手もなんのこだわりもなく、談笑の間に商売をしておりました。いかにもノンビリとした風景で、流石に万事大陸的な、北京でもなければ見られないところです。もし日本の骨董屋の店内にこんな札を懸けたとしたら、どんなものでしょうか。恐らくお客さんが一人も来なくなることでしょう。

中国の骨董屋

北京へ大谷光瑞さんと尊由さんが見えたことがあります。大使館の一等通訳官を連れて骨董屋廻りをされましたが、一流の李さんの家で何にも見せてくれないから、今度は私に案内を頼むと電話がかかってきましたので、早速ホテルに行き、お供して李さんの家に行って、頼りない中国語で、昨日この方が見えた時になぜ品物を見せなかったかと尋ねましたら、李さんの曰く、日本では有名な人か知らないが、私の方では始めて見えた方だからお見せしなかったのだ、貴方が一緒なら面子で家にある物は何でもお見せする、とのことで、さて出したは出したは部屋一杯に出してくれました。流石の大谷さん御兄弟も驚いて、まことに堪能され、その中から唐三彩の馬一対を土産に買われて、それを荷造りして京都の本願寺へ発送したことを覚えております。

ある時、琉璃廠の行きつけの某骨董店で、砧青磁の香炉で千鳥形の姿もよし色もよいのを見せられ、ぜひ欲しいと思いましたが、当時先方で三万元といっていました。一万元位なら欲しいと思いましたが、なかなか此方の希望通りには売ってくれないので困っていました。その矢先、東京の店へよく見えるお客で多額納税議員の方が、御自分の御用で北京へ出張して来られたので、こういうものこそお客さんに勧めておけばよいと思って同道致しました。品物を出してもらってお客さんに見せた所が、どうしたはずみか、その品物を受取ると同時に土間の石だたみへ落して、壊してしまいました。お客さんはもちろん、私も顔色を変えて吃《びっ》驚《くり》しました。無論買えないお客さんではありませんから、弁償してもいいからと先方の商人にいろいろいっても、彼は平素と少しも変わらぬ態度で、これはあやまって落したので、品物の生命が尽きたのだから、不《ブー》要緊《ヤオチン》、不要緊《ブーヤオチン》（一向御懸念なく）没法子《メイファーツ》、といって平気でおりました。買ってくれとも、弁償してくれとも言わずに平然としている、その態度の立派なのに、平素から主人の心柄を知っている私も流石に驚きましたし、お客さんも心から感心しておられました。後でその入り合せに何か買ってくれとお客さんに頼まれ、他の品物を買いました。

原価を聞いて失敗

鑑識でも資力でも北京一流の商人で、日頃私の一番懇意にしている友人の琉璃廠の李さんから、今日名品を買ったが、貴君に向いてると思うから見に来ないか、と電話で知らせて来たので、早速出かけました。途

建窯油滴天目大茶碗

中で一寸用があったので、炭児胡同《タールフートン》（街の名）の陳さんという骨董店に立寄っていろいろ話していると、今日競売で宋の油滴天目《ゆてきてんもく》の大碗が出た、しかし自分は贋物と思ったから買わなかったが、李さんが二百元で買った、しかしなかなかよく出来ていた、という陳さんの話でした。それをさり気なく聞き流して李さんの家へ行ってみると、早速出して見せてくれたところが、案の定、今陳さんから聞いてきたばかりの天目の茶碗でした。さて李さんの曰く、老朋友《ラオポンユウ》の広田先生《クワンテンシエンション》（さん）だから、名品を第一番に見せねば相すまないからお見せする、とのことで、手にとってよく見ると、品物は陳さんの話と違い真物で、今まで見たこともないような大形で、油滴の調子の美事なことは目を奪うようで、思わずブルブルッと身震いをしました。途端に心臓がドキドキするが、今ここで顔色に出してヒネラレ（高く言うこと）ては困ると思い何喰わぬ顔で、内心これは安く買えるわいと自分勝手にきめてかかり「サテいかほどですか」と聞いたら、「今日はお互いに駈け引なしで行きましょう」というので、私の方は原価を先に聞いているので多寡をくくって「好了《ハオラ》」というと、李さんは、「他の人なら二万元が一銭欠けても売りませんが、外ならぬ老朋友の広田先生のことだから、儲けて頂かねばなりませんから、半額の一万元でよろしい、ただしこれ以上は一銭も引けません、それでよろしかったら持っていらっしゃい」というので、これには私も内心一寸驚きました。ボルにもほどがあると向っ腹が立ちました。原価を聞いてるから安く買いたいのが人情で、腹の中では二三千元というかと踏んでいた所だから、これが老朋友だから特別安くするという値かと腹が立ちましたが、何分品物には未練たっぷりなので、思い切ってキレイなつもりで五千元と値を付けましたが、李さんは頭を横に振って頑として負けそうもありません。相手が売らないといえば余計に欲しくなるのが人情で、私はもう自分が買ったつもりになって、八千元に付けました。無論平素の李さんなら二割引で買えるわけなので、当然売ってくれるものときめてかかったが、今日は一万元が一銭切れても売れないと頑張るのでした。それでつい私も感情に走って、人を馬鹿にしてる、平素の懇意にも似ず言い値より引かぬとは無茶だ、今までにも値引しない例はなかったのに、といよいよ腹が立ったので、「原価が二百元ではありませんか、それでは余り儲けがキツ過ぎはしませんか」と語気荒くいうと、「仰言る通り原価は二百元ですが、しかしこれは私の掘出しで、何しろ品物がこのような飛切りの名品だから、決して高くないと思います。しかし他ならぬ老朋友の貴君のことだから、それだけの値打ちは自分でも十分にあると思う。値段の半額は格別の勉強で譲歩したつもりだから、文句なしに、勿論喜んで買って頂けると思っていました」とシャアシャアとしてるので、余り癪にさわるので、多少意地も手伝って心残りはしましたが、断念してそのまま宿に帰りました。

さて落着いて冷静に考えてみると、やはりこれほどの名品は滅多に出ない、買わねばならぬ品物だが、しかし今の所他に高く買う人も滞在していないようだから急には売れまい、李さんも買い立てだからイキリ立ってるものの、いずれ熱が醒めたら付けた値段に負けるだろうと思い、たとえ一割でも引かせねば自分の虫が納まらない、万一まこと負けねば、構うことはない言い値で買うまでだ、と覚悟して、あくる日また李さんの家に行き、今一度見たいから品物を見せてくれと頼むと「売了《マイラ》」（売れました）と言うのです。昨日貴君が出たあとすぐに売ったというので、ウソツキ奴、そんなはずがあるか、さては売ったと言って駈引してるなと思い、誰が買ったと尋ねると、米国人に二万元で売ったというので、いずれその中に買ってくれというに違いないと思いながら、その帰り途また先刻の陳さんの家へ立寄ると、陳さんの曰く、昨日李さんの買った天目茶碗は、私の見誤りで、あれは立派な真物だった、自分が買わなくてまことに残念至極なことをした、あれを二万元で米国人が買った、自分は今その米国人から現品を見せられて、そのことを聞いた所だ、と陳さんが大変しょげていましたが、しょげたのは実は陳さんより私の方で、僅かな差で買える品物を、感情に走ったばかりに取り逃した、原価をいっそ聞かねば自分の手に楽々と入ったものを、原価を聞いたばかりにそれにこだわって、あたら名品を掌の上に載せながらみすみす取り逃してしまった、返す返すも残念至極、最早取り返しがつかない大失敗でした。この品物が日本に入っていれば、おそらく国宝に指定されたでしょう。

後年李さんの家で、米国のフリーア美術館の図録を見た時、巻頭第一図にその忘れもしない油滴大碗が実物大の原色版で出ているのを見まして、又もや頭上に一大痛棒を喰ったようで、愕然ともし憂鬱にもなりました。当時米国で五万弗で納まったものだと、後に山中商会の宮又一さんから聞きましたが、その時なぜ買わなかったのかと宮さんに笑われました。これが日本人にとられたのなら、利付けもできようし、買えぬまでも誰かの手で日本に入ったものをと思うと、譬えようのないいやな気持になりました。この大失敗に懲りて以後は、時には繰り返すこともありましたが、人の買原価にこだわらず、相手の如何にかかわらず、自分の信ずる所まで買って入り、後に思いが残らぬよう努めております。

この李さんは、満州貴族の出身で、古代文字、金石類になかなか明るく、漢文の素養もある人で、羅振玉や鄭孝胥とも交遊がありました。私が後年北京に出張所を設けた時、それを祝って「孤学独行衆人皆師」と書いた額を贈ってくれました。その家は小さい家でしたが家賃が月二十元、ボーイが食事は本人持ちで月給十元、車夫が食事と車が自分持ちで月十元、という時代で、今から思えば夢のような話ですが、事実です。

日本人の官吏でも、百元も月給をとれば、ボーイ夫婦と車夫を置いて、楽な生活をしていたものです。

原価を知らずに成功

ある日李さんの店に行くと、昔北京の円明園にあった宝物で、城内の旧家に収まっていた南宋官窯の香炉を、城外の葉《エイ》さんが僅かな値段で掘り出したと見せてくれたが、自分には青磁の飴色釉上りで氷裂のある品でさっぱり良さが判らぬが、形を見ると宋の物に間違いないと思う、葉さんが近々自分の買入れた品物と一緒に米国に持って行き、この品物で相当儲けるつもりだ、と自慢をしていたとの話を聞いたので、早速車で葉さんの家へ飛んで行き、今李さんから聞いたが、南宋官窯の香炉を見せてくれといったところ、それは甚だ残念だ、米国に送るため昨日箱に入れ、他の品物と一緒に大箱に納め荷造りして釘付けした所だから、ここで売る気はなく、米国で売るのだから真に気の毒だが諦めてくれといわれました。李さんは北京一流の目利きだが、この李さんにさえ南宋官窯の良さの判らぬ時代で、葉さんは毎年米国から欧州に渡り、特に巴里の盧《ルー》さんとはライオン公司という中国美術品を売買する会社をやっている関係で、南宋官窯の優れていることを早くからよく知っており、欧米にも多くの顧客を持ってる人だけになおさら品物を見たいので再三再四熱心に頼むと私の熱心にほだされて、それでは見せましょう、といって荷造りした箱をわざわざ開いて、中から取出して机の上に置きました。李さんの言うように薄飴色釉で、氷裂が無数に出ている品です。関心を持たない者には、砧青磁の上りのわるいヒビ焼香炉としか受取れない物です。私はこれを見て驚きました。これこそ宋代官窯の官哥汝定均五窯の王座に位する品だと思いました。

南宋　官窯青磁香炉

私は官窯を日本美術に譬えてみると、南宋官窯香炉は光悦であり宗達で、砧袴腰香炉は仁清であり光琳であり、又官窯を楽茶碗に譬えれば長次郎であり、砧はのんこうだと思います。思わずいかほどですか、売って下さい、と叫んだところ、今いった通り米国へ持って行って売るのだから、ここでは売れません、唯貴君の熱心な心持に感じて出したのです、というので困りました。誰に売るのも同じでしょう、米国で売る値に買うからぜひ私に売って下さい、と頼むと、一寸当惑していましたが、葉さんも商売人のことゆえ、私の熱心さを掬んでくれて、この品をそれほど御希望なら譲ってもよろしい、実は失礼だが、貴君にはこの品の良さは判るまいと思っていたのだ、砧青磁は日本向きゆえいかほど高い品でも売れると思うが、官窯をこれほど熱心に望まれたのは日本人としては始めてだ、日本で見てくれる人がありますか、と訊かれました。私は日本で見てくれる人がなければ、苦しいけれど、自分の宝にして持ちます、というと、よろしい、それでは、米国へ行けば五万弗は確かだが、私の原価も安いから、老朋友の面子と貴君の意気を感じ、買わないものと思えば済むから二万元に勉強しよう、それでよろしければ持って行きなさい、とのことで、嬉しさのあまり、それは有難い、買います、といったまではよいが、途端に自分の所持金を考えると全部出しても半分以上足りない、東京の方にも預金のないことは、胸算用で判っている。さりとて品物を金のために諦めれば米国に行かれてしまう、ままよと肚を決めて、その時、葉さんに、一週間待って下さい、金を取寄せて必ず品物を貰いに来るから、と頼むと、よろしい、それまでお預りする、と快く承知してくれましたので、この事情を詳細に書いて西山君に送り、万一送金の支度ができぬと、品物が買えず、神経衰弱のために病気になるから、とその当時はそれほど品物の良さに惹きつけられて、毎夜夢にまで見ました。それで是が非でも金を工面して、一日でも早く電報為替で送るようにいってやりました。金のないことを承知でいうのですから、西山君も驚きましたが、私の心を察しましたものか、早速各方面に頼み、金の支度をして送って来ました。この時ほど嬉しいと思ったことは、業界に入ってからは無論のこと、北京往復三十年の間にかつて前後に味わったことがありません。早速正金銀行で金を受取るが否や葉さんの所へ飛んで行き取引を済ませ品物を受取ると、その時葉さんは、貴君の熱心にほだされて売りましたが、いずれはどこかへ納める品物だから、名品に別れるために今一度よく見たい、といって、改めて品物を穴のあくほど見て謝々《シェシェ》といって、この品物を買うお客は幸福だ、といって、他に汝窯《じょよう》の壺の名品を勉強して添えて渡してくれました。もっとも後で聞いたところ、官窯香炉の原価は二百元、汝窯の壺が五百元ということでした。

北宋　汝窯青磁劃花牡丹文瓶

　前の油滴天目の場合と違い、原価を訊かなかったことが幸いでした。それからその日の夜行で二点の品物を持って陸路北京を出発、朝鮮経由で帰京の途につきました。さて道中考えてみると、官窯香炉など見て悦んでくれる客などあるかしら、売れない時は仕方がないが、西山君に詫びをいって許して貰い、何年でも見てくれる伯楽の客の出るまで待つより仕方がないと心配しながら覚悟して来ました。その心配のために尾籠なお話ですが、小便の色も変わりました。

　帰京早々荷を解くやいなや、西山君が品物を見て、これは砧青磁以

南宋　官窯青磁琮形花生

上の絶品だ、名品だと激賞してくれました。協同経営の立場から、相手の西山君からこのように褒められたので、一時に嬉し涙が溢れ出ました。かくもあらんかと思って、西山君が平素御懇意にしているお方で、三菱の男爵岩崎小弥太さんの秘書の方に、今度北京で広田が名品を買入れて来ますから、ぜひこの品物を御覧に入れたく、お取次をお願いします、と前もってお願い申上げたところ、品物が来たら持って来るようとのことだから、これからすぐ自分と一緒に行こう、と西山君がいうので、帰京早々ですが旅の疲れも何のその、すぐ岩崎家に右の二点を持参して、岩崎さんに御覧に入れると、次の部屋に来るようにと御案内をうけて入ってみると、同家蒐蔵の宋青磁をそれぞれ台の上に、砧の袴腰、千鳥、上耳、広口等の香炉の名器がずらりと並べてあります。その中へ私が持参した南宋官窯香炉を置かれて、やや暫く御覧になって、なるほど砧の香炉よりは調子が高く尤品だ、良い物だ、よく持って来てくれた貰っておく、御苦労だったネェ、疲れたろう、帰ってよく休み給え、と申されたので、私も西山君もまるで夢を見ているようで、そのまま帰宅すると、間もなく秘書の方から電話があり、すぐ金を取りに来るようにとのことで、今までに値段を訊かれぬことは一度もなく、いかに金持でも値段を訊かずに金を取りに来いでは一寸面喰います。それで西山君とよく相談して、いろいろ骨が折れたのだから、少し高いが金三万円也と受領書を書いてお届けしますと、早速現金でお支払いをうけました。今からみれば三万円は大したこともありませんが、二十数年前では私共には大変な金高です。岩崎さんの心では、命懸けで入手した名品だから、言い値で買ってやるとの温い心であったことを、あとで秘書の方からお聞きしました。岩崎さんは心の温い真に審美眼の高い鑑識の勝れたお方でした。

考えてみると、こんな苦労をして買った名品もないし、それまでそれほど高い物を買ったこともなく、これほど名器と心打れた磁器の名品もありませんでした。又値段を訊かずに買われたことも始めてでした。自分の永年の業界生活を顧みて、一番印象に残ることは、この南宋官窯の香炉を買入れ、売却したことです。昭和二十年五月二十五日の大空襲により岩崎家は、屋敷は全焼、家宝の名器の数々も焼失致しましたが、秘書の方がこの香炉を持出されたので、幸いに遺りましたことを、郷里八尾町に戦災後病気静養中に聞きました時は、子供を持たない私が、一人息子が無事に戦場から家に帰って来た時の親心はこんなだろうと想像しました。

日本でこれまで私の見た南宋官窯の器物は、この香炉と、横河博士寄贈の鉢、私が国立博物館に寄贈した琮形花生、箱根美術館にある大壺、盤子、耳盃等で、未だ十点に満たない数です。砧青磁、天龍寺青磁、七《しち》官《かん》青磁、珠光青磁、人形手青磁、汝窯などいずれも数多く日本にありますのと比較しますと、まことに稀品といわねばなりません。

今日でも岩崎家に秘蔵されております。

思わざる失敗

ある日の朝、北京へ各地方から荷物が入ると知らせることを商売にしている仲人（ブローカー）の劉《リユウ》君が、正陽門外の天成店（旅館の名）へ張《チャン》という男が河南から北魏石仏の名品を持って来ているから見てくれ、と知らせて来たので、早速劉君の案内で見に参りました。見ると三尺ほどの黒石三尊仏で、光背に飛天の素晴らしい線彫りがあり、台座に博山炉と左右に獅子が彫ってあり、太和の年号銘まである実に見事な仏像です。しかも本尊の荘厳な顔がなんとも言えず、仏としてすべての条件が揃っているので吃驚して思わず惚れこみ、これはいかに高くても買わねばならないと思い、値をきくと八千元だと申します。私は腹の中で、一万元は無論のこと二万元とでも言うかと思っていたところ、案外安いことを言うので、内心では来る早々よいものが授かって有難い、愈々運が向いて来たぞ、これは相当儲るな、とひそかに喜びました。しかし待てよ、安いからとてそのまま言い値で買うこともあるまい、値切るだけ得だと思い、どうだ五千元に負ければ買ってもよいが、と言ったところ、張君は一声で気持よく負けてくれました。金を急ぐというので、すぐ代金を張君に渡し、仲人の劉君に一割お礼をして、品物を引取って来ました。

名仏が買えた嬉しさに、早速蠟燭と線香と生花をわざわざ求めて来て供えて合掌し、良い気持で眺めている所へ、琉璃《ルリ》廠《チャン》の李さんの徒弟《トウテイ》（弟子）の王《ワン》君が入って来ました。私は得意になって、低い鼻を高々とうごめかして、どうだ名仏だろう、近頃こんな名品を見たことがあるまい。今五千元で買って来たばかりだ、君ところの掌櫃《チャンクイ》（主人）に持たせたら、途方もない高いことを言うぞ、こんな安くは買わさないぞ、と自慢しました。王君はそれを見て、這個東西很好《チエイコトンシイヘンハオ》（この品物は大変良い）と激賞してくれました。これは您《ニン》（貴方）に授った物で運気《ユンチ》好《ハオ》（運が良い）貴国《クイコ》へ持帰り大大的発財《タアタアテエファツァイ》（大儲け）をしなさい、とお世辞を言って出て行きました。

暫くたつと、李さんから電話がかかって参りました。王君が石仏のことを話したので、たぶん見せて貰いたいとでも言うのだろうと思いながら電話口に出ると、李さんの言うには、自分は北京の各駅の税関（各地から入る品物に国内でも税をかけるために荷物を開きます）へどこから誰がどんな品物を持ち込んだかを知るために金をやって毎日見張人を置いてあるから、骨董品なら大小を問わず、必ず電話で知らせて来る、だから大概のものは見なくても耳にするはずだが、あなたの買った石仏のことは全く聞いておらない、あるいはその石仏は一ヶ月ほど前に私が長辛店《チャンシンテン》（北京から三四里先の駅、税の関係で荷主が北京まで持ち込むことを嫌いここで取引きすることがある）で見た仏かと思われる、その石仏なれば中尊の首がなかったので自分は買わなかった。どうやらその石仏らしいから、首の付け根のところをよく調べてごらんなさい、と注意されました。私はまさかそんな馬鹿なことはあるまいと思いましたが、心配になるので、早速洗濯石鹸とタワシを持出して、首の回りをゴシゴシ洗ってみたところが驚きました。セメントで首がくっつけてあり、つけ時代の古色が顔から洗い落されたのを見ると、正しく後から補修した贋造の生々しい石首です。シマッタと思ったトタンに、今の今まで儲かると思う心で目が眩み荘厳崇高に見えた仏の顔が急にイヤらしい下品な顔に変わって来ました。こうなると一時も見ておられません。室の外へ出してしまいました。喜んだのもホンの束の間で、喜びが大きかっただけに悲観の度も大きく、ガッカリして、なんとも譬えようのない嫌な気持になりました。それよりも早く大切なお金を取戻さねばならんと思い、慌てて天成店の張君へ電話をかけたところが、時既に遅く張君は私から代金を受取るが否や逃げるが如くに河南へ帰ってしまった後でした。いまさら仲人の劉君をつかまえて責めてみてもどうにもなるものでなし、自分の不注意から生じた不運と諦めるより致し方なく、もう今となっては見るのも嫌になり、北京の骨董屋につけ値の千元で売払ってしまいました。仕入資金の乏しい時の大きな損失なので痛くこたえました。泣くにも泣けず、恥ずかしくて人様にも話せず、その無念さは今でも忘れません。よく考えてみれば馬鹿げたことで、無疵の三尺もある石仏の名品が、北京の市中に安くころがっているはずがないのに、安く言われた気の迷いで思わず慾心が出て、冷静を失ったことが思わぬ失敗の原因でした。

後年、阪神間の某愛好家のお宅へ伺った時に、応接間の床の上にこの石仏が、私が買った時と同様に古い時代色を付けて飾ってあるのに、たまたま再見参をしたのには驚きました。その時、北京でのことを思い出し、なんとも言えない気持が致しました。御主人は無論何も御存知なく買っておられるので、その昔私が味った苦杯を胸の中で思い返し、何事も申さずに帰って来ました。

三人の黒星

私が北京に仕入に行っておりました時、日本から同業者が同じく仕入に来てはよく一緒になったものです。ある夜、東京から行っていた野口さんの宿へ大阪の小沢さんと私が寄合って話しこんでいる所へ琉璃廠の李さんが入って来て、山西省の太原の張という業者が古玩商会（向こうの美術倶楽部といったところ、ここへは日本人は入れません）へ荷物を持ちこみ明日競売をする、張君の話によるとその中に万暦赤絵花鳥文四角共蓋在銘の水指がある、これは太原の旧家に伝わった物で、無疵の釉上りのきれいな名品だといっている、私は貴方がたに真向きの品だと思うが一体どのくらいまで買えるものか聞かせて貰いたい、というのです。私共三人は、目利きと信じている李さんの話でもあり真贋の心配は全くないと思うので、耳よりの話だとばかり、そんな品ならば必ず買うから他の業者に取られぬように高くてもお買いなさい、と李さんにすすめました。買えたらお互いに公司《コンス》（相銭）にしましょうと、私共三人の間できめました。

さて当日、野口さんと小沢さんの二人が李さんの店に行き、古玩商会からの李さんの帰りを待っておりましたところ、李さんが現品を抱えて元気よく入って参りました。そして、これは大変な人気で競争が劇しく三千元で買ったから千元利付けをしてくれと申します。見れば思ったより品も良いので、李さんの希望通り四千元で引取りました。両氏からの電話で、早速私が野口さんの家に行きますと、現品を前にして両氏がいかにも嬉しそうに眺めております。拝見しますと、流石は千軍万馬往来の両先輩の買って来られたものだけに結構な品物だ、これは日本に持って行けば相当儲ると思いました。その当時は私も北京通いを始めたばかりの新米ですから、両氏の云われるままに公司へ入れて貰いました。その時、小沢さんが、近く日本に帰りたいと思うけれど、これといって何も名品を買っておらず、人に見せるほどの物もないからぜひ私にこの水指を持たせて帰らせて下さい、せいぜい高く売って利益配当をタップリ致しますから、とたっての頼みなので、いずれ誰かが持って帰り処分しなければならないのだから、野口さんと私は小沢さんに託することにいたしました。私共両人は小沢さんからの吉報を今日か明日かと毎日首を長くして待っておりましたが、一向になんの知らせもありません。やや暫くしてから手紙が参り、それを読んで両人ともガッカリ致しました。それには次のように書いてありました。名品を抱いてイソイソと帰国した小沢さんは、早速関西の一流業者で目利きの某氏に、今度北京で買った名品ですと見せましたところ、品物を一見するや否や、アッ、あなたもこれを買いましたか、私も先日これと同じ水指をクサミ（贋物をつかむこと）ました、御覧に入れましょうと持出して来られたのを見ると、ナント瓜二つというもおろかなほどの全く同じ品物なのでビックリ致しました。某氏の話によれば、Kという業者が写しものをする京都の某名工に疵のある本物の水指を渡してそれを参考に造らせたものだったのです。あんまり上手に出来ているので初めて見る者は真物だと思って引っかかります。しかし、北京まで行ってるとは驚きました、といわれて、小沢さんもよくよく見直してみれば、まぎれもない贋物です。名品だと信じていただけに、小沢さんも失望いたしました。

北京にいる私共両人もこの手紙を読んで、吉報を期待しておりましただけに、それだけ落胆も大きく、悲観してしまいました。

後でよく調べてみましたところ、張が太原から持って来たというのは真赤な嘘で、実は当時北京通いをしていた宮田という業者が、Ｋから買って北京まで持って来た水指の贋物を、太原で懇意になった張に儲けは山分けにするからとうまく言いふくめて、暮夜ひそかに古玩商会に入れてある荷物の中へ差込ませたのでした。私共の方で申します付け荷をさせたわけです。そんな芝居が仕組まれていることを知らない李さんが張の言うことを信じて疑いもせずに私共に話をしたのでした。何か名品を買いたいと仕入れに来ている矢先であり、まして歌い込みは目利きの李さんでもあり、ウブな品物だとばかり初めから無条件に信じた上、多少の慾心も動いたので冷静を欠き、真贋を十分調べもせずに飛びついたのが失敗の因でした。永年中国通いをしている古強者もまんまと悪徳業者に一パイはめられたわけで、よく落ちついて考えてみれば迂闊なことでした。全く私共三人の黒星です。

後で、李さんから、あの水指は大発財《タアファーツァイ》（大儲け）だったでしょうと言われましたが、三人で目を通した上で買った品を、今さらあれは贋物だったとも言えず、お蔭で儲かったと、実は痛い腹をかかえながら礼を言わなければならなかったのは、まことに辛いことでした。李さんの言うことを鵜呑みにせず、品物を十分に見ればよかったのです。後で冷静に見直せば、上手に出来てはいますが、どうしてこんな贋物をつかんだのか不思議に思うくらいのもので、まことに恥ずかしい次第でした。贋物と知っては今さら売ることもできず、損とあきらめ、その後野口さんが東京へ持帰り預っておりましたが、関東大震災の節に焼失と聞き、サッパリ致しました。

老賈の思い出

私は中国へ仕入れに通い始めた頃、命から二番目の大切な虎の子の資金を減らしては一大事だから、クサン（贋物を買うこと）では大変だ、それこそ再び仕入れに行くことができぬから、そこで考えました。儲けが少なくてもクサマないことが肝心だと思い、自分に経験のある品物や自信のある品物はまずよいとして、今まであまり扱ったことのない清朝の官窯物をぜひ扱いたいと思いました。

しかし中国の美術は古く三代より各時代の品々の贋物がとても沢山あり、特に清朝官窯物には古代の仿造《ファンゾウ》（贋物の如く悪い意味ではなく忠実な模造）や贋物が多く造られております。欧米人の好む豇豆紅《チャントウホン》（ピーチ・ブルーム）、緑郎窯《ルイランヤオ》（アップル・グリーン）、康熙黒釉三彩《カンシーヘイユーサンサイ》（ブラック・ホーソン）、康熙黄《カンシーホワン》 釉三彩《ユウサンサイ》（イエロー・ホーソン）、古月軒《コーユイシエン》 等や、日本人の好む茶葉末《チャイモウ》（蕎麦）、哥磁《カウツウ》（寧窯）、天藍《テンラン》等、いずれも高価に売れる品があるので、贋物が特に多いが、清朝の物は、真物の造られた年代と、仿造や贋物の造られた年代との開きが比較的短いから、真物と大差のないほどよく出来ております。それを鑑別することはなかなか困難なことです。欧米はもちろん日本にも、これら仿造や贋物は入っていましたが、私はこんなものをツカみたくもなし、それで儲けたいとも思いませんから、真物を扱って鑑識を得たいと思い、北京の業者で誰が一番官窯の目利きなのかと、中国人の業者や北京の先輩の皆さんに聞いたところ、異口同音に口を揃えて、現在北京では東城東単牌楼の栄興祥《ルンシンシャン》 （屋号）の老賈《ラオチャ》（老は斯道の大家に対する敬称で賈は名前）こそ第一人者だと教えてくれました。

老賈は当時六十歳近くの老人で、幼少の頃から業界に入った人で、前清時代の貴族を偲《しの》ばせる風貌の品の佳い人でした。そこで私は、早速栄興祥に老賈を訪ね、これから各時代の官窯物を研究したいと思いますから御指導を願いたい、しかし資金が少ないので、高価な物は買えませんが、何か私に買える品物を売って頂きたいと頼みました。すると老賈は快くきいてくれました。それから後は、訪ねる都度、売品の名品を始め、参考品から、自分の住居にある非売の愛玩品まで見せてくれました。それを永年扱った経験から一つ一つについて説明してくれました。真贋を見分ける勘どころや、それぞれの品物の特徴などを教えてくれました。それから二十数年の間北京へ行く度に、まず老賈を訪ねては教えをうけました。教えたくても自分の家にない品物は、故宮博物館や武英殿へわざわざ案内して、陳列品を前に永い間納得がゆくまで教えてくれたことも幾度かありました。また自分が多年の間に納めた名品蒐集家として有名な沈花栄《チンホワルン》氏（この方の蒐集品は後に全部山中定次郎翁が買取りまして、その中の品を私も扱わせて頂きました）、郭葆昌《コウボウチャン》氏、黄寿植《ホワンショチイ》氏等の宅へ案内して、国籍も違えば、年も親子ほど違う私を、「この方は日本人ですが、私の好朋友《ハオポンユウ》です。貴家御秘蔵の何々を参考に見せて上げて下さい」とまるで可愛い我が子か我が弟子のことでも頼むがように親切に紹介してくれました。好事家同志が自慢で名器珍什を持寄る鑑賞会や、又は旧皇族、素封家等の売立会などがあれば、私が北京滞在中なら必ず連れて行ってくれました。私に分らないものは、用途名称などを詳しく教えてくれました。お蔭で名器珍品を数々見ることができました。

前に申しましたように、老賈が親切に指導してくれると同時に、始めのうち小資本で高価なものが買えぬ時代からよく心を遣って売ってくれました。仕入れが終って金がなくなった時に、私に向く品があった場合など、「品物は持ち帰りなさい。代金は今度北京に来た時でよろしい。値が少し高いと思うなら、まあ持って行きなさい。もし売れなければ、そのまま又持って来なさい」と親切に言ってくれました。それゆえ老賈から買った品物は、いつでも儲けが少なくても全部きれいに売れました。

　仕入れる時品物の真贋の心配も要らねば、値段の駈引きに頭を使う必要もなく、一回毎に多少とも利益が殖えるから、自然仕入高も増して来ます。かくして二十数年間老賈との交渉が続きました。その間買求めた品物は清朝以前の官窯物や、紫檀、堆朱、存星、青貝等の木工品等で、相当な数に上りましたが、老賈から買った品物に限り、損をしたこともなければ、売れ残ったこともありません。ただし他の業者から買った品物には、損をしたのもあり、売れ残った物もあって、それが最後には戦災で焼けるまで残った物さえありました。仕入先が悪いと最後までたたります。

　永年の間に老賈から買って客先へ納めた品々が、終戦後財産税等のため各方面から売りに出ましたが、初期時代に納めた物から最後に納めた物まで、何一つ贋物もなければ仿造もありませんでした。いずれも高価に売れたので、処分を依頼されたお客に対して、まことに面目を施しました。これは自分の力でなく、ひとえに老賈の優れた鑑識がしからしめたものだと思います。老賈には遠く及びませんが、今日私が多少でも官窯を鑑る眼を養うことができましたのは、老賈の国籍を越えての親切な指導と愛情のお蔭による所と、深く感謝しております。私の中国通いの商取引で、最初から最後まで、少しの無駄なく、儲けながら鑑識を得ましたのは、品物を買う前に人を買ったからです。私が老賈から南宋官窯の盤子《ばんす》を買ったことがあるので、その後私が岩崎さんへ納めた南宋官窯香炉を北京で葉《エイ》さんから買った時に、それを老賈に見せました。その時老賈は驚きの目をもって、

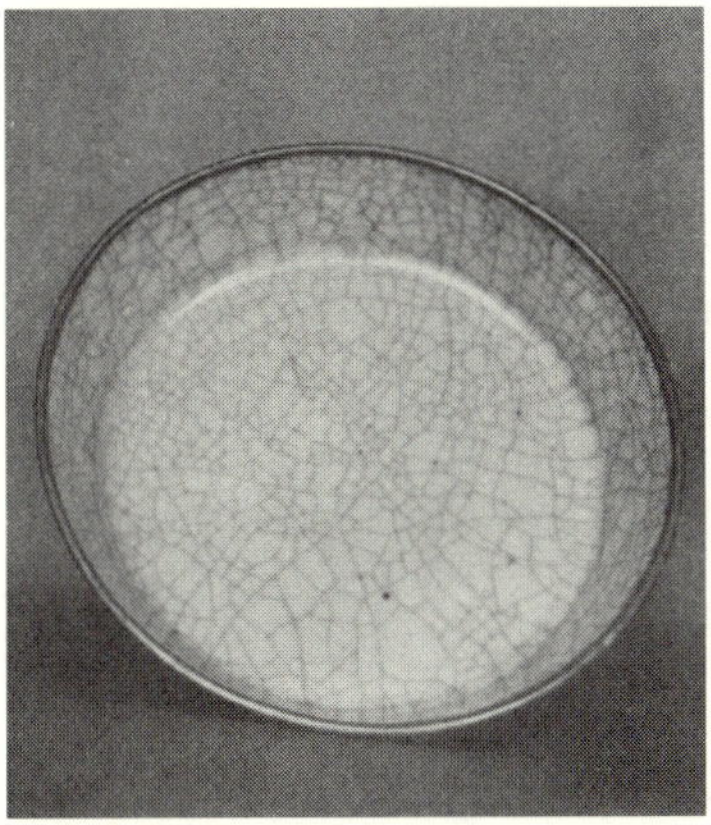
宋　哥窯盤子

「これは宋代五名窯中の最高の名器だ。今日までの間にもこれほどの名品は、私も見たことがない。君は幸せだ。宋青磁（砧）の袴腰や、千鳥、竹節、算木などの香炉は今までに沢山出ているが、それを思えば、こんな珍器は幾ら高くてもよい。大発財《ターファーツァイ》（大儲け）を祈る」とわがことのように悦んでくれました。

老賈が病気のため入院したことを日本できいて、私が北京へ行った時住居を訪ねたところ、死期が間近いときいて驚きました。年には不足はないが、北京業界のためにも、わが師としても、一日でも永生きをしてほしいと心から祈りました。一度病院にお見舞に行き、一目でも生前に顔を見て、永年の御恩に対し御礼も述べたいと思い、弟の賈二《チャアル》先生に話したところ、「御好意はまことに有難いが、ひどく老衰して人の見分けもつかず、口も利けませんから、会っても無駄です。止めて下さい」と申されました。私は仕方なく病院の前まで行き、老賈の寝ている病室の窓を見上げて、今までうけた御恩に感謝し、蔭ながら心からの別れを告げて帰国致しました。それから間もなく老賈の訃報に接しました。

血の通った蒐集

ある夏のこと、九州福岡在の旧家の所蔵品の整理を頼まれて、調査に出かけたことがあります。その調査を終えてから、ついでに佐賀、長崎、熊本、大分の各県を廻り、各地の業者や趣味家へ拝見に行きました。蒐集家のコレクションは、その人の鑑識や、資力や、納める業者の心掛けなどにより、種々雑多でした。三十度以上の暑さの中に、客人が出される品が詰らない物だったり贋物だと、中座もできず、お世辞の言葉も言えず、うんざりして、一層暑さが身にこたえてきます。一方良いコレクションを拝見すると、気分がよいから、どんなに暑くても少しも気にならず、真によい銷夏法《しょうか》になります。

某市の趣味家のコレクションを拝見に行った時のことですが、数日来雨天続きの後の晴天で、三十幾度の暑さでした。お出入りの道具屋さんが土蔵から運び出して来る品を、御主人が箱から一点一点愛情を持って、嬉しそうに見せて下さいます。その中に大都会でも一寸見受けないような珍品があるかと思うと、また価格は極めて安い物ですが、何とも言えない味や風格があって、結構面白く楽しめるものもあります。お蔭で数時間暑さを忘れて過しました。御主人と道具屋さんの様子を見ておりますと、御両人とも品物の出し入れにあたって心から愛撫し楽しんでおられます。その姿が真に美しく、頭の下がるものがあります。道具屋さんの方が自分の蒐集品の如く愛情を持って取扱っておられます。客と業者の隔てを越えた親愛な共有の一体のコレクションを見ている感じで、丁度双幅の名画が表装とピッタリと取り合って、寸分の隙なく床に懸けられているのを見る感じです。私も思わず御両人の中へつり込まれ、丁度三幅対になったようで、わが家でわが物でも見ている心持が致しました。

御主人のお話を聞くと、「私は鉱山の事業をしている関係上、時々労資問題を始め複雑な事件に直面して頭を使うことがあります。その時一番私の心を慰めてくれるのが、集めたこの美術品です。見ていると心が晴ればれとします。そして趣味のよき心の友はこの人です」と、古稀に近い老人の道具屋さんを愛情深い目差しで指すのです。道具屋さんがわが物の如く心をこめて納めてくれた品物を、客はまた道具屋さんの心をよく理解して蒐集された品ですから、その一つ一つに御両人の精神がこもっているので、何を見ても気持がよく、私は始め来た時は、暑いのに遠い所まで来て何か費用の取れる儲かる品を譲って貰いたいものだと思っていましたが、御両人のこの美しい姿を目の前に見ては、そんな失礼な気持が恥かしくて口に出せず、お互いに和気藹々《あいあい》のうちに楽しくお暇を告げました。客は良き商人を得たことを、商人は良き客を得たことを、お互いに感謝しておられます。同時にまた理解ある両者に愛されている美術品は、あるべき所にあってさぞかし幸福なことだろうと、つくづく蒐集はかくあるべきものと私は感じました。こんな趣味家の美術品こそ、血の通った蒐集品と言えるのでしょう。

大名物の後日物語

太平洋戦争の時に、日本軍が南京を攻略し、入城して南京博物館や図書館の中に軍隊が入って行ったところ、室の入口の扉に鍵をブラ下げ、その傍に貼紙がしてありました。見ると、「この室に蒐蔵されてある古玩、図書は中国にとって貴重な史料であるから、何卒日本軍において十分なる保護を願いたい」と蔣介石将軍の名で、日本軍司令官に宛てて書いてあったと聞いています。

これは美術愛好の誰も知る有名な話ですが、わが国でも天正の昔、明智光春が坂本城を囲まれるや、光秀が安土から掠奪してきた珍玩宝器を取揃えた上に目録まで添えて、これを寄手の豊臣方の武将に鎗の先につけて渡した後、天守に火を掛け切腹しました。戦国時代の荒武者も、名器の尊重すべきことは、心に決して忘れませんでした。

また元和元年大坂落城後、徳川家康公は秀頼公秘蔵の名物茶入数点が城と共に焼失したのを惜しみ、たとえ割れくだけた物でも土灰をふるい、探し出すべし、と藤重藤元、藤重藤厳父子に申付けたので、焼跡をさがして大名物茶入数点を持ち帰り、ワレを接ぎ合せ修繕して、家康公へお届けしたところ、家康公は殊のほかお喜びになり、その功を賞し、大名物付藻《つくも》茄子茶入を藤元へ松本茄子茶入を藤厳に賞賜になりました。この付藻茄子茶入はもと松永弾正久秀の秘蔵品で、後に信長公に献上したものです。また松本茄子茶入はもと信長公所持であったが、信長公歿後は秀吉公の所持となり、次いで秀頼公に伝わったものです。箒庵高橋義雄先生著「大正名器鑑」第一編に詳細に記述されております。

さて明治九年に三菱会社の岩崎弥之助さんが、右の大名物茶入二個を買求めるのに代価をきいたところ、四百円也とのことです。その頃に岩崎さんは会社で月給四百円也を取っておられましたが、名器はほしいが年末のことでお手許不如意のために、兄弥太郎さんに事情を話し四百円借入れて買求めました。しかし、返金するまで自分の方に預っておくからと言われ、後年大富豪となられた弥之助さんもやむを得ず、そのまま茶入を抵当にされました。そんなわけで、両茄子茶入は分家の男爵岩崎弥之助さんに伝わるべきはずなのが、本家の男爵岩崎久弥さんの所蔵になっていることを思えば、茶入はそのまま本家に留まったものと見えます(大正名器鑑には岩崎久弥氏蔵とあります)。

昭和二十年の正月空襲下のある日、岩崎家から突然お電話があり、私にすぐ来てもらいたいとのことで、私は早速麻布鳥居坂のお邸へ参上いたしましたところ、岩崎小弥太(分家の当主男爵)さんが箱を大事そうに抱えて応接間に出て来られて、実は数日前に本家の岩崎久弥さんがわざわざこの茶入を持参され、私の家に永年所蔵されていたが、これは貴家の先代弥之助さんの買求められた品で、どういう事情でか永年お預りしていた物であるが、目下空襲熾烈の折からかかる名器に万一粗相があっては先代に対しても相済まぬから、これは一まず貴家にお返し致しおきますほどに貴家においてよろしく御保管願いたい、と熨斗《のし》を付けて届けられた物である、といって私に見せられました。私は大名物両茄子茶入の話はかねてから、聞いておりましたが、見るのはその時が初めで箱から取出して見ますと、両茄子とも白羽二重の御物袋《ごぶつぶくろ》に入っております。中から茶入を出して拝見すると、流石は名人藤元藤厳父子が漆をもって接ぎ合せた苦心の修繕ですから、あまり技巧のうまさに原陶が何ほど残っておるものか、漆と陶肌が見分け難く唯々驚くばかりでした。陶片を接ぎ合せたとはいえ、両茄子とも流石茶祖の取り上げた大名物の姿は偉大なもので、暫くはその美しさに心を打たれておりました。この時、けたたましく空襲警報のサイレンが鳴り響いてきましたが、名器に気を取られて岩崎さんも私も避難することを忘れて眺めておりました。戦争の将来はどうなるのか私にはわかりませんが、その時大三菱の社長たる岩崎さんが悠然とした態度で、大名物を如何にも楽しそうに見ておられる姿を傍で見た私は、この戦争は必ず最後には日本が勝つのだという力強い感じを受けました。

その岩崎さんの申されるには、激しい空襲に今日の生命も量り知れず、又この大名物の保全も期し難い時ではあるが、父が求めてから七十年振りで縁あって当家に戻って来た品物で、両茄子とも白羽二重の粗末な御物袋に入っているばかりで大名物ともあるものが昔から他に替御物袋一つもないから、この度戻ったのを記念に大名物に相応しい古代裂をもって御物袋を造り、また新たに上箱を造り、それに自分が本家から戻った年月日、御物袋造り替え等の次第を書添えておくつもりである。御苦労だがそのつもりで至急に適当な裂地を捜してもらいたい、その手始めに私の方で袋の木型を造っておくからとのことでした。私は注文を受けたその日から毎日、空襲下をこの名器に相応しい裂地を手に入れたいものと、隣組長や警防団員としての多忙な暇々に都の内外の各業者や古代裂屋、茶器蒐集家を各方面に渡りさがし求めて歩きましたが、焼けた店もあり、商売替えした店もあり、又疎開した家も多く、遂に探せずにいるうちに、間もなく私自身も戦災で焼け出され、続いて岩崎家も焼失しました。しかし幸いにも両茄子茶入は家令の方が持出されたためにあやうく再度の災害をまぬがれました。ただしせっかく造られた木型は惜しくも焼失しました。

ほどなく終戦となりましたが、岩崎さんは戦争中体を御無理されたのがもとで病気になられ、遂にその年の十二月に永眠されました。私は永年御愛顧を蒙《こうむ》りましたが、せっかく御注文を受けた両茄子茶入の御物袋裂地を、戦争中とはいえ御生前に探し得なかったことは、返えすがえすも申訳なく、唯々今日に至ってもそれのみ遺憾に思っております。昔乱世に焼けた大名物茶入の袋裂地を乱世時代であったがため遂にさがし得なかったのは、どこまでも戦争の因縁がつきまとうのを唯不思議と思うよりほかありません。空襲下に大名物を囲みながら岩崎さんと共にお話し申したこの時が最後のお別れとなりました。

岩崎さんは永年の間三菱会社の社長として有名な方でしたが、茶道を表千家家元惺斎宗匠について二十年近く指導を受けられた大茶人であったことはあまり知られておりません。岩崎さんは常に私に茶道を勉強し心得ておくようにと勧められましたが、お恥ずかしいことですが不勉強のため未だに茶の心得のなき無茶人です。岩崎さんは我々如き小商人では、はかり知ることのできぬほど偉大な人格の持主でした。総理大臣にも幾度か擬されたお方だとも承っております。特に古美術に対しては鑑識高く、名茶器や鑑賞美術の優品を蒐集されました。空襲にて名器が沢山焼失いたしましたが、遺言により国会図書館所属財団法人静嘉堂文庫に対して、先代岩崎弥之助さんの蒐集品と、御自分が多年蒐集された美術品の戦災をまぬかれた物の中から国宝三十二点、重要美術品九十三点、鑑賞美術四十六点、総計百七十一点の名器を寄贈されました。戦争さえなければこれ等名器を始め焼失した数多くの美術品で、存命中に岩崎家個人の内容ある立派な美術館を建設され、蒐集品を一堂に陳列される日の実現を私は確く信じておりました。戦争によって多年の志をはたされず完成を見なかったことは、美術国日本のために大なる損失でありました。真に残念なことだと思います。敗戦の憂目に逢われ、岩崎さん御自身にとって如何に心中お淋しいことであったかと思えば、事情を知る私にはお心の内を偲ばずにはいられません。

貴族の蒐集品と庭園

山中翁がある時話された話です。

私がロンドンにいた時、米国のある大金持で美術愛好家がロンドンに来て、一緒に某貴族の美術品を見に行き、部屋に陳列された数々の飾られてある品々が、いずれを見ても優れた物ばかりなのに感心し、こんな尤品ばかりどこの店でお買い求めになりましたか、とその方が訊かれたら、その家の主人が、それでは御案内しますから私について来て下さい、というのであとからついて行くと地下室に案内して扉を開け、さぁどうぞ御覧下さい、とのことに中に入ってみると驚きました。広い部屋の中一杯の品物で、それがいずれも二番三番手贋物参考品等夥しい数です。これが父親と私とで集めた品物です。私共親子は好きで永い間に勉強料としてこんなに沢山の犠牲を払いました。そのお蔭で良い物が入ったのです。商人から優れた品物だけ抜こうと思ってもそれは無理です。鑑識と審美眼がなくてはできぬことです。平素商人が持込む品を努めて買ってやると、自然良い物を入れてくれます。この部屋にあるガラクタが肥しとなって花が咲き良い実となったのが、上の部屋に陳列された品物です。思えば、親子二代かかって集めた、ガラクタにもそれぞれ愛情が移って手離す気にもなりません、と聞かされて感心しましたが、さてそれから庭園の一面青々と古色蒼然たる苔のついた美しさに打たれて暫らくの間見惚れていました。私の庭にも各国から取寄せた苔に、肥料をやって随分金をかけて手入れをしていますが、どうしてもお宅の庭のように苔がつかず美しくなりませんが、どのくらい金をかければこんなに美しくなりましょうか、と訊かれて、さて御主人のいわれるには、別に金は要りません、井戸水だけでよろしい、朝と夕二度かければ、それでよくなります、との御返辞に、自分の家でも毎日朝夕水をやっていますが、如何にしてもこんなによくなりません、というと、御主人が私の庭は祖父の代から父の代それから現在の私に至るまで朝夕毎日続けて水をやっております、といわれて、流石に金銭万能の金持も感心して、金の力のみではできぬことを始めて知りました。同様に金と暇と多くの無駄をせねば、よい蒐集品も出来ぬことを教えられましたとのことです。

ロックフェラー氏の話

故山中定次郎翁の話されたことですが、先代のロックフェラー氏の来た時に、「貴方が日本に来られて、一番愉快に感じられたことと、不愉快だと感じられたことをお聞かせ下さい」といったところ、「ホテルの近くの骨董店で骨董品を十点ばかり買ったら、その店の主人がすぐやって来て、今お願いしました品物の中に一点値を間違えて、高く申し上げて余分にお金を頂いたことが、清算した結果判りました。何とも申し訳ございません、といってお金を戻していった。これは当然誰でもすべきことではあるが、まことに愉快に感じた。気持がよかったので又出かけて行って少しばかり買物をした。その反対に、ホテルのボーイが、金持だからというのでチップを沢山くれるだろうと特別にサービスをする姿は、まことに不愉快だった」といわれたそうです。

大事業をしている人は、大勢の者を使い、人間の心理をよく見抜いております。どのお客にも誰彼を問わず心から親切にサービスすべきものです。私共の商売でも、これなら判るまいとか、知れまいとか思ったら飛んでもない間違いで、金持の金だからとっても構わんというような心掛けでは決して長続きはしません。私共もお客様が日本人だろうと外国人だろうと、無理な金はとってはならないことは申すまでもございません。

三世ロックフェラー御夫妻が先頃日本にお見えになった時、令夫人が私共の店にお越しになりました。一体に渋いものがお好きで、日本陶器にも大変御趣味の深い方ですが、特に寂び物を見たいとの御注文ゆえ、瀬戸、志野、織部、唐津など色々御覧に入れているうちに、志野向付を始め二三点御気に入った品物がありました。「これをぜひ主人に見せたいと思いますから、一緒にホテルまで届けて下さいませんか」と申されましたので、社員がお伴してお届けしましたところ、丁度御主人は御来客中で、「また来て頂くのもお気の毒ですが」と夫人が申されるので、「いいえ、よろしゅうございますから、お預けして参ります。何卒御主人様に後ほど御覧に入れて下さい」と社員が申しましたら、令夫人は、「又御足労お願いするのもお気の毒ですが、大切な品物に万一の粗相があってもいけませんから。この品物には保険がつけてありましょうか」と心配されるので、「保険はかけてございませんが、そんなことは一向御懸念なくお預りおき下さい」と申上げましたら、大変お喜びになって、「それはほんとに有難う。ではよく気をつけて取扱いますから」と申されましたが、その行届いた御心遣いや鄭重な物腰、言葉、物の見方、扱い方に至るまで茶道のエチケットをよく心得ておられるのに私共全く心から敬服致しました。

御買上げの品は荷造りをして船でお送り致しましたところ、すべて無事に着いたという御礼状を航空便で頂きました。荷造りの懇切丁寧と熟練を賞されて特に感謝され、入手された品々が評判がよいので非常に喜んでおられる由も記され、そのお言葉もまことに鄭重を極めたものなので恐れ入りました。

蒐集家の愛情

東洋古陶磁の蒐集家として世界にも有名な故工学博士横河《よこがわ》民輔《たみすけ》先生は、大正の初め頃から終戦の直前即ち昭和二十年六月に八十二歳で逝去されるまで、ほとんど毎日のように品物を買っておられました。この三十年以上の長年月の間に買求められた品物の数は実に夥しいものです。横河博士の高輪のお邸へは、御主人が事務所へ出かけられる前の朝の一刻をねらって、四、五人の道具屋が絶えずつめかけていたものでした。私もその一人でしたし、時折は関西の商人も来ておりました。博士は御自分の居間へ道具屋を一人一人通しては、各自の持込む骨董品を、好きな品でも嫌いな品でも、一点ずつ丁寧に目を通されました。これが博士の朝の日課で、又何よりのお楽しみなのでした。金に困る道具屋にはお察しがよくその場で代金を払って下さいました。度々品物を持ってお伺い致しましてもお気に入ったもののない時など、品物を風呂敷に包み提げて帰ろうとするのを呼びとめて、お求め下さることもありました。これはまた屡々足を運んだ商人を気の毒に思われて、あまりお向きでないような品物でも時々はお義理に買って下さるのでした。

このようにして永年の間に名品も集まりましたが、義理買の中にはガラクタも相当にたまりました。これは蒐集されるお方が如何に精選されても多少は避けられないところで、このように大蒐集のかげには必ず犠牲のあるものです。時には死馬の骨に千金を投じたればこそ、名品も自ら集るものと申せましょう。博士は稀に見る温情厚き紳士でしたので、蜜のある花には虫が集ると同様に、骨董屋の方でも買って頂けると思うので種々な品物を持込んだわけです。骨董屋にとりましては最も有難いお客さんでしたが、中にはその温情に狎《な》れていた者もあったように思われます。

私が北京で清朝の旧皇族から出た康熙五彩花鳥文形大植木鉢一対を買って来ましたところ、形が一般に向かないので永いこと売れなくて困っておりました。博士にも御覧に入れましたが、用途のないわりに値が高いのでお買いになりませんでした。ところがある時突然御来店になり、いつか見せて貰った植木鉢があるなら買うから届けてくれ、と申されました。博士の語られるには、二男がサンフランシスコで発病し死ぬと思っていたところが、幸いに助かったのでその記念に買うのだ、とのことでした。その時は北京へ仕入れに行く資金に困っておりました際とて、こんな嬉しいと思ったことはなく、今でも忘れられません。この植木鉢は先年国立博物館の横河コレクション展観に出ておりましたが、博士はこの鉢を加えて博物館に寄贈されることを心に決しておられたのでした。

博士の御友人の方々は、多く茶器を蒐集されておられますのに、独り博士のみは茶に縁遠い出土品や鑑賞物を蒐集されておりましたので、その当時は同好の趣味家もなく、真に孤独でした。しかし博士は独り静かに御自分の蒐集品を楽しんでおられました。今日鑑賞美術の盛んなことを思いますと感慨無量なものがありますが、これも時代の先覚者に常に見られる孤独の運命でありましたろう。

博士がその蒐集品を寄贈された時、博物館から私はその寄贈品千余点の評価を委嘱されました。当時と今日とは貨幣価値の相違もありますが、その時の評価額の総計よりも今日では一点でもその総額を上廻るものが数点あります。当時こそ一般にそれほどの価値を認められなかった品物の中に、今日では世界的な名品となったものが、幾つかあるわけなのです。鑑賞陶磁に対する認識が終戦後急激に変化したというのも驚くべきことです。

私はある時、関西で横河博士同様古美術蒐集家で有名なSさんをお訪ねいたしました。その時たまたま横河博士の蒐集のお話が出ました。Ｓさんは、横河さんは名品も買われるが随分ガラクタも買われるそうではないか、何のためにそんなガラクタを買われるのかね、と私におききになりました。私は、ガラクタでも多少見所があるとか参考資料になるものはお求めになりますのと、もう一つは骨董屋が度々来ても買うものがないと気の毒だからとお義理でお買い下さることもありますから、自然そんな品物も集ることになりましょう、とお答えいたしました。ところがＳさんは、貴重な自分の金を出して買うのに骨董屋の持込む品物をなにも無理に義理買などする必要はあるまい、なぜそんなことを横河さんがされるのかね、気が知れないね、僕は絶対そんなバカなことはしないよ、と言われました。その時私はつくづく思いました。世間一般の蒐集家はＳさんと同じ考えであろうと。しかし博士は前にも申しましたように思いやりの深いお方でしたので、自然そのお気持が買物をされる時に現われるのだと。一度買った品物は贋物でも決して戻されず、また下物（高い品物を買うと先に買われた品物を代金の一部として出すこと）にも出されませんでした。又、値切って買われたことは一度もありませんでした。御自分で高いと思われたものはお好きなものでも、やめておこうと言われました。こんなお方は真に少なくて、今日でも骨董屋が寄ると、いつでも今は亡き博士のお人柄を敬慕して話題になります。

未亡人のお話によりますと、博士が蒐集品を博物館に寄贈されるに際し、令夫人や御令息御夫妻に御意見をお求めになりましたところ、どなたも心から御賛成になりましたので大層お喜びになり、奥田誠一先生と小山富士夫さんに撰択をお任せになり、その撰ばれた品々を全部寄贈されたとのことです。第一回の御寄贈後も適当な品物が出ますと買求められては数回追加寄贈をされ、一層の充実完成を期されました。丁度可愛い我が娘を良き家へ嫁がせたのに又後から、良い着物や帯が見付ったので、娘が喜ぶだろうと、届けてやる親心に似ているように思われます。かかることはなかなか金があるからとのみでは普通の人にはできないことです。

又、博士から次のようなことをお伺い致しました。自分がその蒐集品を博物館に寄贈したことによって、今後我が国の古美術蒐集家中一人でも多く、私と志を同じうされる方が出て頂ければ幸いであると。又、自分の集めた品の中には系統的にとか学術参考のためにのみ求めたものもあり、日本人の好みに合わないものもあるから、将来家族の者が財界の変動などによって手離すようなことがあった時には、そういう日本人に向かない品が第一に海外へ逸出する虞れがあると思うので、博物館のような所に全部を寄贈したのだと。永年博士が古陶磁を蒐集されたことによって、最も恩恵を受けたのは骨董屋と博物館です。骨董屋の中には横河博士一人のお蔭で生活できた者も一、二おりましたほどです。

終戦後、高輪のお邸の焼跡にお家を建てられてお住いの未亡人を私はおたずね申上げました。その時に未亡人は、主人が好きで集めた品々を生前に博物館に寄贈してありましたために、ここが空襲の際直撃弾で建物が全焼してしまいましたが、蒐集品は博物館で助かりました。それを思えばこんな嬉しいことはありません。さぞ主人もあの世で喜んでおりましょう、と御自分もお喜びの面もちで語られました。

横河博士が逝かれて早や十数年、その蒐集品は先年横河コレクションの名の下に特別展観されて、今さらのようにその功績の偉大なることは見る者を敬服させずにはおきませんでした。国立博物館の存在する限り、この寄贈者横河博士の名は永久に不朽でありましょう。

蒐集と熱情

京都の故守屋孝蔵さんは有名な弁護士であると同時に中国古代金石や古書画、又、日本の上代の金石、仏画、墨蹟、古筆等の蒐集家でした。特に中国古鏡の蒐集は世界的に有名なものです。わが国で国宝や重要美術を一番数多く所蔵されているのは、旧華族の前田家ですが、第二番は守屋さんです。前田家の物は先祖代々伝った物ばかりですが、守屋さんの物は自分で求めた国宝であり、重要美術品です。しかもその大部分の国宝、重要美術品は守屋さんが買求められてから指定された物です。守屋さんが如何に優れた審美眼を持っておられた方であったかは、これを見てもよく分ります。守屋さんの物に対する研究熱心な態度には、私は常に感心致しました。学者の説を参考に聞いたり、本などもよく読んでおられましたが、決してそればかりを頼らず、古美術全般に亘って実物に対して深い関心を持ち、あらゆる角度から研究しておられました。目利きを誇る如何なる業者でも、いつも守屋さんにはかないませんでした。ある意味では専門学者よりも遙かに造詣が深く、鑑識も優れておられるので却って守屋さんから教えられる業者も幾人かありました。

私は永年守屋さんの御贔屓を受けておりましたが、ある時こんな話をされました。「関西にいると関東と違って中国から入って来る品物を買求めるのに、地の利を得ているから、金さえ出せば入手できるが、さて、自分のような市井の一弁護士風情では、有隣館の藤井善助さんや、白鶴美術館の嘉納治兵衛さんの如き事業家や金持と違って楽な蒐集ができないから、勢い蒐集にも人一倍の努力と苦心がいる」と言っておられました。

中国から古代の金石や陶磁類が日本に紹介されました初期の頃は、多くは古墳から発掘された物ですから、美術愛好家一般から毛嫌いをされ、余り買手のない時代で、それがため、当時は未だ十分な研究もできていない、いわば黎明期で指導者もおらなかったのですが、その頃逸早くこれに眼を付けられた守屋さんは、当時私共先輩達が北京、上海へ仕入れに出張している間に現地へ手紙を寄越され、「名品や珍品を買っておらないか、又、他の業者が買っているという評判を聞かないか」と、よく尋ねて来られました。そして、誰彼を問わず、「神戸に着いたらぜひ知らせてくれ」と書き添えてありますので、中国にいる業者が守屋さんの熱心なお手紙を頂くと、自然買った品物の報告をするようになります。すると業者が神戸に着くのを待って守屋さんは、業務の忙しい中を宿屋へ見に来られました。そんな事で他へ入るべき品で守屋さんに入った物も相当にあります。他の金持ならば業者が我が家に持込んで来るのを待って見るのですが、守屋さんは御自分から進んで宿屋に出掛けて来られますから、他へお見せしようと思う品でも、その熱心にほだされてついお眼にかけることになります。恐らく守屋さんの気持は自分の好きな物なら中国へでも見に行くくらいの気構えでしたから、門司や神戸まで出向くことなどは何とも思っておられませんでした。

優秀な蒐集は無論金がなくてはできませぬが、鋭い鑑識と洗練された審美眼に加えて品物に対する熱情がなくてはできません。並々ならぬ苦心もいれば努力もいります。家にいて買求めるにしても、出向いて買い求めるにしても、第一品物を誰よりも先に見ることが必要であります。これは業者の場合でも同様ですが、又、お客様の方でも業者が誰よりも先に見せてくれるようにすること、つまりこの品はあの方に納めねばならない、と思わせることが肝腎であります。

蒐集は例えば恋愛の如きもので、自分の好きなものに対して必死に惚れ込むこと、そして深き愛情を持って愛するならば、どんな名品でもその熱情にほだされて近寄って来るものであります。金さえ出せばよいというものではなく、とにかく物に対し心から思い詰めることが必要であります。

しかしながら、熱情も最後には理性で抑えて頂きませんと困ります。K大学の故K教授のように、某寺院の蔵品を調べたいといって、大学教授という肩書で油断させ、もっともこの方は専門違いの教授でしたが、同寺所蔵の古経巻をカバンにいれて持ち出したりするようになっては大変です。純粋な熱情は結構ですが、執着となると、おだやかではありません。物がほしいばっかりに、犯罪をおかすなどはもっての外ですが、昔は風流泥棒というのがいくらもあったそうです。普通の取引ではどうにもならないと、非常手段に訴えたのでしょうが、このために永年の友情にヒビが入ったりしたのでは、和敬静寂もなにもあったものではありません。また、それをうまく仲裁する洒落れた人があったりしたノンビリした時代も昔はあったようですが、原子力時代の今日では、求むべくもありますまい。いずれにしても、ことが骨董というものに関する限り、不愉快な思いを後に残すようなことはしたくないものです。況んや、皿一枚をこわしたばっかりに命をとられる話など、聞くだけでもマッピラです。

掬粋巧芸館と蟹仙洞

個人のコレクションを基礎とした美術館が最近は各地にふえましたことは、まことに喜ばしいことです。関西には、古くから御影の白鶴美術館、京都の藤井有隣館、神戸の故池長孟氏蒐集の南蕃美術の現神戸市立美術館があり、このほど大阪の藤田美術館と、池田の故小林一三氏の逸翁美術館が開かれました。関東では、東京の大倉集古館が最も古く、根津美術館がこれに次ぎ、戦後はメシア教の箱根美術館と熱海美術館が開設されました。東京以北には、このように大きな美術館はありませんが、山形県に四つの美術館がありますことは特筆に値すると思います。米沢市から越後の坂町に通じる米坂線の途中の小松町に掬粋《きくすい》巧芸館、温泉で有名な上の山市に蟹仙洞《かいせんどう》、庄内の酒田市に本間家の本間美術館、鶴岡市に旧藩主酒井家の到堂《ちどう》博物館があります。

掬粋巧芸館は、井上庄七さんというその地の旧家で醸造家の方のお建てになったものであります。住吉という酒を造られ、戦前より東京の各所に樽平の名で親しまれた酒場を開いておられましたので、古くより東京に別宅をお持ちでした。毎月御上京になるので、その都度私共の店にお寄り下さいましたが、始めてお見えになったのは、神田連雀町に壺中居のささやかな店を開きました時からで、同県御出身の彫刻家新海竹太郎先生と御一緒でした。その時、唐三彩の竜頭壺《りゅうとうこ》と宋瓷刻花文壺を買って頂きまして、失礼ながらこれは地方にはお珍らしい方だと存じました。それ以来、永年の間に名品を相当にお願い致しました。その蒐集品を、庭内の大きな土蔵に陳列して、財団法人の美術館を設立されたのです。奥田誠一先生が「掬粋蔵」と名付けられ、先生の筆になる額を館内に掲げ、なお小山富士夫氏の「名陶無雑」と書かれた額も掲げてあります。

三代の銅器から漢・六朝・唐・宋・元・明・清の陶磁器、朝鮮の新羅・高麗、李朝の陶磁器、日本の推古仏や九州系の焼物、京焼、古瀬戸、古九谷等の陶磁器、南方・中央アジアの陶磁器、各窯から発掘の破片、参考品まで添えて、所狭きまでに、国別、時代順に、千点前後の品が和英両文で、初歩の方にもわかるように説明書がついております。どれを見ても、御主人が多年苦心して蒐集された物ばかりで、金の力だけが蒐集したものではなく、永い年月楽しみながら好きと暇とをかけて蒐集されたものだけに、一点一点に御主人の愛情が籠っているのが感じられ、まことに気持よく拝見できます。

数年前に家業は御子息に任せ、御自分は美術館の傍に寝起きされて、明け暮れ蒐集品を眺めたり、内外の美術書類を集めて研究されたりして、楽しく老後を養っておられます。その御生活は清福と申しましょうか、まことにお羨しい限りです。

先年来朝されたＧＨＱの美術顧問のプラマー博士が山形に来られた時には、三日間も滞在して御覧になり、大層悦ばれました。博士のお話に、この美術品全部を米国に持って行ったら、親子孫の三代は立派に食べて行ける、と言われたそうです。

この井上庄七さんの御令弟で、上ノ山市に製糸業を営んでおられた故長谷川兼三さんも、兄さんと同じく、美術愛好家でありました。特に刀剣及びその付属の小道具類を多年蒐集され、重文や重美の名品を多くお持ちでした。

終戦後の変動で、旧家や名家の蔵品が流れ出た一方に、インフレの波に乗って、成金も輩出し、金より物へと骨董を買う方も多くなりました。しかし、大部分の御連中は金ピカの蒔絵物に飛びつき、そのために蒔絵物が法外の高値になりました。時代の古い蒔絵が高いのは納得も行きますが、近年輸出向に造られた漆の匂がまだ抜けきれないようなものまでが、数万、数十万でどんどん売れました。その反面、中国の元、明、清あたりの漆芸品、即ち青貝、存星《ぞんせい》、堆朱《ついしゅ》、堆黒、堆黄、箔絵、蒟醤《キンマ》などの器物は、成金連中の趣味に合わぬためほとんど顧みられず、戦前とあまり変わらぬ値で業者が売買しておりました。これらは古くは足利時代から徳川時代にかけて、我が国に将来され、今日まで伝世したものが多いのです。しかも技術的にも芸術的にも優れたものが、安い値で海外に流出して行くのを見て、心秘かに歎いておりました。さりながら、私一人ではどうにもならず、やきもきしておりました。

その頃、久志卓真氏がよく店にお見えになりましたので、私の買った中国漆芸品をお目にかけて実情をお話しましたところ、同氏もこれらの品には興味を持って研究しておられており、その価値を御存知なので、共に慨歎致しました。

丁度その頃、長谷川さんは御商売の方の景気がよく、刀剣以外に何か蒐めてみたいとお思いのようでしたが、古陶磁は兄さんの井上さんと競争するようで悪いといって、差控えておられたのを思い出しました。そこで私は久志氏と相談して、長谷川さんの御趣味に合ったら、この際これらのものの海外流出をくいとめて頂く意味でも、蒐集して頂けたらということになり、同氏からもおすすめして頂くことに致しました。ところが長谷川さんも快く御承諾下さいましたので、旧家名家から出て来る名器を久志氏や私に撰択を任せておめになりました。そして僅か数年間に料紙《りょうし》文庫、印篭笥《いんだんす》、器局《ききょく》、卓、机、盆、盒子、文房具などのいずれも優秀なものが、相当多数に集りました。これは普通の時では到底不可能でしたが、時期がよかったからできたのです。

長谷川さんは、御蒐集品を個人の愛玩に止めるを快しとせず、公開を思い立たれ、御自宅の庭内の一部に陳列館を新築されました。階上に刀剣五十口、鐔《つば》約四百点、その他の小道具約二百点を、階下には漆芸品（堆朱七十点、堆黒八点、存星三点、青貝、螺鈿、蒔絵等約二十点）を陳列し、財団法人の美術館として公開されました。久志氏によって蟹仙洞《かいせんどう》と名付られ、秋艸道人故会津八一先生筆の額を掲げてあります。他に類のないコレクションであり、場所も観光地の上ノ山温泉であり、来観者も多く、そして一様に堆朱類の特殊な美しさに驚歎の声を発せられるということであります。

この二つの美術館は共に特殊な性格を持つもので、しかも御兄弟によって設立されたということは、日本否世界でも珍らしい例ではないかと思われます。これは古美術蒐集家をめぐる美談として、又、一地方の誇りであるばかりでなく、文化国家日本としても誇るに足るものではないかと存ずる次第です。

昨秋（昭和三十一年）、英国の東洋古陶磁の蒐集と研究にかけては今日第一の令名なるパーシヴァル・デヴィッド卿が日本に来られました。老齢、加うるに足が御不自由なるにも拘らず、はるばる御自身の研究のために日本までおいでになったその熱情には、全く敬服致しました。そのデヴィッド卿が、ぜひとも行きたいという御希望をもらされたのが、蟹仙洞でした。その目的は、もちろん堆朱の鑑賞と研究を期待されていたのでした。しかしながら、この方面への旅行は御身体の不自由な老齢の方には、列車その他の事情で御無理であるため、残念ながら断念をお願いするよりほかなくなりました。とはいうものの、デヴィッド卿の熱意に動かされ、滞日中は親身も及ばぬ行きとどいたお世話をした龍泉堂の繭山順吉君が店員をつれて、蟹仙洞に赴き、御覧になりたいという品物を十四点手に持って東京まで持参し、デヴィッド卿の御熱望におこたえ致しました。また、掬粋巧芸館の所蔵で、日本陶磁協会が高島屋で催しました染付展にも出品され、近来特に有名になりました、元末の染付草虫文八角瓢瓶（重要文化財）も、たまたま東京の国立博物館に来ておりましたので、それもお目にかけることができました。デヴィッド卿も深く喜ばれて感謝されたということを伺いました。

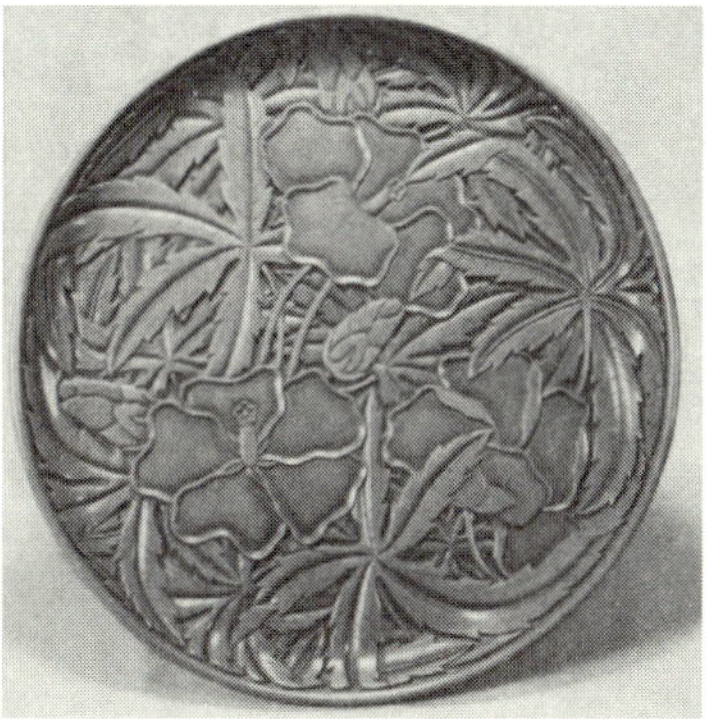

明初　黄蜀葵文堆朱盆

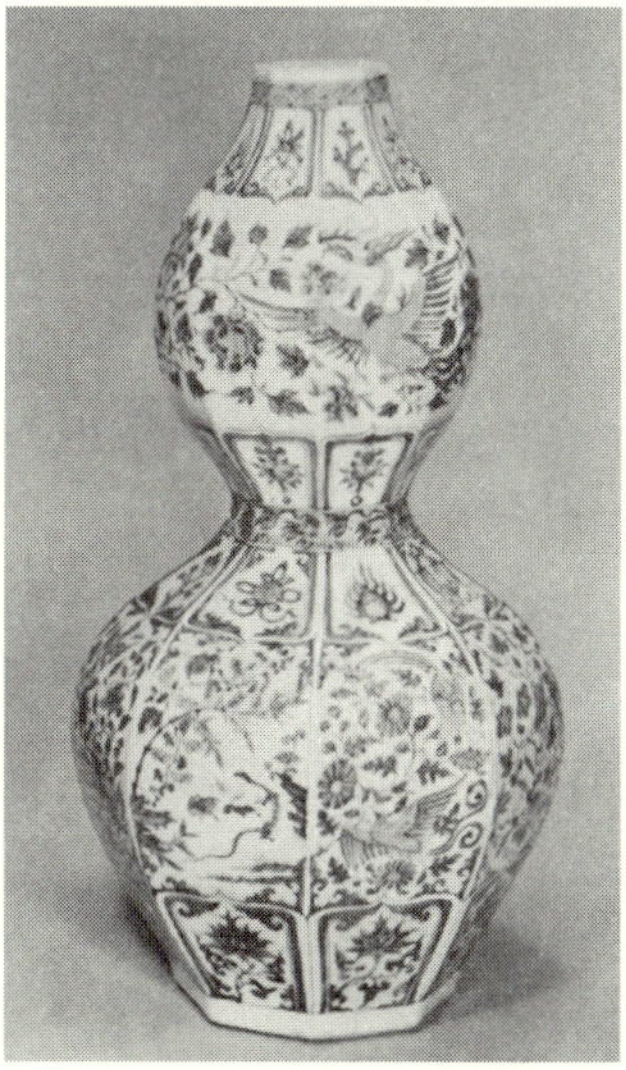

元末　染付草虫文角瓢瓶

真贋鑑定話

焼物の話ですが、一概に贋物といっても、たとえば宋時代の器物を明時代に模倣したり、明時代の器物を清時代に模作した物などは、最初から贋物を造るつもりで造られたものでなく、古代の器物の優れた美しさにあこがれ、それに倣《なら》って造った物と思われます。中国ではこれを仿造《ファンソウ》といっております。仿造には贋作のような悪意がなく、古代の物を忠実に仿造しているので、鑑識のない人は間違いますが、器物に品格もあり、気持よく鑑賞できます。仿造として相当な価格で欧米各国や日本でも売買されております。仿造された時代の特徴がそれぞれの器物によく現われております。

贋物は真物の器物の値上りによって後世に意識的にその器物と、全く似たものを造り、真物と同様な価格で売って金儲けをするために模造されたものを我々業者の方でそう呼んでいます。中国では贋物のことを仮《チャア》と呼びます。鑑識のない客や慾張り客の目をゴマかすために、真物の高価に売れる器物を参考に似せて造ります。贋物を造る時にはたいていの場合にロクロから釉がけ、絵付、窯入れまで一人の者が造りますが、ごく念入りの贋物になると、中国の焼物を造る時に土を中国から取寄せ、ロクロ、釉がけ、絵付、窯入れ等いずれも個々にその道の達人に分業的に仕上げをさせ、そのうえ時代味も上手な者につけさせます。相当費用をかけて造るゆえに真物と寸分違わぬように出来上ります。これを適当な仕覆や古い箱に入れます。これら贋物を見分けるには、なんといっても平素から真物の優品を数多く見ることです。まず買ってみることが一番勉強になります。

真物で養なった勘で器物の形を見ること、文様を見ることで、贋物は真物の特徴を盗んで模造するから、拙いとか上手とかは別として、形の点で真物に見るようなその時代の熟練工によって造られた逞ましい力強さがなく、品位にも乏しく唯手ぎわよく上手に造られているが、器物から生れ出る時代の迫力がなく、総体に軟弱な感じを受けます。力強そうに見えてもその文様は一本の線を見ても似せようがために引くから、その神経が働いて、いかに上手そうに引いてあっても、それは唯筆が走っているばかりで上滑りしていて、素地に深く喰込んでおらず、あるものにはいじけかじかんで震える線さえあります。文様もどこかちぐはぐで生気がなく、文様は達者に描かれていればいるほど生地と遊離して見えます。真物に見るような、内面からにじみ出て来るのびのびした感じがなく、反対に上から付け加えたように浮いて見えます。

いかに上りがよくても彩釉が生ま生ましく真物に見るような時代的な落ちつき（器物に文様や釉薬が溶込んだ味）がありません。釉薬の混交にも味や美しさがなく濁って薄っぺらな感じがして気品がありません。素地の古いものに後絵付《あとえつけ》した器物は、よく見ると器物が借衣をしているようで素地と文様の間に空気でもあるかのように浮いて、素地と文様が離れればなれに見えます。真物は釉上りの悪い器物でも、それはそれなりに時代の偽わらない自然の姿や味があらわれているから、気持よく見ていられます。贋物に書かれた年記や銘の字は上手で力強く書いた線も絵の線と同じで、贋物のは真物を写したり盗み書きした字だから、書体が貧弱で痩せていじけ落付きがありません。

明初期の古拙な器物の贋物は、相当腕のある陶工に造らせるから（上手な陶工でなくては贋物は造れません）、古拙で素朴な味を巧みに意識的に造りはするが、やはりどこか不自然な器物が出来るわけです。品物を見る時に美を感ずる前に嫌みを感じ、馬脚を現わすことになります。一寸見ては良いと思っても、少し注意して見ていると、どこにも引きつけられるところがないから、自然飽きがきてわかります。釉薬があくどく濁った感じを受けます。無理に似せたものですから、形や文様が悪く死んでおります。真物の名器は、形は小さくても見た目には比較的大きく感じます。偉人は小柄でも偉大に見えるようなものです。贋物は形は大きくとも美しさを感ぜず、唯ふやけてどこか間がぬけてみすぼらしく不快な感じを覚えます。中国の器物を日本で贋造した物は、国民性のためかキチッとして気が利きすぎ、ゆとりがないのが特徴です。中国の贋造はやはり中国人でなければ出来ない大陸的な悠揚たる気分が出ております。

清朝の官窯は世界に比類のない精器ですが、蕎麦、寧窯、天藍、冬青、粉彩、豆彩《とうさい》、五彩等の花瓶、壺、盤子、文房具などの優品を見ますと、それぞれの器物が実に陶磁の肌もきれいに見事にロクロが引かれ、型物も手ぎわよくあざやかに出来ております。これは景徳鎮の陶土や釉薬の優れていたこと、永い伝統により熟練した陶工の技術などによるもので、似せた贋作では遠く及び難いものがあります。高台も直立のものや下部の方へ斜に開いたものでも分が薄くしかも高く造られているのに、腰から上の相当重量ある器体を完全に支え安定しております。これは熟練した名工によって造られたためでありましょう。贋物を見ると、これら清朝の精器を造った熟練した技術がないから、薄作に手ぎわのよいロクロや形が出来ぬ関係から、作品が一体に分厚に重くなります。高台が薄くて高いと焼く時にヘタる恐れがあるのか、高台が分厚で低くできることになります。永年の経験では、高台が分厚で低い鈍作の器物に贋物を多く見受けます。もし贋物でなければ民窯です。例外もありますが、器物の大きな割合に高台が高くて薄作の器物には贋物が少ないようです。贋物は素釉（単色釉）の釉薬はムラが多く、その上形がブコツでギゴチない感じがいたします。民芸品でない限り、官窯精器としての条件を具えた形や釉薬の美しさがなければ真物とは見られません。中国、朝鮮、日本各国の各時代の陶磁器を通観してみますと、さほど大きくもないのに手に持ったとき、心にこれは少し重いなと感じた器物を特に注意して見ますと贋物であった実例を度々経験しております。鑑賞は第一に見た感じ（形と文様）、第二に手取りの感じ（手ざわりと重量感）、第三に裏を見た感じ（銘文の有無、土味の感じ）、これらの感じが完全に一致して美しく感じた時に真物と見るべきでしょう。これは素人の方が鑑識なくして簡単に焼物の真贋を見分けるのに、一番よい方法だと思います。ただしそれに頼りすぎても困りますが大体間違いないように思います。

後絵付

この後絵付とは、中国朝鮮日本等において、焼成された時代に同時に上絵付したものをいうのではなく、古い陶磁器に後世になって彩色、彩画、彩釉を新たに加えたものについていうのです。焼成された時に自然に出来た山キズ、釉裂け、くっつき等、又は人工によって付けられたホツやニュウが醜いために、それを隠す目的で後絵付したものと、欠点のある器物を金儲けを目的に、小さなホツレの上に自然の飛び釉のように見せたり、ニュウの上に文様を描き加えるとか、元の山キズのように見せて原品を無疵のようにするためもあり、白無地の器物にその時代の文様を彩釉で描いたり、釉薬をかけたり、染付物に彩釉で文様を施したりすることを申します。

無地物や染付物より、色絵のある品物の方が非常に値段が高くなるので、儲けるために近年後絵付物が盛んに出来るようになりました。品物が高くなるほど、後絵付も苦心をして巧妙になり、近年は釉薬だけは真物と見分けが付かぬほど上手に出来るようになりました。故老の話では、後絵付は、江戸末期から明治初年頃に既にやっていたと聞いております。中国では古い時代にはないようです。近年赤絵物が流行して値上りしてから出来だしたようです。

上絵付は火度が低いのでどこの窯でも簡単に出来ますので、中国でも日本でも各方面で出来ております。日本では京都、加賀、瀬戸、有田等が主かと思います。私の始めて知ったのは、第一次欧州大戦当時の好景気で伊万里、柿右衛門、鍋島、九谷等が値上りしまして、――これも一つは彩壺会の方々が当時争って色絵物を蒐集されたことにもよりますが――そんな風で色絵物が売れ出した時で、儲ける目的で集める人も出て来て一層盛んになり、値段も上って来ました。ところがいくら当時でも、詰らぬ二三等品は数あっても、良い物はなかなかありませんので、お客の要求があるのに品物が少ないということになってきましたので、上絵付があれば高く売れそうな染付や無地の器物を見付け出して、これに上絵付をします。無地の器物には思う偽の絵付ができるから、最もお客の好みそうな文様を付けて、上照りを具合よく消して時代を付け、その時代の箱を見付けて入れます。染付なら、元箱に字が書いてなければそれでよいのです。しかし染付花生とか香炉と書いてある箱は「染付」の二字だけ上手に消して、その代り「赤絵」とします。こんな品物を鑑識のないお客や、慾張りのお客に納めた人もかなり当時ありました。これらの品物が、今見ると、三十年以上の年月の経過のため相当な時代が付いてるので、真物として通ってる物もあります。

中国の物の後絵付は、古いのは漢、六朝、唐、宋の赤絵から古赤絵、いわゆる明の宣徳、成化、正徳、嘉《か》靖《せい》、隆慶、万暦、天啓各時代の物から、清朝の康熙、雍正、乾隆、嘉慶、道光、同治、光緒の末期までありますa。ただし清朝の後絵で見受けるのは俗に南京赤絵と称するもののみで、あとは上釉を施して高く売るため、康熙染付に黒釉《こくゆう》をかけた康熙黒釉五彩(ブラック・ホーソン)、康熙黄釉五彩(イエロー・ホーソン)、無地物に緑釉をかけた緑郎窯(アップル・グリーン)等で、雍正、乾隆の白無地の小形の花瓶、碗、鉢、皿等に粉彩を上絵付した古月軒――これは真物は清朝精器の中で品が一番少なく、世界的に声価のある高い物で、大形の物はないものですから特にその形にふさわしい物を撰びます――これらは非常に外国で高く売れますから、儲かる率も大きいので、ブラック・ホーソンやイエロー・ホーソンは、真物の染付だけでも相当高く売れる物を撰び、それに上釉をかけます。アップル・グリーンも、白無地の氷裂のある器物に上釉をかけます。古月軒は一層繊細な焼物ですから、特に上等の古い生地のものを探して、それに一流の陶画師か上手な画家に粉彩の絵付をさせて、銘を入れます。これなどは高価な真物の見本を傍に参考において、時間と手間をかけて模して、非常な苦心を払い、相当な金を掛けるものです。これらには真物と見分けの付かぬ物があります。儲かる率からみれば、その品物を一年かかって一点造っても、二年に一点作っても十分引合うのですから、それほど念入りにやるから真物として結構売れます。二十年ほど前に北京に滞在中、後に米国で五万弗に売れたという五寸ほどのこの手の品物を見たことがあります。このように数年がかりで造った品物になると、余程真物を数見て研究せねば、判るものではありません。しかしこんな上手に出来た物は恐らく数がありません。日本に入ってる古月軒の真物は疵物を入れても五点以上はないかと思います。清朝物では、その他に豆彩《とうさい》、臙脂、金彩、銀彩、墨彩、その他多くの素釉一色の無地の後絵付があります。これらは日本向きより西洋向きに造られた品です。

明時代の陶磁器の後絵付となると、西洋向き、日本向きそれぞれに造られています。日本向きとしては、日本人が中国人を指導して、茶器に使われる品物が高く売れる関係から、それに向く器物に後絵を付けます。花生、香炉、水指、酒次《さけつぎ》、鉢、香合、徳利、盃、向付等です。又鑑賞用としては、花瓶、壺、皿、鉢、面盆、箱等に、文房具の筆筒、筆皿、水滴、筆洗等あらゆる器物に後絵付します。

古い染付と無地物とに後絵付するのは、鑑識の幾分ある者のすることですが、鑑識のない者の付けた物には、清朝の生地に明彩を施し、甚しいのは、清末の嘉慶、道光、光緒の品物に後絵付をしております。その上に現代雑器を利用します。雑器の方が下手物ですから却って古く見える嫌いもありますので、これらの品物に明代の文様を付けるのですから、現代の焼物が清朝から明代に格上りになって来ます。まことに複雑怪奇です。

中国の焼物に中国人が絵付するのですから、中国の器物に日本で後絵付したのと違い、年代のズレがあってもよく出来ている品物には驚きます。鑑識のない者が間違って買うのも無理はありません。一流の商人のクサんだ例が沢山あります。それが真物として高く納まっております。それが又売りに出ても、余程の鑑識のある者か、それを造った者でなければ判らないでしょう。

漢、六朝時代の素焼、赤黒瓦器、無地物の壺、盤子その他の器物にその時代の幾何学的文様や人物動物文様の彩色を施してから一応その品物を発掘現場に埋めて、数年後に掘り出して、ウブな彩色と見せるのがあります。これは窯に入れて焼付けるのでないから、後加彩《ハオコアサイ》といっております。焼付けてないから、彩色が所々剥落しているので、一層古く見えます。唐代の物は、大形の人物、動物には余り見受けませんが、真物の白無地の壺、花生、香炉、香合、盤、鉢、碗等に藍、緑、黄等の釉薬を一色にかけたものと、二彩又は三彩の釉をかけて窯に入れたものがあります。これは生地が真物ですからよく間違われます。

宋赤絵の真物には、大きな形は見ませんが、鉢、碗、盤、壺等の適当な形の白無地の真物に後絵して、これも念の入った物には、真物が発掘される土中に埋めて、上から薬品をかけ科学的に釉肌や釉薬の上に銀化現象を起こし、土を付着させてシミを作ったりしてから、数年後に発掘したという苦心した物もあります。真物と同時に運ばれて来たことや銀化したり、土のシミ込んだ味とか香などを信用して買うと、飛んだことになります。こんな念入りな物も又出来のよいのは、真物として売れている物があります。

中国人は後絵のことを老人着新意匠《ローレンチョアンシンエイシャン》（老人〔生地の古い意〕が新しい意匠の衣服を着たというわけで

す）といいます。中国の物に日本で後絵付したものには、京都、加賀、瀬戸、有田、その他に個人窯で後絵付した物があります。技巧は中国以上に細密で、釉薬等は真物と較べてみて判断の付かぬ所まで近年は進歩しております。しかし筆の運びは、いかにごまかしても、日本人の書いたものは絶対に日本人で、いかに上手な人でも、下手な中国人の描いたものにも及びません。民族性の違いですから、如何ともごまかしようがありません。日本で後絵付したものを加賀の陶工に見せましたら、これは京都か有田の絵付でしょうといいました。又京都の陶工に見せたら、加賀か有田でしょうといいました。中国で出来た後絵を見せたら、これをもし後絵だとすれば、中国で付けたものですとはっきり申しました。それほど、見る人が見れば、筆の運びが、中国と日本の後絵付でははっきりしております。加賀のある後絵付の陶工の話に、われわれが後絵付するのを悪いこととは思いません、国富増進をしてると思うといいました。なるほど考えようでは、染付や無地物が後絵付のため高く売れれば、そんな解釈にもなるかも知れません。

その他に、李朝白無地の鉢、皿、台鉢、碗等に京都や加賀で後絵付したものがあります。李朝の生地は古九谷の生地によく似た所があるから、現代の上手に造られた九谷写しよりは間違い易い。これも彩壺会華かなりし頃に後絵付された品は、時代も付き真物と紛れる物があります。

日本の後絵付には、陶器物の後絵付に、仁清《にんせい》物は色絵であると高いため、茶器など、白無地や鉄釉の物に後絵付したものがあります。それに茶碗などにニュウを隠すために、ニュウが上部にある時にはその部分に瓔珞《ようらく》文様を描いて疵を隠すとか、丸紋のある物で葵とか他の文様で、売れない文様を擦り落して菊花や桜花梅花文様などに入れ換え後絵付したものや、ニュウや肌の釉上りのわるいのを全部鉄釉や黒釉をかけて後絵窯に入れるのもあり、水指、香合、茶入、壺等にこの手の物があるようです。これもよく見れば、釉肌や上絵が窯入りのため変化があり、彩釉物は何となく無駄な加工や加筆を見受けますから、よく注意して御覧になれば判ります。

なおその他では磁器物の九谷、鍋島、柿右衛門、伊万里等でしょう。これは日本物に日本人がするのですから、これまた上手に出来た物は鑑別が甚だむずかしいものです。それが少しでも古い時代（五十年百年も前）に付けた物ほど判断に苦しみます。九谷、鍋島、柿右衛門、伊万里は、染付と色絵とでは非常な価格の違いがあるので、骨を折って造ってある絵付はなかなかむずかしいから、これらを鑑別するには、真物を付《つけ》石《いし》に比較研究することが一番早判りでしょう。それは仁清物についても同様です。それ以外は名器を数扱っている目利きに尋ねるより外ありません。

朝鮮物には色のものがありませんが、高麗の辰砂《しんしゃ》の入ってる物はまことに少ないので、非常に値も高く売れます。高麗物には辰砂をあとで入れた物があるが、これには上手に色をさして辰砂のように見せるものと、銅の粉末を高麗青磁に小さな穴をあけてその中に入れ、窯に入れて辰砂を出したものとあります。一度私が、色をさして辰砂と見せかけた物を見たので、硝酸をかけてみた所、その色が消えてしまいました。銅の粉末で辰砂を出したものは、よく見ると、釉薬が中から出たものでなく、くっ付けた釉薬で、器物の中に溶込まず無理があるから判ります。なんとなく釉の上が変化しています。しかしこの手の辰砂入りの高麗物が、真物として高い値段で取扱われて、蒐集家に納まっている物もあります。

私は科学的にも学問的にも何の知識もありませんので、陶工や目利きの人から聞いたり、永年数多くの物を見て来ましたカンで、これらを見分けております。

二度窯

二度窯は江戸時代からあるもので、器物の破損により、譬えば砧《きぬた》青磁《せいじ》鳳凰《ほうおう》耳《みみ》花生《はないけ》の耳の取れてないものや、古《こ》染付《そめつけ》高砂《たかさご》手《て》花生《はないけ》の魚耳の欠けて足らぬ個所等を新しく補修して元の形にするため、同じ形のものを造って窯入れをしたり、釉薬のない鉢や碗の上部へ渋薬をかけたり、花生、香炉、水次《みずつぎ》等の耳、足、把手、水口、蓋のつまみ等のはずれた物や、大小のニュウやホツレや擦れ疵の欠点をかくすために窯入れをしたものです。青磁のような素釉物や染付物は主に本窯に入れますが、色絵物は本窯に入れると色絵が流れて失せるから上絵窯に入れます。絵付をカマに入れるというところから、五右衛門と称しております。二度窯ものや後補修した物は古い所と新しい所の釉薬上りの違いですぐわかります。素釉物の耳や手足のはずれた物は、その付け根の所をよく見ると、釉薬の下にクッツケた細い疵跡の筋を見受けます。色絵物は疵の付け根をかくすためにその上へ鉄釉、紅・緑・黄釉又は金銀彩で線を入れたり、線や絵が加えてあります。クッツケた痕跡が見えなくても何となく不自然な絵が加えてあったり、無駄な線が入っているとわかるものです。彩釉のところの疵でも窯に入れると元からのウブな彩釉と後から加えた彩釉の発色の調子が違います。

又地肌にも多少変化があります。宋均窯《そうきんよう》の鉢、碗、盤子、花瓶、壺、香炉等は、無地物よりも窯変のある物の方が、非常に高く売れるため、俗に月白青と称する窯変が出ておらなくとも、相当高く売れる器物を利用したり、磁肌に欠点のある器物の肌が黒いもの、疵のある物などを利用して、銅分を加えて二度窯に入れ、窯変釉を発色させたものがあります。この種の品が欧米や日本に沢山真物として紹介されております。この窯変の発色は、何となく磁肌になじまず、釉上りが生々しく、あだ光りがして落着きがなく、不自然な感じを与えます。これも念の入ったのは、薬を用いて、化学的な艶消しを施し、土中発掘の如く見せた物があります。これは注意しないと間違います。時折高く売買されているのを見受けます。

　青磁の擦れをとるためと、青磁の釉薬が厚くかかってると黝《くろ》く見えるので、これを窯に入れて釉薬を青くするとか、また青磁の上に鉄釉の斑点を付けて飛青磁にしたりするために入れたのもあります。

　二度窯物を鑑る場合は、品物をよく見ると、上釉がどこか煮えて、肌に変化があり、染付は、呉須が多少ともにじみます。深い擦れは多少の痕跡が遺り、ホツの所は幾分か低くなっております。ニュウなれば、釉薬の下に微かに見えます。薄い器物なら、透して見ると判ります。鉄釉、辰砂物なら、その釉薬がウブな品物と全然違う二度窯の変化があります。第一、古代の物を現在の窯に入れるのですから、永年の間に自然についた味が、細い擦れと共に千度以上の窯入りで上釉が煮えるために消えて、形は古いが、今出来の新物《あらもの》と同じ肌になります。いかに時代を付けても判ります。

　青磁の窯入り物は、釉が高台まで垂れ下っております。そして上部の釉薬が幾分薄くなっております。虫喰のある染付や祥瑞《しょんずい》は、その虫喰をよく見ると、虫喰の縁の上釉が下に垂れております。剝げた生地の所は光沢が出ておりますから、よく見ると発見できます。ある時お客さんから自慢の秘蔵の珍品だといって、飛《とび》青磁《せいじ》瓢形の徳利を見せられました。その品をよく見ると、それは徳利ではなくて、もとは天龍寺青磁の瓢形手付水注です。把手の二ヶ所の疵痕を平たく擦り取り、水の出口の付け根をも平たく擦り取り、水の出穴は陶片でうめて、手跡と水口の三ヶ所の疵痕の上に鉄釉を塗り他の無地の所へ適当に鉄釉を配置して二度窯に入れ、無地青磁水注が形を変えて飛青磁徳利として生れ出たわけです。珍品中の珍品で、思わず驚きましたが、高く買っておられるらしいので、御挨拶に困ったことがあります。

今一つ古赤絵の八寸ほどの花生で、俗にラッパロと称する形で、下の方が丸くて両方に獅子耳のついた形で、上部が破損したため、下の丸いふくらみの上の所で切断して、その断面を適当に擦り取り、香炉の形とし、その擦った上に緑釉をかけて上絵窯で焼付け、花生変じて金ボヤ付きの香炉と生れ変わった珍しい物を見うけたことがあります。

これなど書画の手入れと同じで引去って加えた、マイナスプラスで生れ変わった例です。その他に後絵付や二度窯で数々の珍品を見ております。

日本物の陶器の二度窯も、右と同様の場合と、出来の悪い物や景色の少ない物は安いから、釉薬の変化を加えるわけで、信楽《しがらき》、伊賀の花生や水指に火替り、焦げやビードロの釉薬を作り、花生や水指の耳のないのを、古い物から取って付けたり、新しく作って付けたりしたものがあります。耳のない花生や水指に耳が出来るわけです。黄瀬戸の物には、丹礬《たんばん》や焦け等を作り、唐津の無地の物に白釉《はくゆう》、飴釉《あめゆう》、丹礬釉《たんばんゆう》、斑釉《ふゆう》をかけ、唐津の堅素地の無地物に鉄釉の文様を付けるというようなことから二度窯に入れるわけですが、磁器と違い陶器は肌が軟質ですから加工もやり易いのと、時代味を付けよいから、磁器の二度窯物よりは発見はむずかしく、従って贋物も沢山あります。

しかし何れにしてもある程度研究すれば判るものと思います。磁器の完全に疵の痕跡を留めず、窯入りと見分けのつかぬように成功した時と、陶器の加工釉薬が生地の肌とマッチして発色がウブ品と同様に成功した品物は、鑑識ある者の目にも発見できぬ物も少しはありましょう。もとより金儲けのためそれをねらって窯入れをしたのですから、犯罪の迷宮入りがあるのと同じことで、これは窯入れを注文した人と頼まれた人より知らぬわけです。

ツヤ出し、スレ消し

後絵や二度窯のように科学の力によって窯入れ加工するものでなく、人間の手によって手入れするものがあります。宋青磁（砧）明青磁（天龍寺）の土中物で、焼成当時の光沢が土中でなくなってツヤ消しのようになっている器物で、花生、香炉、碗、鉢、盤等が光沢のないために、色がよくても売れないから、これに光沢を出すのに、中国の職人のいうには、青瓢箪の皮で気永に磨いて光沢を出したり、翡翠や白玉を磨く鉱石の粉末で磨いて光沢を出したり、いろいろの方法でやっております。土中発掘でなくとも、伝世物で香炉の上部の縁の火屋《ほや》の擦れ疵や、碗、鉢、盤の見込に、俗に箸ずれといって、食物の出し入れに匙や箸があたり、永年の間に上釉に付いた擦れ疵を磨いて消したものや、ホツのごく小さなのを磨いたものなどがあります。これなどは、小さな疵は見えませんが、幾分釉薬に深く付いた疵は、拡大鏡で見ると、微かに痕跡が残っているので判ります。ホツの磨いたのは、その所が幾分低くなっているから、これも判ります。擦れ疵を磨いたのは、釉薬の厚くかかったものには全然判らぬものもありますが、磨かないウブな所と磨いた所を比較してみますと、人工の光沢と自然の時代のある地肌の光沢には違う処があるから、よく見れば判るはずです。

後鍍金と後鍍銀

三代、秦、漢、六朝、隋、唐時代の金銀象嵌《ぞうがん》、鍍金《ときん》、鍍銀《とぎん》等の欠失した部分や破損品に加工したり、鍍金や鍍銀を施したり、真物の破損した器物の金や銀の象嵌を取り、それを素文の器物に新たに象嵌した、平脱鏡などをよく見受けます。鍍金鍍銀の剝落により見にくくなった仏像や鏡等の補修に近年鍍金や鍍銀を加えた器物もあります。焼物における後金や後絵付の場合と同じで、これも金儲けのために鍍金や鍍銀を施すのです。元来鍍金鍍銀の全くない古い器物に鍍金鍍銀をしたものが相当にあります。しかしこれは昔の金銀と現代の金銀は質も違えば製法も違うから、後鍍金、後鍍銀は仔細に見れば、その光沢や色艶は古い時代の感じはなく生々しい感じがいたします。古い器物に鍍金や鍍銀を施したものを注意して見ると、生地に自然についたスレ疵や凹んだ個所へ施してあるものなどがあります。金銀の下にスレ疵や凹みがかすかに見える物を見受けます。赤や黒や緑色の銹が、ウブな器物ですと、永年の間に内部から自然に腐蝕したために吹出しているから、刀で削ってみますと多少とも銹の下に腐蝕の痕跡があります。後鍍金や後鍍銀を施した器物は、時間をかけずに古く見せるために外部から薬品をもって化学的に腐蝕をさせ色々の銹を造りますから、付着している青緑や赤黒等の銹を刀で削ってみれば、内部からの腐蝕の痕跡がないから、真贋を見別けるにはこの方法が一番早いと思います。甚だしいのは、銹を取るとその下から金や銀が出て来て馬脚を現し、頭かくして尻かくさずの贋物も往々見ます。

後鍍金は種々な器物にありますが、鍍金の有無で値段が非常に違いますから、仏像に特に多く、本尊の仏の真物に後から光背や台座を補った仏像も沢山あります。また真物で鍍金の始めからない仏像を鋳型に取り、全く真物と寸分違わない物を造って鍍金を施し、人工的化学腐蝕をした個所や破損個所も作り、それを御丁寧に土中に五年も十年も埋めて、上から錆の出るように薬品をかけたり、自然に付いた如く土の付着をさせた念入りの姿形の立派な贋物もあります。欧米各国へこの種の物が高い値段で相当行っておりますし、無論日本にも入っております。こんな物になると鑑識のある者にも真贋の鑑別に苦しむものがあります。唐代の銀器にも沢山贋物が本場の洛陽で造られ、これがまた上手に出来ているのに驚きます。しかしこれも真物をよく見て、形や彫刻された文様や線を仔細に研究して見れば、真物に及ばないところがあり、すべての形が崩れて文様に生気なく死んでおりますからわかります。

補修と補色

中国の三代、秦、漢、六朝、隋、唐に渉る数千年の間に造られた金、銀、銅、錫《すず》、鉄、玉、硝子等の器物は夥しい数です。その器物が土中に埋没された状態の良いものは、数千年前に副葬された当時そのままの形で完全に出土いたします。また風水害や土地の異変（地震や陥没）等により石塊や土砂崩れのため破損して出土する器物も多数あります。土中状態が悪いので腐蝕して形をなさぬ物もあります。花瓶、壺、香炉等の祭器や、食器、酒器等の大破した物、耳足等の付属物が欠失したり押潰された物等さまざまの器物が出て参ります。小さな不足の部分や腐蝕した個所は、完器の如く補修いたします。

土錆や鉄錆の付着した醜悪見るに堪えない物は、そのままの姿では売品にならぬから、手入れをしてこれを取去り、饕餮《テツトウ》文の腐蝕や潰れて見にくい所を彫り起して黒色、白色、水銀、緑色（西瓜色）等見た目に美しく手入れをいたします。完器とほとんど見分けのつかぬほどの補修補色も近年特に進歩して来ました。中国ではこのように修繕するのを洗澡《シイザオ》と言います。お湯に入って汚れを洗い落し美しく化粧した意味です。日本ではドック入りと言います。悪い所を取ったり新たに加えたりするからです。ただし大きく破損した器物や、腐蝕や不足部分の多い器物の補修は、完全に見分けができぬように修繕はできません。修繕器物は銅質も違い、彫刻した地紋の作もウブな彫刻と比較すれば古代の物に及ばぬところがあり、すぐ発見できます。

補修して補色をほどこすのは、薬品を用いて化学的に変色を加えるので、自然の錆味と違うから、年数がたつにつれて、ウブな個所は変色せぬが、薬品を用いて補修補色した個所は永年の間には変色して醜悪な銅色になります。名銅器の大疵物で半分又は三分の一不足している器物を加工補修した物を見うけますが、これは破損のまま観るよりも、補修してあるのがわかっても元の形態を見られるので都合が良いと思います。たとえば法隆寺の建築が永年の間に風雨や鼠害虫喰等で腐蝕破損した個所を、原形を崩さずに逐次取り替えて、古代の形を保存して昔を偲ばせるのと同じことです。古代銅器も補修補色があっても全形が贋物でない限り、学術的研究などには別に差支えないと思います。

補修補色を見分けるには、ウブな個所は土中に埋って器物の銅質が化学的に変化したり腐蝕して、器物自体から沸き出した自然の色味があります。人工的に器物の外部から薬品をかけて不自然な腐蝕や変色を与えたものは匂いを嗅ぐと不自然な酢っぱい嫌な臭いがします。灰のあく（又はソーダ）を入れて熱湯で煮るか、粘着物を小刀で取り火に燃してみれば、ロー付けが出たり、漆や膠《にかわ》その他薬品の混ぜ物で固めてあるから、その匂いを嗅げばすぐわかります。ウブな器物は数千年土中に埋没していたため、如何に固い個所でも弱っております。補修個所は、生地がウブな生地とは較べものにならぬほど堅固なものです。小刀をあててウブな所と補修個所を削って見ればよくわかります。

これ等銅器は近世の発掘で過去半世紀ほどの間に出土した物ですが、その他中古伝世と称する宋、元、明、清時代に発掘された物があります。この種の物は古来から欧米や日本にも沢山渡っております。中古伝世の器物は、発掘当時土中錆を嫌ったものか、漆や油できれいに磨いたり拭いたりしたものとみえて、永年の間に外気の風化作用で銅色も醜悪な状態になっております。紫禁城内にこの手の銅器が沢山蒐蔵されておりましたが、少しも美しく感じません。やはり発掘そのままの腐蝕錆の形態が一番美しく感じます。

発掘される場所も広範囲に渉り、山東、河南、山西、陝西等それぞれの地方から出土いたします。地質の関係で水田や畑地から出土するもの、山腹や岡から出土するもの、塩分土質、清水土質、泥水土質、無水土質等、器物が永年土中に埋没されていた状態にもより、又銅質にもよりましょうが、土質の化学変化の作用を受けて、白色、黒色、緑色、青色、黄色、赤色と種々の色の変化を来し、穢《きた》ない錆色や、色のカクテルの如く美しい物、雑多な器物があります。発掘現場の土質によってそれぞれ違っております。水田など水分の多い地方から出た器物に多く銅色の美しいのを見受けます。河南省彰徳府外殷古墓、洛陽付近古墓、陝西省宝鶏県古墓の出土には美しいのを見ますが、山東省出土の物は総じて色の味が悪いようです。近年中国銅器の研究が盛んになり、鑑賞が世界的に普及されたために価格が騰貴し、盗掘が盛んになり、おいおいと精器優品も出て参りました。ところが一層これに拍車をかけたのは、馮玉祥将軍が段棋瑞将軍のため河南省に追込まれて軍用資金に窮し、軍隊を出動して兵隊の手で立派な墳墓の形をした場所を大がかりに発掘を行ったので、今までに見たことのない名銅器が続々と出土して来ました。これを御用商人の手で天津や上海等へ窃《ひそ》かに持出し、欧米人や日本人に売渡しましたのが、近年急激に各国の美術館や蒐集家に集まり、一躍生彩を放つことになり、研究家や愛好家の目を楽しませてくれるようになりました。その他に宋時代や明時代に前期の器物を上手に仿造しております。この種の物が沢山日本に来ておりますから、よほど注意を要します。

書画の手入物

私の専門外の書画のことになりますが、一二申上げましょう。

私の主人の友人の書画屋さんのことです。煎茶の盛んな頃で、南画も盛んで、竹田が非常に高くなりました。今日はなお一層高くなってますが、竹田の弟子杏雨の若書きに、師匠竹田の絵そのままのをよく見受けます。ある時、杏雨が山水画帖を描いて竹田に見せると、まことに出来がよいので、賛をしようといってその画帖に自分の作品と同様に、竹田生と落款を入れて印を捺したものがありました。大概は賛を入れる時には竹田題すと入れるのが普通です。その画帖の隅に小さく杏雨と落款があって印があるこの画帖を、表具屋の上手な男に杏雨とある落款と印を抜かせました。ところがそれが全く竹田の画帖となって、これが真蹟となり替り、名出来というので某家に納まり、家宝となっております。他にもこの手が少しあるようです。ただしこの手は杏雨の二十代の物ばかりで、中年後は師匠の絵とは画風も違うからこのようなものはありません。

彭百川の描いた物に、落款を見ねば、浦上玉堂と鑑るより外にいいようのない、図柄の特別変わった画幅がありました。これは玉堂画集に出ております。ところが百川では高く売れぬので、安物の玉堂の真蹟を買入れ、その画の中にある玉堂の落款と印を抜取り、右の百川の幅から落款と印を抜去り、そのあとへ真蹟の玉堂の落款と印を嵌めこんだので、玉堂としては無類の珍品が生れたわけです。それが某家に納まり、家宝の名幅として伝わっています。今出て来ても、誰も疑いを持たず、真蹟として高く売れましょう。恐らくは、直させた者と、直した表具屋の両人の他に、これを見破ることはできまいとのことです。ただし、表具の裏打ちの紙を剝がせばすぐに判ります。

これは御承知の方もあると思いますが、某大家の入札会にありましたことで、山陽の一行の名幅を（全紙が黒くヨゴレで金にならぬので）紙中から字を切抜いて、その時代のキレイな紙に右の字を横に嵌めこんで額に仕立てた物がありました。これなどは少し気を付けて筆の運びを見れば、縦に書いた物だから、横にすると字の繋がりがなく、字くばりの形が悪くなるから、すぐ判ると思います。

書画は加えることも引くこともできますが、焼物は多くの場合加えることばかりで、二度窯に入れるのと後絵付など前に記した通りです。

墓出土と時代証明

中国古代美術研究家のBさんが、満州熱河省の元時代の墳墓発掘調査の帰途、北京に来られたので、私はBさんをお連れして骨董屋を一巡案内して廻ったことがあります。斯界の大家と紹介したので、各骨董屋の主人が売品はもとより愛蔵の名器珍什を厚意で沢山見せてくれました。ところが各店で見せられる品物の中に、我々業者が北宋や南宋時代の器物といっておるものがあります。満州の墳墓を発掘調査して来たBさんの目には、我々業者が宋代と称する器物と同一の品が元時代の墳墓から発掘されたのを目のあたりに見て来たばかりなので、各骨董屋の宋代なりという意見には承服できず、「自分が発掘した元時代の墳墓からこれらの器物と同じ物が出ているから、この種の物はいずれも絶対に間違いなく元代のものである。骨董屋の見方は誤りである。元時代墳墓から出て来ることが何よりも立派な証拠である」と申され、骨董屋が「宋代のものです」と如何に説明しても納得されず、元代のものなりと確く信じておられます。「君たちは何を根拠に宋代なりというのかね。宋代の墳墓から発掘されたという人伝えのみでは駄目だよ。自身で発掘して来たのかね」と詰め寄られ、返答もできず困っておりました。

骨董屋の方では各地から持込む商人が宋代の墳墓から発掘したものだというのでそれを信じ、多年手がけた経験から宋代の物といっています。買う客でもない方ですが、学術の参考になればとせっかく親切に見せてくれたのに、墳墓発掘をたてに自信ある新説珍説を吐かれるので、各骨董屋連中は今まで宋代の物と信じていたのが元代と云われてはいささか面喰らい、鳩が豆鉄砲を喰ったような顔で目をパチクリさせていました。Bさんが満州で発掘したものを参考に見せるから来いといわれ、四五人で宿舎の北京ホテルに拝見に行きました。ところがなるほど優品ではないが、元時代の器物の中に南宋時代と思われる器物が二三交っております。その時Bさんが、これは元窯の珍品であると自慢で出された物を見るとこれは北京の夜店などでよく見受ける宋時代の焼物の贋物です。こんな贋物が元時代の墳墓から出るはずがないが、しかしこれがBさんの手で実際元時代の墳墓から発掘されたものとすれば、我々が今まで贋物扱いをしていたことが間違いで、事実元窯とすれば考え直さねばならんかと、変に錯覚を起しました。そこでBさんに、「この品は先生が墳墓から実際に発掘されたものですか」と尋ねたところ、B先生の曰く「イヤ、この品は発掘現場に住む百姓がこの墳墓から以前に出た物だといって持って来たから参考に買って来たのだ」といわれて、我々は「ハハーなるほど」と始めて納得できました。新品と知らずにお人の良い先生が百姓の言葉を信じて買わされたものです。考えてみれば、元時代の墳墓から新品の出るはずは無論ないが、しかし前代の宋時代の器物が出たからとて別に不思議なことはなく、宋時代の墳墓から唐時代の器物が出た例はいくらもあります。宋時代の器物と見るものが、もし元時代の墳墓から出たからとて、これを元時代の物なりと断定する必要もあるまいと思います。

欧米の学者が著わされた中国陶磁図鑑の中に宋時代の三彩として掲載されている物で、我々業者が唐時代の物として扱っている物があります。ただし中に宋三彩と思われる物もありますが、無論学者の方が何らかの根拠があって宋時代と断定されたことと思われます。しかし我々業者が唐時代と見る所以は、この種の陶器が河南省洛陽付近の唐時代墳墓から発掘される唐時代の鏡、金・銀・銅器、三彩加彩の俑《よう》、動物や盤、壺、瓶等と共に出て来ますからそれを信じております。有名な学者方が宋代の陶器として発表されておられるのを見て、私は永年洛陽の唐時代の古墳を自分で発掘して北京に品物を運んで来る、洛陽に住んでいる張さんという商人に尋ねたところ、宋三彩と学者方の称されるこの種の三彩は全部唐時代の墳墓から出るといっております。張さんの話によれば、「私共は時代の下る宋時代の物を無理に唐時代の墳墓の発掘物の中へ交ぜて唐三彩と時代を偽っても、それがために高く売れるわけでもありません。宋三彩として売っても売れる値段は別に変わりません。ただ唐時代の墳墓を発掘すると一緒に出て来るから、そのまままとめて北京に運びます」とのことで、学者の説もさりながら、自分で古墳を発掘する商人の言葉にも信用が置けると思います。

破片の旅

古陶磁研究のMさんが唐津古窯跡の発掘調査に出かけた時、最初に岸岳《きしだけ》に出かけ、飯洞甕窯跡《はんどうがめようせき》を探索いたしました。種々珍らしい陶片があるので、輿に乗り採集したものを全部リュックサックに入れて帆柱《ほばしら》窯跡に来ました。ここでまた飯洞甕窯跡で見られなかった珍らしい陶片があるので、それを採集しましたところ、とても重くて持ちきれぬので、飯洞甕窯跡で採集した陶片を惜しいけれども半分ほどその場に棄てて、帆柱窯跡採集の分を白布に包み、窯名を書いてリュックサックに詰めて、次に皿屋《さらや》窯跡へ来ました。ところがここにも先に廻って来た窯跡にない珍らしい陶片があったから沢山採集いたしました。これをリュックサックへ詰めることもできず、重くてとても持運べぬので、仕方なく先の飯洞甕と帆柱の二ヶ所の窯跡で採集した分をいずれも半分その場に棄てて、改めて皿屋窯跡採集の分を詰めて帰って来ました。数日の間各窯跡を幾度かこんなことを繰返して歩き廻り、沢山の陶片を持帰りました。ただしこの陶片採集は誰も手を着けなかったごく初期の事なので、表面採集でも各窯跡の陶片に対して研究上信頼を置くことができましょうが、その後続々採集に出張された方々の中に窯跡陶片採集に心得のある方はよいとして馴れない方の表面採集された陶片の中に、先に来た人の棄てた物が交っていないとは限りません。それをもってその窯の陶片なりと信じられては間違いのもととなります。

私が瀬戸の赤津方面の古窯跡を二三ヶ所廻った時に、やはり最初に行った窯跡で陶片を沢山採集して、次の窯跡に来て採集した陶片を加えると荷が重いので、前にこの話を聞いておりましたからその場に棄てるのを遠慮して、先の採集分を少し離れた川の中へ捨て次の窯跡へ行ったことを覚えております。僅かの時間で簡単な表面採集をしたのではとかく間違いを起しやすいから、完全にその窯跡の物であることを知るための採集をするとなれば、少なくとも四五尺以上深く掘り下げ採集したものでなければ絶対の信を置けないと思います。

鎌倉の海岸に南宋時代の青磁類の破片が沢山波に打ち上げられます。これは誰も知るところですが、それを採集された方が幾人もおられます。鎌倉在住の愛陶家某氏が沢山集めておられました。その中に青磁の碗で外がシノギで内面が白地で見込に染付の文様のある破片を持っておられました。愛陶家の間に非常な珍資料だと評判になっておりました。御当人が美術雑誌にこの破片を参考にして南宋時代既に染付のあった証拠で新発見なりと力説されておりました。私は当時南宋時代に染付のあるというのは初耳であり、その上に青磁に染付があるというのは頗《すこぶ》る珍説なので、一度参考に見たいものだと思っていたところ、ある時友人が来て見に行こうと誘うのでその方の家に参りました。得意で出された破片を見ましたところ、なるほど青磁碗の見込に染付文様のあるものには違いありません。破片の外側も内面も海中の砂地でスレて釉薬の光沢が消え、唯だぼんやり青磁色と染付が見えるばかりです。南宋青磁の破片の中に交っているからスレた調子が一応同じに見えます。鑑識のない者には南宋青磁の破片のように見えますが、割れた断面の土味や高台の造りを見ると、現代の日本製で京都あたりで出来た青磁です。これは多分鎌倉に住む誰かが破損した碗を滑川にでも投じたものが、出水のため永年の間に海中に押流されて、それがまた波のために南宋青磁の破片と一緒に海岸へ打上げられたものかと思われます。

自己の立場での鑑定

同業者のS君の店へ私が遊びに行きましたところ、種々品物を出して見せてくれました。その中に万暦赤絵花鳥文六角形花瓶（裏に万暦在銘）の釉彩の上りの美しい、今窯から出たかと思われるほど結構な物がありました。しかし惜しいことに中央の胴から上の部分が破損不足しているものです。参考品として観ているにはよいと両人で見とれているところへ、中国古陶磁の研究家で知られているH博士が、愛陶家の友人と共に突然入って来られましたので、今の花瓶をS君が、「先生良いでしょう」と自慢して見せますと、H博士はそれを見ておりましたが、やがて「これはあかん、贋物だよ、こんな疵物をどうして買うたんや、阿呆らしうて参考品にもならんがな」といわれたので、S君がむくれて、「先生、これは真物ですよ、よく見て下さい、間違いのない物ですよ」と強く反駁すると、H博士が「君がそんなに頑張ったかてあかん、何を証拠に真物と断定するのやね、贋物やいう証拠はこの花瓶を砕いて分析すれば立ちどころに真贋がわかるんや、一度試験してみよか」と至極簡単にいわれるのを、私は側で聞いておりました。S君は自分では真物と確信ある品物を贋物なりと断定されたので、内心面白からず顔色を変えて語気荒く説明しましたが、H博士は一向取合わず、全然問題にされませんでした。

これはお互いの見解の相違で、誰も製作された時に見ていたわけでないから、なんとも勝負がつかず、分析すればわかるといわれては、化学に知識のない者には唯直感のみの説明では議論にならず、これ以上なんともいえません。H博士がその時「一度僕の家へ遊びに来たまえ、真物の万暦赤絵の破片を分析したのがあるから参考に見せるよ、君等はそれを見ればすぐわかり納得できるよ」といわれるので、好奇心にかられて数日後にS君と私はH博士のお家を訪ねました。種々御自慢の陶磁器や釉薬等の分析物と称されるものを見せてもらいましたが、知識のない私共には説明を聞いてもさっぱりわかりません。しかしながら分析したといって出された参考品の陶磁の残片を見るといずれも贋物なのと、蒐集品を見ればいずれも芸術的価値にとぼしい物や贋物が沢山交っているのに驚きました。文献的批判や化学的理論を基に物の真贋を申されても、分析された陶磁が贋物であったり、蒐集品が間違っていては、現物本位に物を見る私共には、如何に研究家の言葉といえども納得ができません。業者の見方にも間違いもありましょう。業者の見方が絶対とも申されませんが、しかしこんな方々が鑑定箱書をしておられるものを時々地方から、後生大事に何々先生の箱書だと持ち込まれますが、この中によく贋物を見受けます。物の考え方や見方の違うのは致し方のないもので、こんな方々は私共業者にとっては一番苦手です。それでいて陶磁器について堂々と論文を書いて図版を出しておられます。その図版の中に時代の下る物や贋物もあります。これらの著書を本場の中国の北京や上海の一流業者や研究家の所で見せられ、「この品は時代が違う、この品は仿造だ、新品だ、贋物だ、中国からは沢山の名器が貴国へ渡っていると聞いているが、なぜこんな時代の下る仿造や贋物を入れるのか、どういうわけか」と私共に何ら関係のないことをいつも五月蠅く詰問されるのには返事に困り閉口致しました。自信をもって書かれるのは結構ですが、中国の陶磁器の著書特に「図版」を出されるからには、現代の中国で見られない名器が昔から日本に将来されているのですから、中国人（欧米人にも言えることですが）にも参考になるように内容の立派な本を出して頂きたいと思います。さもないと中国の鑑識ある人から笑われるばかりでなく、初歩の愛好家を謬《あや》まらせることにもなると思います。たとえば欧米の学者が出版された日本の浮世絵の本が、論文が如何に良くても挿入の写真版が立派でも二三流のつまらぬ絵や贋物が交っていては、日本の学者や愛好家や業者に馬鹿にされましょう。それと同じことがいえると思います。学者先生方のお書きになるものはくれぐれも慎重にお願いしたいと思います。H博士の歿後遺族の方が蒐集品を処分されましたが、化学一本槍の独善的な蒐集品なのでつまらぬ参考品や贋物が多いために、評判が悪く、従って市場価値もなく不成功に終り、真にお気の毒でした。

内藤匡先生が「古陶磁の科学」をお書きになるとき、私のところへ原稿をお持ちになり私の目の前でお読みになって、骨董商の君の立場から、もしも腑に落ちぬところや間違っていると思うことがあれば、注意をしてくれたまえと申されました。私は科学的なことは知りませんが、品物の真贋や時代に関すること、その他気の付いたことは遠慮なく申上げました。

私は先生の学者らしい用心深さに常に感服致しております。私もまた、古陶磁についての科学的なわかり難いことは先生の教えを受けております。これはお互いに少しでも間違いをなくするためであります。

似たようなお話はまだあります。これは私の友人のKという書画屋さんから聞いたものです。Kの父親は中道具屋で、家具や蒔絵などを取扱っておりました。ある時、Kの客先へ髹漆《きゅうしつ》や蒔絵の研究家として有名な某氏が遊びに来られたので、同家蒐蔵の金地山水高蒔絵硯箱と黒地秋草蒔絵硯箱の二面をお目にかけたところ、前者は常憲院《じょうけんいん》時代（徳川三代頃）の製作で、後者は山本春正（寛文頃の人）の作品であると鑑定され、いずれも代表的な優品である、良い品物を買われました、と誉められたそうです。所がこの硯箱は二面ともKの父親が出入りの職人に作らせたもので、お客さんに売ってあったのを、終戦後にKが取出してそのお客さんに納めたものだったのです。Kは自分の父親が作らせた品物を常憲院時代や春正の真物と鑑定された研究家の言葉は、信じられないと申しておりました。なおKの父親が作らせたかかる品物はまだあちこちの客先に大分あるとのことです。

又こんな話を奈良のある業者から聞いたことがあります。仏教美術の中でも特に彫刻を専門に研究しておられる有名なお方が彼の店にお見えになった時、藤原時代の仏像をお目にかけたところ、この仏像の首は藤原時代の作に間違いないが、胴軀は後の補作であると言われたそうです。ところがこの仏像は首のない胴だけを買って、贋物を作るのに慣れた某仏師に首だけを作らせて古色を付けて胴に着けさせたものでありました。

こういうことは作家の方々にとってもあることで、真贋を取り違えられる場合がよくあります。贋物を御覧になって、自分に描けないように上手に描けている画や自分には作れないように上手に出来ている器物だと錯覚をおこすこともあります。又逆に真物を御覧になっても出来の悪い物だと、こんな程度なら自分にもできると思うと、これは贋物だと思いこんでしまうこともあります。永年の間にはこんなことを屢々見聞致しました。

好みの違い

私は永年の業界生活の間に、数々の蒐集家研究家愛好家の方々に接しましたが、その方々の中には真に審美眼が鋭くかつ優れ、教養の高い私共の遠く及ばない方もありますし、又少し物を集めたり研究されると一かどおわかりになったつもりで私共のいうことをおききにならず却って講釈をされる方もあります。ここに述べますことは、私の多年尊敬する長老の方やお目利きのお客さん方から伺ったり、私が自身経験したりして、特に深く感じたことを申上げます。

研究家の方は自分の研究している専門の立場から、とかく他の美術品を見たり批評したりされ、愛好家は自分の好みだけから他の美術品を見て勝手に批判をされます。これも一応もっともなこととは思いますが、それかといってそういう見方が必ずしも正しいとはいえません。なぜなら、その人の研究や勉強の程度、つまりその人の持ってる物指しで他を見ているに過ぎないからです。自分の物指しが相手の対象物より長ければ、よく量りよく見ることができますが、これが反対に自分の物指しが相手の対象物より短い時は相手を十分に量ることができず、正しく品物を見ることはできません。

人はまず己れの力の足らざることを謙虚な心持で自覚せねばならないと思います。しかし大抵の場合に、多くの人は自分の見方が絶対正しいと過信しているようです。その自信は結構ですが、一層深く奥義を究めた相手にとっては、まことに迷惑千万なことです。自分の好みに合わぬ物はすべて美術的価値は零と考える人をよく見受けますが、これは例えば、茶器とか、鑑賞陶磁とか、仏教美術とか、民芸品とか、狭い一部門だけを好きから専門に研究したり蒐集されたりする方によく見受ける所です。例えば茶器を好まれる方は、侘び寂びの簡素な物を好むために、手の込んだ美術品や彩色彩釉の派手な物を余り好まず、茶器として使えぬ物は駄目だと思いこみ、芸術価値も市場価値もないかのようにいわれる方があります。また官芸品を好まれる方の中には、民芸品を下手物で田舎家や台所に使う物で、鑑賞価値などない物と思っておられる方もあります。一方民芸品を好む方は、結構な蒔絵物や京焼や有田焼のような派手な手の込んだ彩釉物や、清朝の三彩五彩釉物を好まず、特に清朝官窯の五彩釉物等はあくどいと嫌い、値の高いことも手伝って反感さえ抱かれる方もあります。これらはその方その方の好みから見ることですから仕方がありませんが、とかく独り善がりで狭く研究している方や、ごく狭い、例えば民芸品とか、朝鮮物とか、中国物、茶器、書画とか、その部門部門だけを好きで集めて、他の畑の物を始めから一向に研究もせねば鑑賞もせぬ方に多いように思います。そしてこんな方に限り、偏った見方をして自分勝手な未熟でかつ乱暴な断定を下します。ところがこんな方の断定した物に間違ってる物の多いことは永年の間に事実がよく物語っております。

李朝の白磁を好む方は、中国物や日本物の朝鮮物に似た白磁を見て、これが李朝だと良いがなあといわれます。また茶器の侘び寂び物を好む方や、民芸品を好む方から、明清の官窯物を見られては、恐らく好みに当てはまりますまい。民芸品を好む人は、明朝でも清朝でもその時代の皇帝の好みで金と時間をかけて造った物を見ても、無駄な手間と徒らに時間をかけた物だと見られ、芸術的な美しさは皆無の如くにいわれます。しかし、いずれもその時代時代の文化の結晶として、生れ出たもので、始めから茶器として造った物でないから、無論茶器などに採り上げる物は少ないことと思いますが、よくそれらの点を理解した上で公正妥当に見なければならないと思います。

朝鮮でも中国でも、その国の時代精神や皇帝の好みやその時代の民族の生活や風俗をよく研究した上で、事実その時代の特長を最もよく表わした器物なら、その製作地や製作年代は何であっても、それはそれなりに良いと思います。自分の好みに合わないからといって、知ろうとも見ようともせず、いやな物だとか、高いから虫が好かないとか、面白くないとか、芸術的価値がないとか、などと言うのは、自分が濃厚な物が好きだから茶料理はものたりないとか、食べもせずに中華料理を始めから油濃くてしつこい物と決めてかかって嫌いだと言うのと同様でしょう。中華料理の中にも、日本料理以上に淡白でしかも上品な味で、茶料理に使いたいと思う物が数々あります。茶道に堪能な有名なあるお茶人が北京に来遊された時、一流のある料理屋に行かれたあとで、中華料理の中にも結構茶料理に採り上げてよいものがあるとのお話を伺ったことがあります。それゆえ、何事でも広く見てあらゆる道を研究した上でなくては、簡単には意見は言えません。

私は今日まで民芸品も官芸品もあらゆる物を扱って参りました。私はまた自分の専門の物以外に茶器、古筆、墨蹟、洋画等にも興味を持って研究してみますと、それぞれに良さがあり、美術の世界は限りなく広大なもので、一生かかっても到底知ることができそうもありません。古美術品をひろく見ますと、それぞれ解らぬながらも何か美しさを感じます。それだけ楽しみも多いわけです。これら他の美術品を見た目で自分の専門に扱う品々を見直しますと、長所も短所も一層よく解ります。ですから、努めて他の美術品も見ることをお勧めいたします。日本料理ばかり食べた舌に西洋料理や中華料理を食べてみますと、日本料理にも長所と短所があることを知るように、ひろく他の世界も研究する必要があります。それは又自分のためでもあります。

如何なる国の製品でも、時代や民族性等をよく研究して好き嫌いにとらわれず、愛情をもって見ればその国や時代の美点がよく判り、それぞれに長所のあることが判って来ます。何でなければならぬと決めず、古美術をこだわりなく常に広く新しい心で素直に見ることです。他人の蒐集品を見るにも、自分独善の狭い視野や好みばかりで見たり批評することは避けねばなりません。美術品はそれぞれの因縁によって生れて来たものですから、その中にある侘び寂び物、古拙な物、豪華絢爛な物、伝世物、発掘物の区別はありますが、これを視野をひろくして、美術全般の上から大乗的に見たいものです。蒐集家の物はその方の集めた気持で、外国人の好みは外国人の気持で見て上げるのが礼儀でしょう。茶に招ばれても、茶室で御主人の前では歯の浮くようなお世辞を言っておきながら、一歩外に出ると御主人や道具の非難をいう方が往々ありますが、これは日本人の悪い癖で、何事か必ず物にケチを付けて、一言何か理窟をいうか悪口をいわねば自分の沽券にかかわるか目利きでないかのように思っている人があります。お茶会によばれた時には、御主人が苦心して集められた品をばその御主人の心になって鑑賞し、良い茶客となることが望ましいと思います。

鑑賞会や展覧会の会場等で、わかってかわからずにかは知りませんが、時々物知り顔に無遠慮な批評を得意になってしている人をよく見受けます。それをまた側で熱心に聞いている人があります。たとえば梅原龍三郎先生や安井曾太郎先生の作品を前にして、「フランス絵画の模倣か模写で、それを多少日本的なものにコナシて表現しただけにすぎない。本場のセザンヌだとか、ルノアールなどの足許にも遠く及ばない」とか、また安田靫彦先生や小林古径先生の作品に対しても、「古代の名画の模倣か模写で、宗達、光琳、乾山等の技巧を採り入れて幾分現代的な新味を加えて表現したにすぎない。どこがよいのかね。それならいっそ本物の古画か宗達、光琳、乾山の方がどれほどよいかわからない」などと知ったかぶりで諸大家の作品に勝手な批評をして、自分ほど審美眼があり芸術のわかる者がないかの如く思っている無遠慮な人がおります。

私の先輩で古筆古書画の鑑識に非常に優れた人がおりますが、私の最も尊敬している人です。その人のことを評してある研究家で少し物がわかるといわれていることを鼻にかけ、「あれは大した目利きでもないが、道具屋の中では少しはわかる方だろう。しかし知れたものだよ」と、業界においても自他共に許す具眼の者に対しても見下して、如何にも自分がその者以上の鑑識なり審美眼があるように威張っているハッタリ屋もいれば、又体裁家で自己を過大に評価して横行する思い上り者が、玄人の中にも素人にもおります。こんな者の不用意に喋べる言葉は、さして問題にする必要もないのでしょうが、聞いていて真に不愉快なものです。こんな独断的な批評をする者の言葉を初歩の人が信じ易いきらいがあります。批判なきところ進歩なしといいますから、それぞれの立場や好みからの批判は自由ですが、ただしその批判には責任がともなうことを知らねばなりません。岡倉天心先生の如き偉大な審美眼の持主の言葉ならいざ知らず、単に僅かばかり蒐集したことや少しばかり研究したとやらで、自谷の鑑識や審美眼の至らないのを知らずに棚上げしての無責任な言葉は、相手に取ってこれほど迷惑なことはありません。

美術品に携さわる者は、わからねばわからぬで素直に物を見ている内に、自然わかるようになると思いますから、お互いに謙虚な気持で、いずれの面でも奥義を極めた人の作品は、本質を充分検討の上鑑賞し、しかる後に慎重に批評をすべきだと、見識ある具眼の士から常に聞かされております。

最後に私自身の経験をお恥ずかしいが申上げてみましょう。

私が中国通いを始めた頃、中国古代金石や古陶器の蒐集家として関西で有名なH家へ友人と一緒に拝見に行った時、御主人はいろいろと蒐集品を御親切に見せて下さいました。私はかねてから同家に唐代の金銀平脱鏡や金銀張鏡の名品のあることを聞いていたので、自分がいっぱしわかるつもりでぜひ拝見したいと思って御主人にお願いしたところ、御主人のいわれるには、君等は未だ若いから、見てもわからないよ、わかるようになったら見せようといわれました。その時はへんなことをいう人だと思い、何だか侮辱されたような気持がいたしました。私はその後中国に通い数々の金石物の名器も見たり買ったりしていろいろ勉強いたしました。数年後に同家を訪れた時に、再度先の名鏡の拝見を申出でましたところ、今度は御主人は心よく見せて下さいました。おかげで品物の優れたよさがはっきりわかりました。この時感じたことは、よくわかりもしないのに不用意に人様の品物を拝見したいと申出たのが真に失礼であったことを知りました。名品を拝見するには名品を見るだけの鑑識と審美眼なくして見ることや、ましてそれを軽々しく批判することは、品物に対しての冒瀆でもあり、蒐集家に対しても甚だ失礼なことだと思いました。

陳列品の鑑別

某美術館で、斯道の研究家や愛好家の肝煎りで、中国古代（三代・秦・漢・六朝・隋・唐）の金石、仏像、俑（泥像）、明器（副葬品）の展観が催されたことがありました。珍らしいものが陳列されたので、一般にも好評でしたが、特にこれを見た画家や彫刻家の方々の間に特別の関心を惹いた珍品が明器の中にありまして、芸術的に非常に優れたものであるという評判を幾人もの方からおききしました。それで私も見に参りましたが、なるほど金石、仏像にはよいものがありました。しかし皆さんの一様に歎賞される明器を見ますと、その中に数点の贋物が交っております。館内のあちこちに、美術学生や芸術家と覚しき人が、熱心にその贋物を写生しておりました。真物の写生なればよいとして、贋物と知らずに写生をし、それを研究の材料にしたり、又それを参考に自分の制作をしたりして発表したら、一体どういうことになるだろうかと、私はひそかに案じました。

美術館や博物館に陳列されているものは鑑識のある人ならともかく、普通一般の人には真贋の見分けはつかず、又贋物が交っているとは思いません。鑑識がないと、つい世間の評判だけに同調して、目で見ずに耳から入ったものを鵜呑みにするきらいがあります。いやしくも美術品を大衆に見せる時には、鑑識と審美眼の優れた方々の慎重なる注意の下に選んだものを陳列して頂きたいと思います。さもないと、世を誤り人を誤ることの責任は重大だと思います。贋物の明器の交っていることを私が発見したと申すわけではありません。業者はもとより、中国古代美術の研究家や愛好家の中には、かかる贋物を見たり買ったりして、よく知っている人も幾人かいることを、知らねばならないと思います。

本書は、『歩いた道』（昭和二十七年、求龍堂出版）、『骨董裏おもて』（昭和三十二年、ダヴィッド社）を底本とし、新字新かな遣いに改めるとともに若干のふりがなと送りがなを加えた。

また、今日から見れば不適切と思われる表現があるが、時代背景および著者（故人）が差別助長の意図で使用していないことなどを考慮しそのままとした。

骨董裏《こっとうら》おもて

二〇〇七年二月二十五日初版第一刷発行
二〇〇七年六月二十日初版第二刷発行

著　者　広田不孤斎
発行者　佐藤今朝夫
発行所　株式会社国書刊行会
東京都板橋区志村一―十三―十五　〒一七四―〇〇五六
電話〇三―五九七〇―七四二一
ファクシミリ〇三―五九七〇―七四二七
URL : http://www.kokusho.co.jp
E-mail : info@kokusho.co.jp
装幀・装画　桂川　潤
組版所　株式会社キャップス
印刷所　株式会社エーヴィスシステムズ
製本所　株式会社ブックアート
ISBN978-4-336-04806-6